MOVIMENTO HUMANO
Incursões na Educação e na Cultura

Editora Appris Ltda.
2.ª Edição - Copyright© 2024 dos autores
Direitos de Edição Reservados à Editora Appris Ltda.

Nenhuma parte desta obra poderá ser utilizada indevidamente, sem estar de acordo com a Lei nº 9.610/98. Se incorreções forem encontradas, serão de exclusiva responsabilidade de seus organizadores. Foi realizado o Depósito Legal na Fundação Biblioteca Nacional, de acordo com as Leis nos 10.994, de 14/12/2004, e 12.192, de 14/01/2010.

Catalogação na Fonte
Elaborado por: Dayanne Leal Souza
Bibliotecária CRB 9/2162

G633m
2024
	Gomes-da-Silva, Pierre Normando
	    Movimento humano: incursões na educação e na cultura / Pierre Normando Gomes-da-Silva, Iraquitan de Oliveira Caminha.
	   – 2. ed. – Curitiba: Appris, 2024.
	    295 p. : il. color. ; 21 cm. (Coleção Educação física e esportes).
	
	   Inclui referências.
	   ISBN 978-65-250-6205-1
	
	   1. Movimentos corporais. 2. Cultura. 3. Educação física. 4. Educação.
	   I. Gomes-da-Silva, Pierre Normando. II. Caminha, Iraquitan de Oliveira.
	   III. Título. III. Série.
	
	                                                                                            CDD – 796.07

Livro de acordo com a normalização técnica da ABNT

Editora e Livraria Appris Ltda.
Av. Manoel Ribas, 2265 – Mercês
Curitiba/PR – CEP: 80810-002
Tel. (41) 3156 - 4731
www.editoraappris.com.br

Printed in Brazil
Impresso no Brasil

Pierre Normando Gomes-da-Silva
Iraquitan de Oliveira Caminha

MOVIMENTO HUMANO
Incursões na Educação e na Cultura

Appris
editora

Curitiba, PR
2024

FICHA TÉCNICA

EDITORIAL	Augusto Coelho
	Sara C. de Andrade Coelho

COMITÊ EDITORIAL
- Ana El Achkar (Universo/RJ)
- Andréa Barbosa Gouveia (UFPR)
- Antonio Evangelista de Souza Netto (PUC-SP)
- Belinda Cunha (UFPB)
- Délton Winter de Carvalho (FMP)
- Edson da Silva (UFVJM)
- Eliete Correia dos Santos (UEPB)
- Erineu Foerste (Ufes)
- Fabiano Santos (UERJ-IESP)
- Francinete Fernandes de Sousa (UEPB)
- Francisco Carlos Duarte (PUCPR)
- Francisco de Assis (Fiam-Faam-SP-Brasil)
- Gláucia Figueiredo (UNIPAMPA/ UDELAR)
- Jacques de Lima Ferreira (UNOESC)
- Jean Carlos Gonçalves (UFPR)
- José Wálter Nunes (UnB)
- Junia de Vilhena (PUC-RIO)
- Lucas Mesquita (UNILA)
- Márcia Gonçalves (Unitau)
- Maria Aparecida Barbosa (USP)
- Maria Margarida de Andrade (Umack)
- Marilda A. Behrens (PUCPR)
- Marília Andrade Torales Campos (UFPR)
- Marli Caetano
- Patrícia L. Torres (PUCPR)
- Paula Costa Mosca Macedo (UNIFESP)
- Ramon Blanco (UNILA)
- Roberta Ecleide Kelly (NEPE)
- Roque Ismael da Costa Güllich (UFFS)
- Sergio Gomes (UFRJ)
- Tiago Gagliano Pinto Alberto (PUCPR)
- Toni Reis (UP)
- Valdomiro de Oliveira (UFPR)

SUPERVISORA EDITORIAL	Renata C. Lopes
REVISÃO	Cláudia Sater Melnik
DIAGRAMAÇÃO	Bruno Ferreira Nascimento
PROJETO GRÁFICO	Matheus Miranda
REVISÃO DE PROVA	Amélia Lopes

COMITÊ CIENTÍFICO DA COLEÇÃO EDUCAÇÃO FÍSICA E ESPORTE

DIREÇÃO CIENTÍFICA	Valdomiro de Oliveira (UFPR)	
CONSULTORES	Gislaine Cristina Vagetti (Unespar)	Arli Ramos de Oliveira (UEL)
	Carlos Molena (Fafipa)	Dartgnan Pinto Guedes (Unopar)
	Valter Filho Cordeiro Barbosa (Ufsc)	Nelson Nardo Junior (UEM)
	João Paulo Borin (Unicamp)	José Airton de Freitas Pontes Junior (UFC)
	Roberto Rodrigues Paes (Unicamp)	Laurita Schiavon (Unesp)

INTERNACIONAIS
- Wagner de Campos (University Pitisburg-EUA)
- Fabio Eduardo Fontana (University of Northern Iowa-EUA)
- Ovande Furtado Junior (California State University-EUA)

Aos estudantes que fazem os laboratórios Gepec e Laisthesis.

À Capes, pelo apoio financeiro ao I Simpósio Internacional Cultura, Educação e Movimento Humano.

SUMÁRIO

INTRODUÇÃO 11

PARTE I
PESQUISAR O MOVIMENTO HUMANO

CAPÍTULO 1
PEDAGOGIA DA CORPOREIDADE EM SUA ESTRUTURAÇÃO LÓGICO-FUNCIONAL....................19
Pierre Normando Gomes-da-Silva

CAPÍTULO 2
CONCEPÇÃO EPISTÊMICA DO LAISTHESIS: O PODER ESTÉTICO DA CIÊNCIA..................................... 49
Iraquitan de Oliveira Caminha

PARTE II
MOVIMENTAR DO SUJEITO E O ENSINO-APRENDIZAGEM

CAPÍTULO 3
A TEORIA DO SE-MOVIMENTAR EM PERSPECTIVA SEMIÓTICA 59
Mauro Betti

CAPÍTULO 4
DESENVOLVIMENTO E RECEPÇÃO DA CONCEPÇÃO PEDAGÓGICA DAS "AULAS ABERTAS ÀS EXPERIÊNCIAS" 71
Reiner Hildebrandt-Stramann

CAPÍTULO 5
HISTÓRIAS DE MOVIMENTO: UM MÉTODO PARA ENTENDER O MOVIMENTAR-SE DAS CRIANÇAS 103
Vera Luza Uchôa Lins

PARTE III
SITUAÇÕES DE MOVIMENTO E INTERVENÇÕES PELA PEDAGOGIA DA CORPOREIDADE

CAPÍTULO 6
BRINCAR DO BEBÊ 115
Danielle Menezes de Oliveira Gonçalves
Pierre Normando Gomes-da-Silva

CAPÍTULO 7
BRINCAR NA VELHICE 125
Sandra Barbosa da Costa
Judas Tadeu de Oliveira Medeiros
Josiane Barbosa de Vasconcelos
Vanusa Delmiro Neves da Silva
Everton Pereira da Silva
Pierre Normando Gomes-da-Silva

CAPÍTULO 8
JOGOS SENSORIAIS 133
Ana Raquel de Oliveira França
Thaís Henrique Pachêco
Mayara Andrade Silva
Danielle Menezes de Oliveira
Liliane Aparecida Araújo da Silva
Pierre Normando Gomes-da-Silva

CAPÍTULO 9
JOGO TRADICIONAL E ESPORTIVO: PARA ALÉM DE SUAS RELAÇÕES DICOTÔMICAS 149
Rodrigo Wanderley de Sousa Cruz
Leys Eduardo dos Santos Soares
George de Paiva Farias
Pierre Normando Gomes-da-Silva

CAPÍTULO 10
JOGOS SIMBÓLICOS: JOGOS TEATRAIS E O PROCESSO DE APRENDER A TORNAR-SE UM OUTRO SER 161
Sara Noêmia Cavalcanti Correia
Pierre Normando Gomes-da-Silva

CAPÍTULO 11
BRINCANDO CAPOEIRA NA RODA DOS SABERES: O VIVER CRIATIVO EM MOVIMENTOS ESPIRALADOS 173
Djavan Antério Mariana Fernandes
Pierre Gomes-da-Silva

CAPÍTULO 12
AULAS-PASSEIO DA PEDAGOGIA DA CORPOREIDADE 187
Pierre Normando Gomes-da-Silva
Alana Simões Bezerra
Micaela Ferreira dos Santos Silva

CAPÍTULO 13
VÍDEO COMO FERRAMENTA PEDAGÓGICA: INICIAÇÃO AO CONCEITO DE VÍDEO DIDÁTICO 203
Tiago Penna

PARTE IV
DIVERSIDADE E PLURALIDADE CULTURAL

CAPÍTULO 14
REINVENÇÃO CORPO:
DO DETERMINISMO BIOLÓGICO AOS GÊNEROS PLURAIS 213
Berenice Bento

CAPÍTULO 15
HORIZONTES CULTURAIS E SIMBÓLICOS
DAS DANÇAS POPULARES 233
Rosie Marie Nascimento de Medeiros

CAPÍTULO 16
DANÇAS URBANAS: TRAJETO HISTÓRICO 243
Vanessa Bernardo

CAPÍTULO 17
CAPOEIRA ANGOLA COMUNIDADE:
ENCRUZILHADAS NA RODA E NA VIDA 249
Inaldo Ferreira de Lima (Mestre Naldinho)
Djavan Antério

CAPÍTULO 18
EDUCAÇÃO E CULTURA: DESAFIOS E ESTRATÉGIAS DO
EDUCADOR CONTEMPORÂNEO 255
Luiz Anselmo Menezes Santos

REFERÊNCIAS 267

SOBRE OS AUTORES 289

INTRODUÇÃO

Toda construção exige ligaduras entre materiais. Podem ser pedras, areia, cimento, água, tijolos... Este livro teve como marca duas pedras que se juntaram. Pierre (*pedra*, em francês) e Iraquitan (*pedra verde*, em tupi-guarani) fizeram uma aliança entre os laboratórios de pesquisas coordenados por estes para criar um evento[1] que liga estudos sobre a corporeidade nos contextos dos processos de ensino-aprendizagem e das pesquisas em estudos socioculturais e semióticos da Educação física.

Os temas da Cultura e Educação foram considerados para pensar o movimento humano numa perspectiva informacional e simbólica, e não apenas energética e performática. Encantamo-nos com as questões: como o ser humano se faz humano pela movimentação ou expressividade de seus gestos? Ou ainda, como as situações de movimento não só representam grupos sociais, mas configuram a mentalidade de seus cidadãos? Essas questões mobilizaram o convite de inúmeros pesquisadores no sentido de apresentarem suas contribuições empírico-teóricas com o fim de provocar discussões e propor saídas para o ensino e a pesquisa na educação física. Apesar de perspectivas diferentes, todos os escritos partem da compreensão de que o sujeito da cultura é um ser indissociável entre corpo, mente e ambiente, bem como de que o movimento humano é linguagem do ser, portanto, constitutivo da pessoa e da cultura.

As experiências sociais e educativas do sujeito corporal se fazendo cultura formam a base existencial em que os pesquisadores se apoiaram para fazer suas interlocuções. O leitor atento irá encontrar neste livro textos consistentes sobre os diferentes processos de configurações e reconfigurações socioeducativas do corpo em movimento. Sobre as diferentes situações de movimento no propósito de educar o ser humano para um viver mais brincante, mais integrado consigo, com o outro e com o planeta, como ser vivo.

---

[1] O evento foi o I Simpósio Internacional de Cultura, Educação e Movimento Humano, realizado de 26 a 28 de agosto de 2015 na UFPB, do qual o resultado foi este livro.

O tornar-se sujeito capaz de movimentos intencionais e desejantes revela que não apenas percebemos o mundo como variações de qualidades sensoriais, capturadas de forma receptiva. Perceber exige criações simbólicas, representações que atribuem uma pluralidade de sentidos para a vida. O ser humano não apenas está localizado no mundo submetido às leis causais da natureza. Ele é capaz de se projetar no mundo criando uma vida criativa, capaz de perverter os rígidos desígnios da vida biológica.

Este livro, plural e dinâmico, está estruturado em quatro seções. A primeira seção, com dois capítulos, apresenta a abrangência de pesquisas dos dois laboratórios (Gepec e Laisthesis), organizadores deste livro. Na segunda seção, com três capítulos, discutem-se pesquisas sobre a relação das diferentes situações de movimento e aprendizagem, com proposições teóricas para abordar a educação física escolar de modo inovador. A terceira seção, constituída por oito capítulos propositivos da Pedagogia da Corporeidade, com indicações para trabalhar situações de movimento desde os bebês até os idosos. A quarta seção, composta por cinco capítulos, dedica-se a refletir sobre diversidade e pluralidade cultural. Com o fim de tecer maiores informações, convidativas ao leitor, resolvemos apresentar cada um dos capítulos.

Na primeira seção, "Pesquisar o Movimento Humano", os textos contemplam uma apresentação dos dois laboratórios. Inicialmente, temos um ensaio que apresenta a estruturação lógico-funcional do Laboratório de Pesquisas em Pedagogia da Corporeidade (Gepec), destacando a explicitação de sua tríplice episteme na construção teórico-metodológica inovadora para a educação física, realizado por Pierre Normando Gomes-da-Silva. Em seguida, temos as reflexões, realizadas por Iraquitan de Oliveira Caminha, sobre a concepção epistêmica do Laboratório de Estudos sobre Corpo, Estética e Sociedade (Laisthesis), considerando os principais conceitos abordados pelo grupo, bem como os principais teóricos de referência e os eixos norteadores das pesquisas do ponto de vista metodológico.

Na segunda seção, "Movimentar do sujeito e o Ensino aprendizagem", o leitor irá apreciar o capítulo do professor Mauro Betti, que discute o movimento humano como expressão própria do sujeito, e não como predeterminação de modelos mecânicos de base biologicista, que separa o movimento do sujeito-que-se-movimenta. E o capítulo de Reiner Hildebrandt-Stramann, descrevendo suas reflexões sobre o desenvolvimento da concepção didática aberta às experiências, contempla uma discussão sobre: didática na educação física brasileira; a compreensão de movimento como uma concepção dialógica de movimento; estudos empíricos sobre o significado de movimento no cotidiano das crianças (histórias de movimento com crianças); a configuração pedagógica de escola (escola móvel) e o desenvolvimento de um currículo para a formação dos estudantes no curso de licenciatura.

Temos também o texto de Vera Luza Uchôa Lins, que mostra, a partir da teoria fenomenológica do mundo da vida e do método das histórias do movimentar-se de crianças, como podemos, metodologicamente, chegar à análise ecológica-social de uma história de movimento e como poderemos utilizá-la na escola.

Na terceira seção, "Situações de movimento e intervenções da Pedagogia da Corporeidade", são em sua maioria apresentação de pesquisas dos Grupos de Trabalho (GT) do Gepec. Danielle Menezes de Oliveira Gonçalves e Pierre Gomes-da-Silva escrevem sobre o GT "Brincar do Bebê", referindo-se às investigações em torno dos jogos livres, realizados pelos bebês (até 36 meses) e propondo sistematizações para a educação física nos berçários.

Sandra Barbosa da Costa, Judas Tadeu de Oliveira Medeiros, Josiane Barbosa de Vasconcelos, Vanusa Delmiro Neves da Silva, Everton Pereira da Silva e Pierre Normando Gomes-da-Silva apresentam o GT "Brincar na Velhice", em que evidenciam o brincar como não pertencente a uma etapa de nossas vidas, mas como uma necessidade contínua na existência, em especial na velhice. Assim, os autores destacam os resultados de diversas pesquisas já realizadas em diferentes instituições com a promoção da saúde.

Ana Raquel de Oliveira França, Danielle Menezes de Oliveira, Liliane Aparecida Araújo da Silva, Thaís Henrique Pachêco, Mayara Andrade Silva e Pierre Normando Gomes-da-Silva apresentam o GT

"Jogos Sensoriais", trazendo evidências do valor formativo da percepção sensório-motora em crianças de 4 e 5 anos e propondo programas de jogos para a Educação Física Infantil.

Rodrigo Wanderley de Sousa Cruz, Leys Eduardo dos Santos Soares, George de Paiva Farias e Pierre Normando Gomes-da-Silva apresentam o GT "Jogos Tradicionais e Esportivos", dando ênfase às situações de movimentos nos jogos pertencentes à cultura popular, transmitidos pela tradição oral e vivencial, e nos esportes, especialmente o badminton e o handebol, para com o desenvolvimento dos estudantes do Ensino Fundamental.

Sara Noêmia Cavalcanti Correia e Pierre Normando Gomes-da--Silva apresentam o GT "Jogos Simbólicos" e destacam a pesquisa com "jogos teatrais", a partir da sistematização de Viola Spolin, como cerne para o conhecimento do mundo e para o autoconhecimento. Estes jogos de improviso são tratados como um tipo de situação de movimento, capaz de contribuir na saúde mental. As pesquisas com jogos simbólicos explicitam possibilidades metodológicas passíveis de uso pelo(a) professor(a) de educação física, exigindo destes não só a aptidão para atuar, mas o desejo da experimentação como jogador-ator presente no "aqui e agora".

Djavan Antério, Mariana Fernandes e Pierre Normando Gomes--da-Silva apresentam o GT "Universo Capoeira Angola", destacando o jogo de angola como fonte para trabalhar os saberes de tradição afro-a-meríndia na relação entre educação e ludicidade. Apresentam o lúdico da capoeira, assentado nos pressupostos da amorosidade, sensibilidade, criatividade e afetividade, e em explorar a ação comunicativa corporal por meio da gestualidade, postura e ocupação espacial.

Pierre Normando Gomes-da-Silva, Alana Simões Bezerra e Micaela Ferreira dos Santos Silva apresentam a "aula-passeio", como técnica de ensino da Pedagogia da Corporeidade, relatando as diversas experiências pelo Gepec. O fim é possibilitar um ensino-aprendizagem na educação física para além dos espaços escolares tradicionais (salas de aulas ou quadras esportivas), mas em interação com a natureza.

O Tiago Penna revela que o vídeo pode ser uma ferramenta pedagógica seja por meio da exibição ou produção de filmes, possibilitando a troca de experiências ou transmissão de percepções de natureza sensorial ou intelectual.

Na terceira e última seção, "Diversidade e Pluralidade Cultural", o leitor se deleitará com o capítulo de Berenice Bento sobre as disputas em torno da categoria gênero, apontando os limites que ainda se nota em torno da desnaturalização das masculinidades e feminilidades. Suas reflexões apontam para mostrar que esses limites podem ser observados se compararmos as estruturas argumentativas em torno das políticas afirmativas para as mulheres e para as pessoas negras.

Temos o capítulo de Rosie Marie Nascimento de Medeiros, que faz uma reflexão sobre a pluralidade cultural e o respeito às diferenças, considerando o universo da arte da dança e, mais especificamente, das danças populares. Deixando visível que as danças populares são marcadas pela diversidade de povos que aqui estiveram e que criaram suas formas expressivas plásticas. E que, por isso, os elementos culturais e simbólicos, tecidos nos corpos e evidenciado nas gestualidades, nos personagens, nas músicas, são saberes, por vezes, pouco considerados no processo educativo.

Vanessa Bernardo discute a respeito de um dos pilares da cultura Hip Hop – a Dança de Rua, identificando e caracterizando os diferentes tipos de danças, descrevendo o crescimento mundial da Dança Urbana como expressão da cultura da juventude atual.

O Inaldo Ferreira Lima (*Mestre Naldinho*) conjuntamente com Djavan Antério discutem a Capoeira Angola como forma de constituir uma comunidade que luta por liberdade cultural e política, apresentando a capoeira como uma vivência poética e existencial.

E, por fim, Luiz Anselmo Menezes Santos analisa as relações entre educação e cultura, destacando os desafios e estratégias do educador contemporâneo. Daí esse capítulo encerrar este livro fazendo um chamamento ao educador para ver-se em sua aula como intervindo no mundo, posicionando-se em face da realidade e assumindo a responsabilidade para com seus educandos na intenção de estes melhor compreenderem o sentido da vida, ampliarem a percepção e, consequentemente, a conscientização na forma de sentir, pensar e agir.

Encerramos esta pequena apresentação, do muito conteúdo dos capítulos, destacando o compromisso dos escritos deste livro com a alegria e a criatividade, tanto quanto pela justiça e a luta sociopolítica. Todos esses escritos foram apresentados no I Simpósio Internacional de Cultura, Educação e Movimento Humano, na UFPB, com o apoio financeiro da Capes. Os membros dos laboratórios que promoveram o evento, encerraram o Simpósio com uma última atividade sociocultural, na estrutura de uma Aula Passeio da Pedagogia da Corporeidade, visitando o museu de Jackson do Pandeiro, Cidade de Alagoa Grande-PB. O rei do ritmo, artista, que criou e recriou, incessantemente, diferentes ritmos da cultura musical brasileira com seu mágico pandeiro. Bem como visitando a casa-museu de Margarida Alves, mulher paraibana, sindicalista, símbolo das lutas camponesas e da liberdade de expressão política.

A interação entre o Gepec e o Laisthesis foi capaz de gerar essa elaboração criativa, que por ora apresentamos ao grande público. Portanto, movidos pela pulsão lúdica e pelo espírito inventivo e ousado, característico do povo nordestino, Pierre Normando Gomes-da-Silva & Iraquitan de Oliveira Caminha, *pedras que se juntaram,* terminaram por indicar um caminho para educação física de diálogo entre o sociocultural, o pedagógico e o biopolítico.

PARTE I

PESQUISAR O MOVIMENTO HUMANO

CAPÍTULO 1

PEDAGOGIA DA CORPOREIDADE EM SUA ESTRUTURAÇÃO LÓGICO-FUNCIONAL

Pierre Normando Gomes-da-Silva

Sinceramente, acho dificílimo se poetizar. Manter o espírito lúdico e inventivo é se resolver. Resolver ser um ser mais belo a cada dia. Eu agradeço ter conhecido todos vocês. Tá sendo tanta lapada que, se eu sair viva, eu saio gente! É muita riqueza neste ´laboratório´. Pus aspas porque deveria se chamar de ´terreiro do jogo´ ou ´cantinho do lúdico´, ou algo que representasse o espírito do jogo: que é germinar o belo, o sagrado, o superior de cada um

(Sara Canti – membro do Gepec).

1.1 Introdução

Este capítulo é um esforço de síntese para, em poucas palavras apresentar a riqueza do Laboratório, Grupo de Pesquisas em Pedagogia da Corporeidade (Gepec). Um laboratório empenhado na produção de evidências de uma teoria-metodologia para o ensino e a pesquisa na educação física, denominada Pedagogia da Corporeidade (PC).

Iniciamos com essa epígrafe porque, além de sintetizar a convivência no laboratório, por um de seus membros, o trecho o apresenta com a finalidade de contribuir na formação do *Tornar-se Brincante*. Trata-se de um capítulo convite aos professores de educação física para conhecerem a estruturação lógico-funcional da PC, uma teorização dedicada à experimentação, pesquisa e ensino de situações de movimento em jogos, por uma abordagem semiótica da educação física.

As próximas seções textuais apresentam: a) tríplice referência epistêmica da PC; b) concepção de movimento humano; c) funções do ensino; d) pesquisa como compromisso coletivo; e) princípios éticos do Gepec, orientações ao desempenho dos professores-pesquisadores nas três linhas investigativas e seus respectivos grupos de trabalho (GT).

Desejamos que este texto não seja tagarela, no dizer de Barthes (1999). Que sua linguagem não enfare o leitor com um palavreado imperativo, automático e sem afeto. Pretendemos apresentar um pouco da *escritura* desse laboratório, portanto cada seção de escritos pretende-se convidativa, interativa, provocadora do desejo e, ao fim, uma experiência de fruição.

Apresentar o Gepec não é tarefa fácil, pois, até 2016, são dez anos de muito trabalho e inúmeras publicações: projetos de ensino-pesquisa-extensão, relatórios científicos, prêmios, entrevistas, monografias, dissertações, teses, livros, capítulos e tantos artigos científicos. Este livro, em sua Parte III, especialmente, é um esforço nesse sentido. Gostaria de descrever a colaboração de cada uma das pessoas na construção desse laboratório, mas é impossível. Muitos passaram pelo laboratório e alguns foram formados por ele, pessoas que chegaram aprendizes na graduação e hoje, doutoras e doutores, lecionam e pesquisam no ensino superior. Isso sem falar na quantidade de crianças, jovens e adultos beneficiados pelas ações desse laboratório.

Sendo assim, nas seções que se seguem, vamos delinear a *Estruturação Lógico-Funcional* da Pedagogia da Corporeidade, sem explicitarmos seu aprofundamento epistêmico, visto já termos privilegiado essa discussão em outras publicações (GOMES-DA-SILVA, 2011; 2012a; 2014; 2015b; 2015c; 2016b).

1.2 Tríplice referencial epistêmico da Pedagogia da Corporeidade

O Gepec foi gestado em silêncio, nos primeiros instantes do século XXI, especialmente durante três anos de pesquisa doutoral (março de 2000 a junho de 2003), defronte ao mar de Ponta Negra/RN-Brasil, num *apart-hotel*, sob a orientação da Dra. Kátia Brandão Cavalcanti, na *Base de Pesquisa Educação e Corporeidade* do Programa de Pós-Graduação em

Educação da Universidade Federal do Rio Grande do Norte (UFRN), a quem somos gratos pelo acolhimento e incentivo à aventura científica. Também contou com a coorientação do Dr. Reiner Hildebrand-Stramann, professor da Universidade Técnica de Brauns-chweig (Alemanha), professor visitante no Brasil e autor da proposição "Aulas abertas à experiência".

Esse trabalho de tese doutoral, com dedicação de 12 a 16 horas por dia, de segunda à sexta-feira, apresentou-se em uma construção teórico-metodológica inovadora para compreender o movimento humano e propor uma educação física pelo prisma semiótico. A defesa da tese, *O jogo da cultura e a cultura do jogo: por uma semiótica da corporeidade*, aconteceu sob o signo de três: dia 03/06/2003, com duração de três horas (das 15:00 às 18:00), no teatro do Departamento de Artes da UFRN, sob o exame dos doutores: Edson César Ferreira Claro (dança), Betânia Leite Ramalho (formação docente), Ivone de Barros Vita (psicanálise), João Batista Freire (jogo) e João Batista de Brito (semiótica). Professores que, em cada qual com seus saberes específicos, teceram seus comentários e sugestões especializadas.

Essa investigação tem se mostrado com vida longa, pois, a partir de sua inspiração, depois de três anos da defesa, foi criado em março de 2006, no Departamento de Educação Física da Universidade Federal da Paraíba (DEF/UFPB), o Grupo de Pesquisas em Pedagogia da (Gepec), com registro no Diretório de Pesquisas do CNPq. Contou com o apoio do DEF, do Núcleo de Ciências do Movimento Humano, pertencente ao Centro de Ciências da Saúde da UFPB, do Programa Associado de Pós-Graduação em Educação Física UPE/UFPB e do Programa de Pós-Graduação em Educação (CE/UFPB). Nesses ambientes de ensino, pesquisa e extensão vem desenvolvendo suas atividades.

O Gepec está fundado em um tripé teórico-metodológico ou em um tríplice referencial epistêmico: a *semiose* peirceana, o *sentido do ser* heideggeriano e o *brincar* winnicottiano. Para não passar adiante sem situar o leitor, apresentamos esse referencial em uma rápida noção conceitual.

Semiose é um termo criado por Charles Sanders Peirce (EUA, 18391914) para referir-se à atividade do signo em sua tendência à multiplicação infinita, pois o significado de um signo é sempre outro mais elaborado, sucessivamente infinito. Portanto, semiose compreende os processos de interação, comunicação, significação, representação e interpretação, até porque os signos interconectam estados de mundos. O conceito de semiose está presente em toda a arquitetura teórica de Peirce. A partir da noção metafísica do *sinequismo*, ou da continuidade relacional entre os elementos, apresenta o universo em uma disposição evolutiva de aperfeiçoamento e crescimento cognitivos. Desse modo passamos a analisar as situações de movimento na educação física, concebendo o processo de ensino-aprendizagem-treinamento como um trabalho com os signos motores. A relação signo e educação física está desenvolvida em alguns outros trabalhos (Gomes-da-Silva et al., 2014b; 2015c; Betti et al., 2013; 2015).

Sentido do ser foi o conceito ontológico com que Martin Heidegger (Alemanha, 1889-1976) refundou na filosofia. *Dasein*, traduzido para o português, significa: *ser-com*; *ser-aí*, *ser-no-mundo* ou *pre-sença*, compreende a recolocação filosófica do problema do ser como historicidade. O ser tem modos: modos de existir, de habitação do tempo ou de temporalizar-se (pre-ocupação, disposição, compreensão, fala). Daí a importância de uma *Análise Existencial (daseinsanalyse)* para trazer à luz o que na maior parte das vezes se oculta naquilo que se mostra. Em outras palavras, nosso trabalho também é fenomenológico-hermenêutico ao abordarmos o movimento humano, a partir do modo de ser próprio em cada circunstância. Assim, em uma transposição da *analítica existencial à* área da EF, desenvolvemos o *método semiótico dialógico*. O objetivo é desvendar o que se manifesta em cada uma das situações de movimento, naquilo que no início e na maioria das vezes não se deixa ver, que é a *poeticidade do ser*. Para compreender melhor esse conceito relacionado com a educação física recomendamos a leitura de Gomes-da-Silva (2001; 2003; 2012b).

Brincar, diria, foi a conclusão terapêutica desenvolvida pelo médico e psicanalista Donald Winnicott (Inglaterra, 1896-1971) para a psicanálise. Além de compreender que no brincar a criança tem prazer na aparente onipotência ao manipular objetos, associando-os a símbolos imaginários (Freud), ou de reconhecer a similitude entre o brincar infantil e o sonho do adulto ou as verbalizações da criança ao brincar e a clássica associação livre dos adultos (Melaine Klein). Winnicott (1975) reconheceu o brincar como uma experiência criativa, vivida em uma *terceira área*, continuidade entre real e imaginário, com valor terapêutico. E mais, como uma "forma básica de viver" para crianças e adultos saudáveis. Para melhor compreender esse tema na educação física, propomos a leitura de Gomes-da-Silva (2003; 2005; 2016a; 2016b).

Esses três pressupostos organizam a estruturação cognitiva e comunicativa da PC. Pela teoria dos *espaços mentais* de Fauconnier (1997), propomos a tríade epistêmica assim: a compreensão ontológica do sujeito na educação física é o *espaço base* (*sentido do ser, corporeidade*). Este remete ao *espaço de fundação*, operador de domínio do conteúdo, condicionante, que em nosso caso é a *experiência do brincar*. A proposição da *cultura do jogo* nas aulas de educação física, como o espaço-tempo propício para ensinar-aprender a se relacionar consigo e com o entorno em um horizonte de significação. Remete-se, assim, ao *espaço de expansão*, operador de domínio pragmático, no qual são as semioses ocorrendo nas intervenções junto ao ensino e a pesquisa nos âmbitos educacionais, esportivos, de saúde e lazer. Assim, mesmo sem tecer maiores explicações conceituais, tornamos visível esse *continuum* de interligações tríplices, no diagrama a seguir:

Figura 1 – Diagrama dos espaços mentais da pedagogia da corporeidade

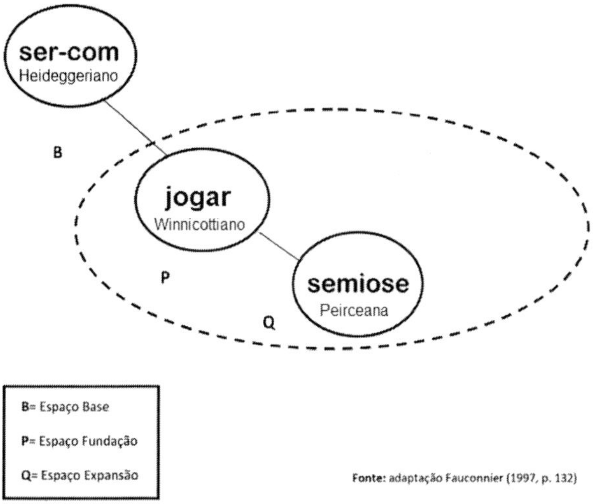

B= Espaço Base
P= Espaço Fundação
Q= Espaço Expansão

Fonte: adaptação Fauconnier (1997, p. 132)

Fonte: adaptação do gráfico das Construções Condicionais de Fauconnier (1997, p.132). Disponível em: https://psycnet.apa.org/record/1997-09078-000

Por essa razão, na teoria da PC, o *"espaço de fundação"* (P) é o <u>brincar</u>, firmando a tese de que é pelo jogar que se aprende a viver de modo criativo. É apresentada uma Educação Física cuja fundação seja o ensino do "jogo semiotizado ou refletido", aquele em que o sujeito interpreta o realizado em suas possibilidades, escolhas, antecipações e coordenações. Nessa teorização, jogo é sinonimo de brinquedo; tal como, jogar é sinônimo de brincar. O *"espaço base"* (B) é o sentido destinado para a educação, esporte, lazer e saúde, o <u>ser-com</u>. A finalidade é que os efeitos das experiências vividas nos jogos produzam efeitos na corporeidade das pessoas, das comunidades, como aberturas ao inventivo, em oposição ao dogmático. E o "espaço expansão"(Q) da PC está no fazer docente, no trabalho educativo, esportivo, de lazer, da promoção cultural e da saúde, como uma contínua <u>Semiose</u>, multiplicando-se.

Este é o tríplice pressuposto epistêmico da PC (existencialista, psicanalítico e pragmático). Sua *base* é a relação ecológica humano--mundo, à semelhança dos outros vivos, possibilitando a integração e a reinvenção do si mesmo nas circunstâncias. No entanto, reconhecemos que essa possível *tendência*, têm muitas possibilidades de acontecer de modo contrário. Segundo Heidegger (2000), na maioria das vezes, o que ocorre na "cotidianidade mediana" é a "decadência", muito condicionada pelo econômico-ideológico ou biopolítico institucional, mas também desejada por esse mesmo humano. Contudo, dependendo do ambiente, se o espaço for "espaço potencial", se houver a presença de outros exercendo a "maternagem" (WINNICOTT, 1975), se as situações do brincar forem potencializadoras, é muito provável, que o *torne-se brincante* aconteça, aprendendo a responder as circunstâncias de forma criativa, singularizando-se e generalizando-se.

1.3 Estruturação na Pedagogia da Corporeidade

Preferimos o termo *estruturação*, também derivado da semiótica (BARTHES, 1999), porque, ao invés de apresentar os conceitos, códigos organizadores dessa teorização, em uma ordem fechada, fixa e definida, os expomos como operadores cognitivos, provisórios.

Ratificamos, o que está consolidado no laboratório que investiga a Pedagogia da Corporeidade (PC), denominado de Gepec, é que sua proposição está em construção ou em multiplicação. Seus conceitos e procedimentos estão em movimento. Tem sido assim, como ocorre em todo organismo vivo, em cada nova pesquisa, nova intervenção, novo público, novo jogo, ampliam-se as compreensões e os métodos são ajustados e esclarecidos. Esse Grupo de Pesquisa não esteve assim organizado em seu início (2006), nem certamente o estará depois. Por essa razão, o que oferecemos é uma *estruturação*, suficientemente clara, do trançado de correlações sígnicas do momento atual de trabalho.

1.4 Conhecimento como o conhecido na vida do conhecente

A estruturação lógico-funcional pode ser também apresentada por meio de uma imagem. O Gepec vem se tornando um ambiente acolhedor e desafiador de jogadores-educadores-pesquisadores de diferentes campos de intervenção, semelhante a uma árvore que aninha inúmeros pardais vespertinos, no momento do crepúsculo. Esse é o ícone atual (2016) do Gepec/Lepec, uma árvore acolhendo várias situações de movimento que possibilitem "o germinar do belo, do superior de cada um". O crepúsculo do tempo atual diz respeito a esse esvaziamento de utopias sociais, de homogeneizações midiáticas e de um consumismo modelador de comportamentos individualistas.

Figura 2 – Ícone-símbolo do Lepec, 2016

PROPOSIÇÃO PEDAGÓGICA DA PC:
pela experiência do brincar nas diferentes
manifestações do jogo, objetiva-se formar o

Ser Brincante

Fonte: Disponível em: http://www.lepecufpb.com.brwww.lepecufpb.com.br

Na metáfora da árvore abrigando pardais cantarolando no crepúsculo, as pesquisas desse laboratório são prioritariamente do tipo pesquisa-ação e analíticas existenciais. Desde sua criação, na PC está proposto o jogo ou brinquedo, em suas múltiplas manifestações (esportes, danças, terapias corporais, lutas, capoeiras, jogos simbólicos, sensoriais, ambientais...), para atender às demandas dos diferentes públicos (professores, dependentes químicos, idosos, escolares crianças, jovens e adultos -, internos de hospitais e pessoas com deficiência) e em diversos contextos (escolar, lazer, comunitário, esportivo, hospitalar, artístico-cultural, organizações governamentais e não governamentais de saúde, educação e reabilitação).

Esse ícone da árvore usado pelo laboratório é símbolo matricial da Árvore da Vida e da Árvore do Conhecimento do Bem e do Mal, que miticamente são a mesma árvore. De modo que o Gepec lançou mão de um ícone-simbólico arquetípico para referir-se ao seu projeto de ensino, pesquisa, extensão, relacionando Conhecimento e Vida. Ao trabalhar com diversos públicos e nos mais diferentes ambientes, a finalidade é facilitar o conhecimento do mundo e de si mesmo, a partir das *experiências do brincar*. A aposta é aprender com o *jogo semiotizado* a habituar-se a um vir a ser brincante, insatisfeito com o existente, por isso mesmo, inventivo. Portanto, nas aulas de educação física, aprende-se a jogar, tanto como representação cultural, memória e inteligência coletiva, quanto como agenciamento de subjetivação ou de ampliação das configurações existenciais, corporeidades.

Assim que conhecimento, para a PC, leva em conta aquele que conhece, seu modo de viver no ato de conhecer. Ainda em termos míticos, o verbo hebraico *conhecer* é o que Moisés utilizou para explicar o conhecimento sexual entre gêneros. Conhecimento é uma união, uma mediação entre o conhecido e o conhecente em ato. "O conhecimento é amor", afirma Souzenelle (1995, p. 18). Logo, conhecimento na PC não é apenas algo externo a ser apropriado, como uma posse, mesmo que seja instrumental na luta de classes, nem muito menos uma mercadoria, acabada, consumível. Mas processo de incorporação, de amor, aberto à recriação, que recicla os hábitos de relação, em constantes novas aprendizagens de habitação na Terra.

Na PC, à semelhança da Pedagógica Histórico-Crítica, considera-se o saber como objetivo, produzido historicamente, reconhecido em suas "condições de sua produção e compreendendo suas principais manifestações, bem como as tendências atuais de transformação" (SAVIANI, 2012, p. 9). Concorda que conhecer a realidade concreta implica explicá-la em seu dinamismo dialético, estabelecendo as relações entre o lógico e o histórico, o todo e a parte, o abstrato e o concreto, o conteúdo e a forma.

Contudo, o saber na PC não se encerra nesse entendimento histórico-crítico de que os sujeitos trabalhadores, apropriados do conhecimento dos dominantes, sejam capazes de gerar uma nova sociedade. "O dominado não se liberta se ele não vier a dominar aquilo que os dominantes dominam. Então, dominar o que os dominantes dominam é condição de libertação", explica Saviani (1985, p. 45). Na PC, está dito que o conhecer possui o rigor de simbolizar criticamente a realidade, mas isso é a terceira relação do signo com sua ordem referente (campo simbólico). Há ainda outros dois níveis ou graus de conhecer ou representar a realidade: como possibilidade sensível (campo icônico) e como alteridade, experienciando o evento em suas manifestações de força e ocorrências (campo indiciático).

O *Tornar-se Brincante* não é um dominador do conhecimento dos dominantes, exteriorizado, como instrumento técnico para controlar a realidade, mas sujeito maleável, que se permite conhecer, alterando seus hábitos de interação com o meio, neuromudulando sua conduta. À semelhança do que ocorre no jogo, o jogador conhece o jogo na medida em que é absorvido por ele. O conhecimento como signo é uma generalização mediadora entre o humano e seu mundo, envolvendo o sensível (ícone), o experiencial (índice) e o conceitual (símbolo).

Diferente da pedagogia histórico-crítica em sua metodologia da "Educação Física Crítico-superadora"(1993), a prioridade não está na "reflexão sobre a cultura corporal" como instrumento para pensar a realidade e comprometer-se com "os interesses das camadas populares". Na PC, também objetivando o engajamento ético-político por uma sociedade justa, democrática e inclusiva, o método não centra-se nas discussões explicativas e reflexões críticas dos conteúdos, mas em experienciar os conteúdos, interpretando a vivência em três graus de representação. Aprender um jogo, na PC, por exemplo, envolve sua codificação funcional (regras, técnicas e sistemas táticos), ação motora (habilidades e proficiência) e cultural (tema de representação social). Contudo, vai além, implica o jogador em interpretar seu desempenho no jogo e relacionar a conduta (estética, ética e lógica) adquirida às circunstâncias em que vive.

Esse conhecer resulta de um primeiro estado de consciência experiencial, estabelecido numa relação de autopercepção. Por exemplo, conhecer xadrez, como uma reflexão sobre a submissão ao "rei", é insuficiente na PC, porque está desconsiderando a experiência de jogar e a oportunidade de autoconhecimento do enxadrista jogando, como níveis de referência e representação. O xadrez como está estabelecido em suas regras e sistemas táticos compreende, para a PC, uma realidade de possível experiência cultural, de acesso à memória e à inteligência coletiva. Não significa dominar essa realidade, pois reconhece que a realidade se impõe, ao tempo que, se furta ao nosso intelecto. Suas possibilidades não estão findas e dependem do nosso aparato perceptivo, acional e semântico. Conhecimento, mais do que objeto com determinadas propriedades, é relação entre seus elementos funcionais. O conhecimento do xadrez, não está findo, continuará a multiplicar-se enquanto houver jogador empenhado em jogar.

Para vencer um campeão de xadrez, por exemplo, não basta dominar o conhecimento que ele domina. É preciso experimentar o jogo, repetidamente, e continuar interpretando-se, a ponto de estar tão conectado com o mundo do jogo, que se reinventa. O enxadrista, mais do que alguém que domina miríades de estratégias táticas, é um amante do jogo, unido a ele de tal forma, que o conhecimento multiplica-se por poder se singularizar na medida em que joga. Conhecimento assim deixa de ser objeto domesticado, passivo de apropriação, para se tornar um poder ser, num abrir-se ao infinito das possibilidades.

Na PC, conhecimento não é discurso explicativo do mundo, nem aprendizagem é apropriação de algo estático ou aquisição de uma opinião. Mas são semioses, sempre mutáveis no ebuliente fluxo das experiências.

Como signo intermediando estados de mundos, conhecer/aprender é experiência de possibilidade, de existência real e de hábito. Portanto, conhecer é função do aprender a viver. A realidade é regularidade e acaso, por isso mesmo, possibilidade de vir a ser, virar outra coisa, mais ampliada.

Retomamos nosso ícone-símbolo (árvore), nele está proposto que ensinar o conhecimento da educação física implica possibilitar experiências de movimentação, capazes de reconfigurar o modo de viver do conhecente. Na PC, essa experiência de aprender/conhecer ocorre pelo *jogo semiotizado*, são situações de movimento acompanhadas de interpretação. É jogando e se reinterpretando que se aprende a jogar. "É no brincar, e somente no brincar, que o indivíduo, criança ou adulto, pode ser criativo e utilizar sua personalidade integral: e é somente sendo criativo que o indivíduo descobre o self" (WINNICOTT, 1977, p. 80).

A próxima seção é dedicada às funções do ensino da educação física na PC. Ao contrário do "brincar por brincar" ou do "aprender a aprender", o objetivo é brincar/jogar em sua rigorosidade sensível, experiencial e conceitual. Brincar, nestes termos, é conhecer o mundo na medida em que se autoconhece.

1.5 Ensino como função poético-científico-simbólica

Decorrente da compreensão do conhecimento como signo entre conhecido e conhecente, conhecer-aprender, na PC, não é competência para ser apropriada ou consumida, própria dos discursos "críticos" e burgueses, respectivamente. O ensino é pensado em três funções sígnicas: poética, científica e simbólica. A sequência, conforme figura 3, não é de progressão etapista, mas de abertura, aprofundamento e extensão, respectivamente. A *função científica* do ensino é de aprofundar o conhecimento, incentivando as explorações e as inferências metódicas. Mas a finalidade é possibilitar uma *extensão*, fazer emergir uma nova mentalidade e disponibilidade ao viver, que é a *função simbólica* do ensino. Quando o conhecimento torna-se autoconhecimento, possibilitando um novo modo de sentir, reagir e refletir, para consigo mesmo para com os demais habitantes da terra.

Figura 3 – Diagrama das funções do ensino na pedagogia da corporeidade

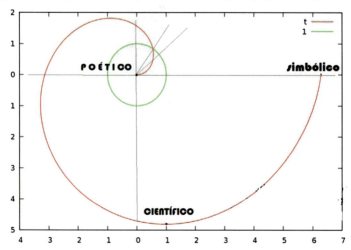

Fonte: adaptação do círculo trigonométrico do Teorema de Grenn. Disponível em: https://pt.khanacademy.org/math/multivariable-calculus/greens-theorem-and-stokes-theorem/greens-theorem-articles/a/greens-theorem-examples

Tudo começa com a *Função Poética*, pois é ela que realiza a abertura do ser ao mundo conhecido, sentido, experimentado; portanto o ensino começa fazendo uso da força germinativa da estética. Em seguida, em um nível de aprofundamento, o ensino tem a *Função Científica*, de evocar os atributos signicos do conhecimento, por meio da rigorosidade e esforço, dedicação e determinação, para gerar a singularidade. Por fim, como num retorno modificado, ampliado, o ensino tem a *Função Simbólica*, responsável pela generalização, que é a extensão representativa do aprendido, relacionando-o novas relações cotidianas entre os objetos, acontecimentos e a cognição. É quando o conhecido sopra e anima a vida do conhecente.

À semelhança da relação jogador e jogo, na PC, o processo de aprender-conhecer-ensinar está entrelaçado nessas três funções. Por exemplo, acompanhando um jogador de final de semana, ele supostamente faz assim: durante a semana prepara-se, acerta o campo, combina com os companheiros de jogo, ensaia mentalmente... até chegar o dia. Então, acorda cedo, veste calção, põe chuteira e sai de casa. Essa é a *Função Poética* do ensino, perspectivada na qualidade da experiência, na apreciação do possível evento, evocando o aprendiz ao mundo do jogo. O primeiro tempo investido abriu a possibilidade do encantamento. Essa função de abrir entradas a um outro mundo, arrancando o ser da tagarelice, é poética. Poético não se refere especificamente à poesia, mas ao modo de pôr-se em obra, de habitar o tempo como possibilidade, põe a aula em um aberto. Nas palavras de Hölderlin (*apud* YVES-LELOUP, 2013, p. 67), "é poeticamente que devemos habitar a terra".

Durante o jogo, nosso jogador terá de dar conta das jogadas, dos enfrentamentos, das competências e performances a serem desempenhadas, do condicionamento físico necessário, das táticas de cooperação, oposição e antecipação. Todas essas ações de desempenho, correspondem, na *Aula--Laboratório* da PC (GOMES-DA-SILVA, 2015a), à *Função Científica* do ensino. Essa função é a responsável pelo processo de racionalização: memória, atenção, coordenação das ações, confrontação, adaptação, intenção e aplicação. O ensino na PC tem a *função científica* de avaliar o conhecimento testado, sistematizado, por meio das experiências de problematizações e surpresas.

Passado o jogo, ficam as recordações do jogador. Restam-lhe as falas recordatórias: "aquela jogada", "aquele drible", "aquele gol"... São memórias recentes das emoções coletivas, das comemorações, dos possíveis ajustes e expectativas para os próximos jogos que possibilitam o retorno ao mundo das obrigações, com histórias para contar. Essa recordação refere-se à *Função Simbólica* do ensino, recordar para compreender, quando o aprendido é estendido para o aprimoramento de si mesmo e do entorno. Uma ampliação que o conhecido produziu no conhecente. Sai-se assim,

> com o rosto liso, os olhos abertos e pensativos e, embora não se tenha sorrido, é como se o corpo todo viesse de um sorriso suave. E sai-se melhor criatura do que se entrou. Experimentou-se alguma coisa que parece redimir a condição humana, embora ao mesmo tempo fiquem acentuados os estreitos limites dessa condição (Lispector, 2012, p. 4).

Essa *Função Simbólica* do ensino compreende o processo mental de recordar, no sentido freudiano. Freud (1914) escrevendo sobre a técnica da psicanálise, dando recomendações aos jovens terapeutas, distingue recordar de um simples traço mnemônico. Recordar coisas, diz ele, tem semelhança com o desejo realizado no pensamento onírico, visto que está envolto em fantasias e possui vínculos emocionais (FREUD, 1980b). Recordar, portanto, corresponde a interpretação do vivido. Por exemplo, a recordação do jogo de futebol do final de semana, não acontece de modo sequencial, linear, mas episódico, do tipo: "aquele gol do desempate foi demais". Recordar não é repetir os acontecimentos, como se continuasse atuando, descrevendo atos motores sequenciais. Ao contrário, lembra-se de algumas ações fantasiadas, aumentadas, porque estão vinculadas a uma emoção.

A vivência da "pelada", que ajudou o jogador a retornar ao mundo das obrigações, não é o recordatório do acontecimento em si, mas a evocação de cenas, em que saiu das obsessões do dia a dia. São essas recordações que têm a força de alterar hábitos, mesmo que seja milimétrico, por exemplo, esse jogador de final de semana resolveu melhorar seu condicionamento físico, reservando mais tempo para si. É a *Função Simbólica* do ensino que prepara o caminho para suportar determinados infortúnios e finalmente estabelecer uma relação mais criativa com a realidade. As imagens recordadas são as que foram amadas ou, como diria Freud (1980b, p. 170), são aquelas que ganharam "significado transferencial"[2], ajudando o sujeito a conhecer melhor suas resistências e sendo capaz de elaborar sua superação.

Essa estruturação lógico-funcional das *funções do ensino estende-se* também às metodologias de intervenção, tanto a *Aula Laboratório* quanto a *Aula-Passeio* (GOMES-DA-SILVA, 2015a), desenhadas como um percurso do aprender-conhecer-ensinar em três níveis: *Sentir, Reagir e Refletir*. Nesse percurso, o discente tem a função de *Encantar, Singularizar e Generalizar*, enquanto o docente *Seduz, Provoca* e conduz à *Representação*.

As reuniões do laboratório também estão regidas por essa mesma organização cognitiva. Iniciamos com a leitura do "Poema do Dia" e momento da respiração, ou experimentação de um novo jogo. Em seguida são tratados os assuntos pedagógicos e científicos em pauta e, por fim, realizamos o "Ritual do Chá", símbolo da partilha.

Estamos no Ano 11, na Reunião Gepec nº 438 (abril, 2016), reuniões que acontecem semanalmente, às terças-feiras, das 8h às 11h.

---

[2] "A transferência cria, assim, uma região intermediária entre a doença e a vida real, através da qual a transição de uma para outra é efetuada" (FREUD, 1980b, p. 170).

A leitura do poema em reunião científica é para lembrar que ciência e poesia não se contradizem, mas se complementam. Freud, no texto *Além do Princípio do Prazer* (1920), termina por lamentar as limitações do cientista, que está condenado a trabalhar, pensar e pesquisar tanto, para, afinal, chegar a conhecer aquilo que os poetas sempre souberam a partir de seus próprios sentimentos. O segundo momento, "Faina" ou trabalho da tripulação, é dedicado à apresentação das pesquisas em andamento, dificuldades no campo de intervenção são apresentadas, suas metodologias de coleta, análises empregadas e discussões conceituais. Por fim, o Ritual do Chá, em que duas pessoas retiram-se com a caixinha de ervas e com as xícaras de louça, decoradas por cada um dos membros, à copa. Lá fervem a água, escolhem a erva e fazem o chá do dia. De volta, trazem informações sobre os benefícios do chá e servem aos "convidados", como em uma cerimônia chinesa *chadô* – "caminho do chá". No momento em que estes retornam, as conversas, as discussões, por mais acaloradas que estejam, são silenciadas, põe-se uma música e passamos a tomar chá juntos. Assim, é encerrada a reunião, entendendo que há momento de silenciar e de partilhar uma bebida, a fim de criar colaboração, parcerias e comunhão.

1.6 Pesquisa como compromisso e coletividade

O jogo é tomado como espaço/tempo privilegiado para educar, treinar e promover cultura e saúde. Por essa razão, é denominado de "pivô da aprendizagem" para o *Tornar-se Brincante*. Nesse sentido, a PC é aprofundada e se estende em duas perspectivas, uma Analítica (*Semiótica do Jogo*) e outra Interventiva (*Didática do Jogo*), ambas já descritas em outras ocasiões (GOMES-DA-SILVA, 2014a; 2015b). Essas duas perspectivas (Semiótica e Didática), inter-relacionadas e interdependentes, fornecem propósito, direção e significação a três *Sublinhas de Pesquisa,* com seus respectivos Grupos de Trabalho (GT).

Na sublinha de pesquisa *Ecologias do Aprender Integrativo,* estamos com os GTs: Jogos de luta; Jogos Ambientais; Jogos Sensoriais; Brincar do bebê; Jogos Tradicionais e Esportivos. Na Sublinha de Pesquisa *Ecologias do Ensinar Colaborativo*, temos o GT Formação de Professores Brincantes. E na sublinha de pesquisa *Ecologias da ArtEducação Terapêutica*, temos os

GTs: Brincar na Velhice, Jogos Simbólicos para dependentes químicos e Brincantes da Cultura Popular.

Comecemos por delinear essas sublinhas de pesquisa para depois situarmos cada um dos grupos de trabalho. Destacamos que os grupos de trabalho serão mais bem explicitados, por ocasião dos sete capítulos, presentes na terceira seção deste livro. Por ora, apresentá-los-emos em suas ementas e articulações.

Figura 4 – Diagrama fluxo das sublinhas de pesquisa e GTS da pedagogia da corporeidade

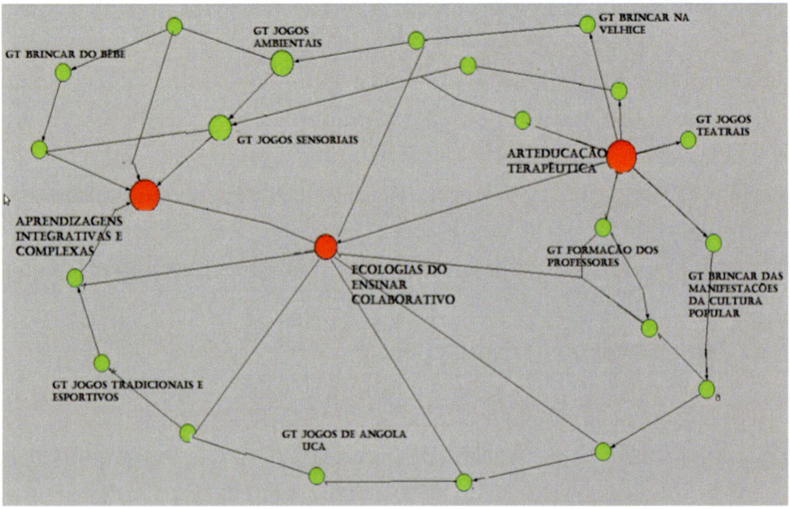

Fonte: Adaptação do Ciclo de Brayton, para os processos térmicos que ocorrem nas turbinas a gás. Disponível em: https://jurnal.batan.go.id/index.php/tridam/article/view/2320/2630

1.6.1 Sublinhas de pesquisas da Pedagogia da Corporeidade

1.6.1.1 Ecologias do Aprender Integrativo

Experimentações, Investigação-ações e Análises semióticas visam a formação de educandos como sujeitos planetários, que aprendam a usufruir da Terra e ao mesmo tempo que se responsabilizarem-se por ela. Vale esclarecer que experimentação aqui não se reduz a experimento, mas refere-se aos fênomenos da experiência ou experimentais, em seu aspecto geral.

A aposta dessa linha de pesquisa está com a *experiência do brincar*, integrada a seu teritório, com jogos próprios da cultura local, nacional e latino-americana, em especial. Portanto, em oposição a toda forma de opressão ou colonização, orienta o processo de aprendizagem na Educação Básica, pelos três níveis do aprender ou de (des)envolvimento: *Interação, Implicação e Integração*. A finalidade é contribuir para que os educandos estejam envolvidos integralmente na superação dos problemas que afetam a manutenção da vida das pessoas e outros seres no planeta.

Tem o compromisso com o ensino da *Cultura do Jogo* para a formação de singularidades e generalidades cognitivas dos sujeitos, em direção a uma *Corporeidade Poetante*. Portanto, em um modo de existir contrário ao fabricado pelas expropriações capitalistas e homogeneizações maquínicas e universalizantes, reducionistas e embrutecedoras, nos âmbitos individual, coletivo e institucional (GUATTARI, 1990). A configuração brincante é aprendida continuamente, nos níveis estéticos (sensibilização), ético-políticos (esforço e militância) e lógicos (com argumentação consistente).

Atualmente há trabalhos com crianças e adolescentes, desde a educação infantil com os bebês até com os adolescentes no Ensino Fundamental e Médio. São pesquisas sobre os efeitos dos jogos para com a configuração da perceptividade, equilíbrio e *grounding* postural; atenção, imaginação e criação; aprendizagem social e as tendências antissociais; o ensino dos saberes indiciários para localização na natureza, dentre tantas outras dedicadas à formação de brincantes.

1.6.1.2 Ecologias do Ensinar Brincante

Trata-se de investigações com o enfoque na atuação de professores que estejam em formação inicial ou continuada, na educação formal (Educação Básica) ou informal (em centros culturais, museus, clubes esportivos, brinquedotecas, jardins botânicos, zoológicos...). Agrupa pesquisas que cooperam na prática pedagógica de professores brincantes, capazes de atuarem em uma disposição contrária à lógica capitalista do consumismo e impessoalidade. Orienta educadores para atuarem com o *jogo semiotizado* e permanecerem conectados com seu próprio jogar. Em oposição ao ambiente educacional movido pelo empreendedorismo, com suas marcas da mercadoria, rentabilidade e competitividade, objetiva colaborar com agentes educacionais práticos e críticos. Que tratem do ensino-aprendizagem não como teoria e prática, mas como processo de Experiência e Interpretação da experiência.

Esta linha de pesquisa tem organizado trabalhos de pesquisa-ação com professores, treinadores, produtores culturais e arte-educadores, na perspectiva de estarem conscientes das principais situações de movimento em diferentes jogos, como *locus* privilegiado de sua atuação. Pesquisas que auxiliam os profissionais a atuarem como mestres do jogo, capazes de conduzir a interpretação da experiência, entendendo-a como um laboratório profissional e existencial. O exercício de aperfeiçoamento docente como fruto de um compromisso social para consigo mesmo e para com a população mundial.

A metodologia de pesquisa é colaborativa, no sentido de atuar com os pesquisados, educadores, objetivando favorecer a construção de um modo de intervir docente que seja prático-reflexivo. Consciente de sua linguagem corporal em sala de aula, analítico dos resultados obtidos (observação, registro e confrontação), criativo na implementação de diferentes jogos e amoroso para com o que faz, porque responsável e comprometido socialmente. As pesquisas ocorrem por meio de seminários temáticos, planejamentos participativos, "observações vicárias", etnografias dos ambientes escolares, estruturação das aulas-laboratórios, realização de aulas-passeios, aplicação de oficinas de brinquedos e brincadeiras (OBBA), construção coletiva de festivais de jogos, métodos de avaliação e reflexão ontológica, epistemológica e metodológica do que faz.

Nessa sublinha de pesquisa estamos atualmente com trabalhos sobre: transposição didática, processo de identificação docente, rede colaborativa entre docentes e discentes, bem-estar docente, comunicação gestual como um saber ensinar, especificação dos processos educativos que ocorrem nas ecologias pessoal, social e ambiental.

1.6.1.3 Ecologias da ArtEducação terapêutica

Pesquisa-ação com o enfoque na saúde mental das pessoas e grupos. Em confronto com os desequilíbrios emocionais ou agenciamentos de subjetividades coletivas patológicas, que a sociedade capitalista vem produzindo, tais como: síndromes diversas, desde pânico e insônias até sedentarismo e obesidade; dependências químicas; bipolaridades; violências; anorexias; vigorexias; e tantos outros transtornos próprios de uma subjetividade do consumo.

São pesquisas sobre os efeitos terapêuticos dos jogos semiotizados. As investigações não tratam sobre a psicoterapia dos jogos, mas acerca dos impactos da experiência e interpretação dos jogos em socializar, empoderar e significar. *Socializar* ocorre quando o jogo propicia a ampliação das amizades, das redes de apoio, enfim, que produzem aberturas afetivas para com os outros. *Empoderar* se dá quando o jogo produz impacto na resiliência das pessoas ou grupos, na capacidade de elas lidarem melhor com os problemas, serem capazes de resistir à pressão de situações adversas dentro do jogo e fora deles; de superar obstáculos, realizando ações, exercendo o poder de decidir, fazer escolhas, assumir papéis, cooperar, competir, enfim, refazer condutas. *Significar* acontece quando os sujeitos, vivendo novas situações de movimento, interpretam que seus códigos técnico-táticos não permitem encontrar êxito, então, se permitem-se fazer novas escolhas, o que lhes possibilita novas ações.

É uma sublinha que vincula Arte e Educação à Prevenção e Promoção da saúde, porque compromete-se com os determinantes da saúde, em âmbito pessoal e sociocultural e ambiental, além de prezar pela qualidade do viver saudável, criativo, responsável pelo cuidado consigo na relação amorosa para com outrem.

Nessa sublinha, desenvolvemos pesquisas participantes que analisam os impactos das intervenções com jogos semiotizados sobre a saúde, o desenvolvimento emocional, resiliência, memória, bem estar subjetivo, dentre outros. O objetivo é auxiliar pessoas e grupos a lidarem melhor com seus desafios, mudanças, conflitos, disfunções motoras, perturbações e traumas nos diferentes ciclos da vida. Por meio de jogos simbólicos, por exemplo, teatrais e sandplay (jogo de areia), esportivos, rítmicos e ambientais, temos desenvolvido intervenções com idosos, dependentes químicos, tanto os institucionalizados quanto os usuários do Sistema Único de Saúde.

1.6.2 Grupos de Trabalho da Pedagogia da Corporeidade

1.6.2.1 Brincar do bebê

O GT Brincar do Bebê (GT-BB) caracteriza-se pelas investigações em torno dos jogos livres, desenvolvidos pelos próprios bebês (até 36 meses), nos ambientes da educação infantil, especialmente berçários. Analisa o brincar do bebê em sua relação com o uso dos objetos, buscando compreender como o bebê brincando estabelece conhecimento com o mundo. A partir dessas análises semióticas do jogo propõe uma didática, criando situações de movimento para a educação infantil (berçário), com os profissionais locais, fundamentando suas ações na inter-relação educação e cuidado, característica da PC.

1.6.2.2 Brincar na velhice

O GT Brincar na Velhice (GT-BV) realiza investigações semióticas e de intervenção com a temática do jogo no envelhecimento, especificamente a cognição, memória, as recordações lúdicas, a atenção visuoespacial, o enfrentamento das internações hospitalares. Em uma perspectiva da Promoção da Saúde, as pesquisas participantes focam no valor educativo do jogo no curso da vida da pessoa idosa. O objetivo é devolver o lugar do prazer do corpo em movimento, contribuindo para a funcionalidade motora, o bem-estar na velhice, os empoderamentos, as redes de apoio, enfim, a autonomia. A perspectiva educativa e terapêutica é atuar contra os fatores que provocam debilidade, disfuncionalidade e aumentar o controle sobre a própria saúde. Isso significa criar, com os participantes, jogos que favoreçam esses "espaços potenciais".

1.6.2.3 Brincantes da cultura popular

O GT Brincantes da Cultura Popular (GT-BCP), compreende estudos sobre as manifestações festivas da cultura popular, transmitida de geração a geração por meio da tradição oral, ou melhor, pela vivência intergeracional da produção lúdica de um povo. A análise semiótica e seu posterior tratamento na escola para os educandos e educadores, centram-se nas atividades de grupos folclóricos brasileiros, relacionados com danças, folguedos, autos, festas, cantigas de roda e tantas outras situações de movimento, a exemplo das lapinhas, fandangos, cheganças, bois, cocos, xaxados, cirandas, jogos indígenas e jogos tradicionais vividos nas comunidades. A pesquisa macro tem sido sobre a linguagem da movimentação dos folguedos e os saberes dos mestres da cultura popular e dos artesãos de brinquedos, desvendando o quanto essas situações de movimento possibilitam o desenvolvimento da sensibilidade, do encantamento e da expressividade dialógica para com o mundo. Esse GT também está vinculado à linha de Pesquisa Motivação e Manifestações da Cultura Corporal Brasileira no LEPEC, coordenada pelo Prof. Dr. Marcelo Bulhões Martins, líder do grupo de danças populares Imburana.

1.6.2.4 Jogos simbólicos

O GT Jogos Simbólicos (GT-JSb) trata-se de um grupo de trabalho, estudos e experimentações que objetiva favorecer a ampliação da capacidade imaginativo-criativa, seja representando com o próprio corpo ou projetando com algo ou alguém. Pela representação corporal, imitação, temos os jogos em que representamos papéis sociais, criaturas ou mesmo circunstâncias. Pela representação projetiva tematizamos jogos com bonecos, sombras e assombros, por exemplo, com figuras míticas do folclore brasileiro (GOMES; GOMES-DA-SILVA, 2012). O objetivo com a vivência desses elementos dramáticos ou teatrais é possibilitar ação e compreensão da realidade. Temos feitos dessas situações de movimento um espaço educativo e terapêutico para reconfiguração de si mesmo. Atualmente a pesquisa macro é sobre os efeitos dos Jogos Teatrais no bem-estar subjetivo de dependentes químicos, avaliando a satisfação com a vida, a melhoria da autoimagem e a ampliação da rede de apoio.

1.6.2.5 Jogos ambientais

O GT Jogos Ambientais (GT-JA) faz uso dos desafios encontrados em ambientes naturais, como situações para o brincar. Objetiva uma educação ambiental, utilizando práticas de caminhadas, trilhas, acampamentos, escaladas, pistas de cordas, arvorismo, escaladas, construir embarcações, remo, surfe e stand up paddle. Essas situações de movimento visam formar o brincante: prático, sensível e consciente da gestão ambiental comunitária. Sua metodologia de investigação e de intervenção parte de problematizações na relação agente-ambiente e avalia a requisição dos operadores cognitivos de interação desencadeados em cada um desses jogos.

1.6.2.6 Jogos tradicionais e esportivos

O GT Jogos Tradicionais e Esportivos (GT JTE) caracteriza-se pela ênfase na experimentação e análise das situações de movimento dos jogos autóctones e tradicionais, bem como os jogos esportivos. É um GT voltados para a educação escolar e cultural comunitária. A tarefa é observar, descrever, catalogar e classificar os diferentes tipos de jogos, com suas múltiplas variações e suas diversas aprendizagens. As pesquisas analisam as condutas motrizes solicitadas em cada jogo com seus desdobramentos existenciais. Investiga os modos de interação e ação dos jogadores nos jogos, método dialógico, para então inventariar, catalogar e sistematizar situações que alterem e ampliem as aprendizagens comunicativas.

1.6.2.7 Jogos sensoriais

O GT Jogos Sensoriais (GT-JS) tem o intuito de desenvolver capacidades sensoriais, ampliando o conhecimento de si, do outro e do ambiente em que se está inserido. Tem como objetivos: formar profissionais sensíveis para o trabalho com educação sensorial infantil, utilizando jogos que possam expandir as experiências perceptivas. Tem desenvolvido pesquisas com crianças nas creches e no primeiro ciclo do ensino fundamental, a partir de um programa de jogos sonoros, táteis, visuais, gustativos e olfativos. Todos esses jogos foram testados para crianças nessa faixa etária, bem como, foi avaliado a repercussão desse programa, por exemplo, na educação alimentar das crianças. Esse Programa de jogos tem sido usado para dar formação a graduandos de educação física ou professores, cuja instituição tenha mostrado interesse em dar continuidade.

1.6.2.8 Jogos de luta

Para além das pesquisas já desenvolvidas por esse GT, com judô, Taekwondo, Tai chi chuan, lutas indígenas, lutas simples, atualmente, 2016, tem investido na capoeira angola, com o intuito de promover a vivência desse jogo angolano para assimilação de princípios e fundamentos da cultural de matriz africana. Elege as situações de movimento na roda de capoeira como fonte de saberes tradicionais a serem experimentados e interpretados. Assim, todo o universo desse jogo tem entrado em cena: seus repertórios motores, ritualísticos, musicais, cênicos e comunicativos, além de sua historicidade. O horizonte de mobilidade e expressividade desse jogo ancestral tem recebido tratamento analítico e pedagógico para educação formal e não formal.

1.6.2.9 Formação de professores brincantes

O GT Formação de Professores Brincantes (GT-FPB) é constituinte da sublinha de pesquisa Ecologias do Ensinar, com o GT dos Brincantes da Cultura Popular. Contudo, todos os demais GTs alimentam e são alimentados pelo trabalho desse grupo com professores e professoras. Esse GT tem realizado Experimentações, Investigações-ação e Análises semióticas com o enfoque na formação de Professores(as) *Experienciais, Colaborativos e Reflexivos*, método denominado de PECRE. O foco central das pesquisas tem sido sobre o ser do professor em seus processos de identificação e subjetivação com a careira docente e com a autorealização na prática pedagógica. Várias questões norteadoras têm sido perseguidas por esse GT, por exemplo, das implicações do bem-estar docente em sala de aula na qualidade do ensino-aprendizagem e na saúde pessoal do docente; as possibilidades da transposição didática e o lugar da "observação vicária"; a criação da cultura de colegiado entre os colegas de profissão no ambiente de trabalho; as estratégias para construção do coletivo de alunos em torno do jogar; a compatibilidade entre a experiência com jogos vividos na infância e adolescência, pelos docentes, e sua capacidade de interagir com os alunos, durante as atividades; a movimentação do docente em sala de aula para conduzir, orientar e disciplinar, como um saber pedagógico; o desenvolvimento da capacidade de reflexão ontológica, epistemológica e metodológica.

1.7 Princípios pragmáticos da Pedagogia da Corporeidade

Para além das Sublinhas de Pesquisa e seus Grupos de Trabalho, essa metodologia de trabalho, denominada Pedagogia da Corporeidade (PC), orienta os professores-pesquisadores por meio de princípios pragmáticos. No pragmaticismo peirceano (Peirce, 1995), uma das bases epistemes da PC é que o significado de um conceito ou teoria está em seus efeitos práticos. Logo, envolver-se com essa metodologia de pesquisa é como entrar em jogo. O pesquisador não tem dever algum em entrar nesse campo produtivo do laboratório. Contudo, uma vez que entra, por vontade própria, é solicitado a respeitar as regras do jogo: envolver-se na pesquisa, no ensino, no treino, no cuidado, como experimentalista e colaborador de uma construção coletiva, cujo único objetivo é produzir resultados práticos na vida das pessoas em sociedade. "Os resultados experimentais são os únicos resultados capazes de afetar a conduta humana" (PEIRCE, 1995, p.293), daí os princípios serem ontológicos e éticos.

1.7.1 Princípios ontológicos

a. Correlação docência e ciência

O pesquisador envolvido na PC é antes de tudo um professor. Por entender que sua prática de pesquisa é alimentada por sua intervenção docente, sua aula estrutura-se em uma *Aula-Laboratório* (ALPC), e que o exercício docente e a prática científica, constituem-se na responsabilidade ética de sua profissão. A cientificidade da aula está em sua orientação pedagógica para intervenção, registro e análise dos resultados, ou melhor, dos efeitos semióticos que a aula produziu nos aprendentes (educadores e educandos).

Na PC, ensinar é fazer ciência, daí sugerir uma intervenção coletiva (dois docentes) para possibilitar a condução e o registro. Com revezamentos, a condução ficaria ao encargo de um docente e o outro no papel de assistente e de responsável pelos registros de áudios de falas significativas, vídeos das situações de movimento, protocolos de observação, anotações em diário de campo, súmulas de desempenho, grupos focais. Uma docência partilhada, orientada para formar coletivos de aprendizes, por meio do uso de jogos coletivos, especialmente os jogos tradicionais, cuja memória é da coletividade humana, portanto, patrimônio cultural. Docência e ciência são atividades coletivas, e nessa cientificidade da docência é possível acompanhar os progressos e os obstáculos dos aprendizes, mestres e instituições.

b. Correlação cientificidade e historicidade

O papel histórico do professor-pesquisador é para com a humanização do homem. Contínuo ultrapassar do si mesmo e do entorno circundante. "Quem educa marca o corpo do outro", diz Freire Dowbor (2008). A historicidade da aula laboratório se constitui em marcar o outro, em um processo de modelização, na medida em que o retira de sua cápsula protetora, ultrapassando a impessoalidade para alcançar o poder ser si-mesmo. A pesquisa na PC, como vimos, desenvolve-se com o ensinar a cultura do jogo, objetivando produzir efeitos semióticos na corporeidade dos sujeitos, ao configurá-los em um existir de abertura, temporalizando-se em cada situação de movimento.

"O fim último da ciência é aliviar a miséria humana", disse Bertold Brecht (1977). Ao contrário das pesquisas-diagnósticos, descritoras de uma realidade, na PC os pesquisadores e pesquisados são chamados à compreensão e ao cuidado de si mesmos, da circunstância e do entrono planetário. Para tanto, docentes e discentes, mantêm-se em uma atitude reflexiva para com o passado, fazendo das situações fácticas do presente, um tempo oportuno de abertura, do advir ao adiante de si mesmo, que é o futuro.

c. Correlação pesquisar e esperançar

Investir em uma pesquisa significa estar identificado com ela, compreendendo-a como sinal de esperança na humanidade. Estar fazendo aquilo em que acreditamos é estar inteiro no que fazemos, concentrados, dedicando nosso bem mais precioso, o tempo. Esperançar aqui é freiriano (Freire, 2005), significa construir, resistir, não desistir, juntar-se a outros na luta por justiça e paz. Logo, cada pesquisa, sabe-se inacabada, falível, mas existencial, insistente na transformação dos hábitos nas relações humanas e com a natureza. Pesquisar não significa diagnosticar nem levar algo pronto para alguém, programa de treino, por exemplo. Pesquisadores não têm parentesco com "iluminados", conduzindo programas salvadores, mas profissionais esperançosos, afirmando a vida e construindo ações na direção da saúde humana e planetária.

As pesquisas, pela PC, têm natureza de pesquisa-ação, participante colaborativa ou analítica existencial, sempre afirmando o compromisso epistemológico, político e pedagógico com o não-hegemônico, contra as injustiças e as máquinas de homogeneização. Ao contrário é partícipe dos movimentos docentes latino-americanos de "educação popular", que mobilizam redes de professores-pesquisadores para o diálogo, compreensão e transformação das realidades, a partir das experiências locais e nacionais, em detrimento do pensamento eurocêntrico.

d. Correlação pensamento e pessoa

Saber é relação do próprio com o outro, portanto, circunstancial, temporal, provisório e histórico. Pensamento não é conceito ou explicação, mas pessoa, porque é experiencial, vivencial; é o "signo-pensamento", diria Peirce (2005). O que penso não está fora de mim, mas já sou eu também, interpretando. E mais, diz que, pelas leis da associação mental, cada pensamento anterior sugere um pensamento que se segue, em uma corrente. Nesse sentido, o pensamento na Pedagogia da Corporeidade é sempre crítico, desconfiado das ideias circulantes, das condições circunstancias e analítico dos efeitos emocionais, energéticos e lógicos que o modo de viver cotidiano produz na cultura local, institucional e na formação biopsicossocial dos humanos. Nenhuma pesquisa-intervenção pode desconsiderar uma análise crítica do pensamento contemporâneo e dos efeitos perversos que provoca. Como "não há intuição ou cognição que não seja determinada por cognições prévias" (Peirce, 1995, p.269), o rompimento só ocorrerá por meio de novas experiências, não de modo instantâneo, mas contínuo.

e. Correlação movimentação e linguagem

O movimento na PC está tratado muito além de deslocamento biomecânico, refere-se à mediação sígnica estabelecida na interação agente-ambiente, portanto, uma linguagem. Também está posta a diferenciação entre movimento e movimentação. O movimento descreve uma ação isolada, descontextualizada, e movimentação implica um processo e um envolvimento de ações sequenciais. Por exemplo, o deslocamento de uma peça de xadrez no tabuleiro "cavalo", se movimenta em forma de "L" é um movimento, enquanto movimentação é quando, esse deslocamento do cavalo deu "xeque" no "rei", implicando o adversário em reagir aquela situação, protegendo o rei ou deslocando-o da ameaça. Movimentação é sempre corrente de ações, intenções, antecipações e responsividades, portanto, linguagem trata-se de uma "situação de movimento". Assim, cada ação dentro da movimentação já é um signo motor, como percepção-ação-interpretação.

Em cada jogo há inúmeras modalidades de linguagens (motora, visual, gestual, verbal), que os sujeitos fazem uso para interagir e agir no mundo, construindo sentimentos, habilidades e pensamentos, constituintes da subjetividade humana. Ao jogarmos estamos expostos às circunstâncias, sendo afetados, na medida em que nos acoplamos a ela, interpretando-a e respondendo-a. Expor a presença, na PC, significa jogar, ensinar e pesquisar situações de movimento.

Na PC o ensino e a pesquisa analisam o jogo: a) pelas exigências ao sistema percepção-ação e interpretação que fazem aos participantes; b) pelo conhecimento do mundo que oferece, sua memória e inteligência coletivas; c) pela reelaboração que os jogadores fazem de seus hábitos. Toda situação de movimento em cada jogo produzirá *zonas de corporeidade*, que são ambiências afetivas criadas e efeitos semióticos nos jogadores, resultando na experiência do brincar/jogar.

1.7.2 Princípios éticos, acadêmico-científicos

Os princípios éticos traduzem-se em compromissos como o desempenho acadêmico científico daqueles e daquelas que resolveram produzir conhecimento no grupo de pesquisa do Gepec.

a. Relação com o tempo investido

Os bolsistas de pós-graduação dedicam-se 40 horas e os de graduação, 20 horas, enquanto os demais pós-graduandos e graduandos, sem bolsa, dedicam-se 25 horas e 12 horas, respectivamente. Essa carga horária estará destinada ao laboratório Gepec e ao projeto de pesquisa pessoal ou coletivo. Compreende as seguintes atividades: frequência assídua às reuniões do laboratório (seis faltas no semestre, sem justificativa, causam desligamento); frequência e registro das discussões metodológicas, nos exames TCC, para graduandos e de qualificações e de defesas para pós-graduandos (mestrandos e doutorandos); integralizar os créditos e realizar as qualificações, pré-bancas e defesas no prazo regimental do programa de que participa; participar de um Grupo de Trabalho (GT) com algum projeto de pesquisa em andamento; envolver-se na gestão do laboratório: dando plantões, auxiliando coletas, elaborando projetos, buscando editais nos órgãos de fomento e auxiliando na respectiva submissão; participação das aulas-passeio, realizadas semestralmente; participação em eventos científicos locais, nacionais e internacionais, um por ano, no mínimo; colaboração na organização do banco de dados das pesquisas.

b. Relação com a produção intelectual

Mestres e doutorandos estão aptos à coordenação de GT a partir de um projeto macro, aprovado em reunião do laboratório, com mais de um ano de frequência no laboratório e publicação mínima de um artigo anual como autor (Qualis: mínimo A2); coorientação nos Programas Acadêmicos ou nos TCC, resultando na publicação anual de um artigo mínimo B3, em que é coautor, resultante dessa atividade.

Mestrandos e Doutorandos publicarão anualmente, como autores, um artigo para revista (mínimo B1 para mestrandos e A2 para doutorandos), bem como, publicação anual de um artigo como coautor, resultado das coorientações e participações no GT (mínimo B2).

Bolsistas de Programas Acadêmicos com publicação anual de um artigo para revista mínimo B3 e um trabalho completo apresentado em eventos nacional e/ou internacional, bem como um relatório final.

Profissionais aspirantes à pós-graduação em algum Programa, com temática na PC, necessitam participar de um GT, no mínimo por seis meses, e participarem de uma publicação como coautores, um artigo para revista (mínimo B1 para aspirante ao mestrado e um A2 para doutorado). Em todos esses escores de desempenho, para além de artigos, há seu correspondente em capítulos de livro (técnico ou acadêmico).

Além desses princípios, requer-se do pesquisador disponibilidade para experienciar jogos, domínio básico dos conceitos operacionais da PC, agenda semestral de trabalho definida, roteiro de estudos com planos de leituras e de intervenção) e metas de produção intelectual para cumprir, sem precisar de cobranças. Fica estabelecido que toda produção intelectual do laboratório será incluído a autoria do orientador do trabalho, ocupando o último lugar na relação dos autores.

Essas exigências acadêmicas são apresentadas como requisitos para permanecer no Gepec. São expectativas, e quem dera fossem observadas. No entanto, a cada ano é feita uma avaliação da produção, e aqueles que durante um ano não estiveram atendendo às demandas qualitativas ou quantitativas devem fazer autoavaliação e repensar sua permanência no grupo.

1.8 Considerações finais

Este capítulo apresenta-se como um guia introdutório à Estruturação Lógico-Funcional da Pedagogia da Corporeidade e, consequentemente, do laboratório Gepec.

Em uma perspectiva latino-americana de produção teórico-metodológica para a educação física, em um esforço para atender às demandas educacionais, esportivas e de lazer, bem como de promoção cultural e de saúde. A opção ético-política foi tratar do fazer pedagógico de professores e professoras com ciência e existência, elegendo o jogo como pivô para a formação do *Tornar-se Brincante*, comprometido em atender pessoas em situação de risco e a comunidade estudantil das escolas públicas.

Foram muitas as entradas que este capítulo delineou, mas sempre na intenção de fazer um convite desafio: que tal aventurar-se no ensino e na pesquisa na educação física, utilizando a Pedagogia da Corporeidade?

CAPÍTULO 2

CONCEPÇÃO EPISTÊMICA DO LAISTHESIS: O PODER ESTÉTICO DA CIÊNCIA

Iraquitan de Oliveira Caminha

2.1 Introdução: pedras que se juntam

O objetivo deste texto é apresentar a concepção epistêmica do Laisthesis, que será mostrada por meio da definição dos conceitos de corpo, estética e sociedade; bem como da justificativa de se adotar Merleau-Ponty e Foucault como principais referências teóricas para fundamentar as pesquisas do grupo. Mostraremos ainda as perspectivas da fenomenologia, hermenêutica e etnografia como eixos norteadores de nossas pesquisas. Finalmente, destacaremos as características do grupo e os nossos focos de pesquisas.

O Laisthesis, criado em 28 de abril de 2012 e coordenado pelo Prof. Dr. Iraquitan de Oliveira Caminha, objetiva realizar estudos e pesquisas sobre o corpo concebido do ponto de vista das experiências estéticas, considerando as inter-relações entre as práticas corporais e modos de vida de diferentes grupos sociais. Desenvolvemos ações referentes à pesquisa, ao ensino e à extensão envolvendo alunos de graduação e pós-graduação em Educação Física e áreas afins, além de mantermos intercâmbios com professores, pesquisadores e profissionais de outras áreas, bem como instituições nacionais e internacionais. O Laisthesis está vinculado ao Departamento de Educação Física da UFPB (Universidade Federal da Paraíba) e ao Programa Associado de Pós-graduação em Educação Física UPE (Universidade de Pernambuco)/UFPB.

O objeto de estudo do Laisthesis é o corpo vivido que se constitui como expressão estética nas organizações sociais por meio de práticas corporais de cuidar de si. Nesse sentido, a estética será usada não somente como teoria do belo, mas, sobretudo, como teoria do sentir.

O grupo possui uma linha de pesquisa denominada de práticas corporais, cuidar, arte e relações sociais, que visa compreender o corpo como obra de arte por meio das práticas de cuidar de si, instituídas socialmente. Nessa linha, a fenomenologia, psicanálise e biopolítica, dialogando com a tradição filosófica, sociológica e antropológica, constituem o horizonte de conhecimento de nossas pesquisas. Como área temática, a linha desenvolve pesquisas sobre práticas de cuidados corporais, imagem corporal, padrão de beleza e simbolizações sociais, bem como transtornos à saúde provocados pela insatisfação com a aparência da imagem corporal.

Antes de desenvolver os temas propostos, apresentaremos o contexto em que este texto surgiu. Ele é fruto de uma elaboração para ser apresentada no I Simpósio Internacional de Cultura, Educação e Movimento Humano, realizado de 26 a 28 de agosto na UFPB de 2015. Esse Simpósio teve como missão reunir dois eventos com históricos de realizações antecedentes: o IV Colóquio do Laisthesis e a III Mostra do Lepec – Laboratório de Estudos e Pesquisas em Corporeidade, Cultura e Educação.

A arquitetônica desse Simpósio é fruto da parceria de dois professores (Dr. Iraquitan de Oliveira Caminha – coordenador do Laisthesis e Dr. Pierre Normando Gomes-da-Silva – coordenador do Lepec), que juntaram seus laboratórios de pesquisas para realizar esse evento. Pierre significa pedra, em francês. Iraquitan também significa pedra, pois o nome *Iraquitan*, em *tupi-guarani*, pode ser traduzido por pedra verde.

Em tempos de modernidade líquida, é bom ver pedras se juntarem para construir juntos edifícios no mundo das ciências. Manifestamos nossa alegria de poder admirar os pesquisadores dos dois laboratórios se empenhando em criar um evento, marcado pela junção da ciência e da arte.

2.2 Corpo, estética e sociedade

O conceito de corpo é central nas pesquisas do Laisthesis. Nossa intenção é romper com a compreensão do corpo humano reduzido às explicações anatômicas, fisiológicas e bioquímicas. Reconhecemos que nossos corpos são determinados também por leis naturais, que faz do corpo uma instância objetiva. Todavia, somos radicais em admitir que os corpos não são reduzidos às estruturas de ossos, músculos e órgãos constituídos por substâncias químicas. Concebemos o corpo, fundamentalmente, por meio da experiência perceptiva de ser corpo no mundo sensível e nas instituições sociais.

Não nos interessa mostrar como o corpo funciona segundo os discursos das pesquisas biológicas. Elas são importantes e indispensáveis num espaço acadêmico que denominamos de Universidade. Todavia, nos ocupamos em pesquisar como as pessoas, em seus contextos existenciais e sociais, percebem seus modos de ser corpo. Penetramos no universo simbólico das relações humanas para compreender a vida humana se expressando por meio de concepções, valores e estilos de vida.

Uma das questões centrais do grupo é pensar a percepção como experiência estética fundamental na intenção de resgatar o sentido originário de estética como *Aísthesis*. Tal resgate nos conduz para considerar a estética como sendo, originalmente, uma teoria do sentir, que exige uma reflexão filosófica sobre o sentido de se existir como afetado pelo mundo sensível. Antes mesmo de se pensar a estética como uma teoria da beleza, por meio de uma reflexão sobre a faculdade do juízo do gosto ou da produção da obra de arte, ela já é uma teoria do sentir.

Pelas trilhas da estética como teoria do sentir, é possível pesquisar as diferentes práticas de cuidar do corpo para além dos cuidados normatizados do discurso médico. Nesse sentido, destaca-se o debate em torno da identidade entre o corpo saudável e o corpo belo, característica da cultura da exibição do corpo como espetáculo na sociedade contemporânea.

O corpo é considerado em suas diferentes transfigurações e reviravoltas sociais enquanto expressão de vida nos contextos urbanos. A intenção é mostrar as metamorfoses do corpo como sinal da pluralidade de culturas que se interagem no campo social das cidades. Nesse sentido, o jogo de tensões entre os estereótipos corporais e as práticas de subversão social é tratado pelo grupo de pesquisa por meio de diferentes enfoques que revelaram os poderes do corpo habitando a cidade e a cidade habitando no corpo.

Enquanto seres sociais, organizamos nossas vidas coletivamente por meio da expressão da diversidade de modos de existir. Particularmente, o Brasil é muito plural do ponto de vista das manifestações artísticas, religiosas e culinárias, que manifestam as diferentes etnias que formam a cultura brasileira. Nesse sentido, somos marcados por uma identidade plural que nos exige respeito às diferenças e uma convivência com base na tolerância. Temos um desafio: como coexistir em igualdade, respeitando as diferenças?

2.3 Merleau-Ponty e Foucault

Merleau-Ponty passa a ser um dos teóricos de referência para o grupo pelo fato dele nos ajudar a superar a compreensão do corpo apenas como objeto. Esse é o corpo concebido nos manuais de anatomia e fisiologia. É corpo explicado pelo modelo de ciência empírico-analítico. É o corpo que é comum a todos nós enquanto estrutura biológica ou bioquímica. Quando nós perguntamos como o corpo humano funciona, estamos estudando o corpo objeto. Se eu disser que o corpo humano tem um coração como sendo o principal órgão responsável pela circulação do sangue, estamos falando do corpo objeto.

Mas é possível compreender o corpo como sujeito. Eu sou o meu próprio corpo, diz o sujeito referindo-se a si mesmo. Estamos falando do corpo que eu experimento. Estamos considerando o corpo enquanto expressão e fala que é capaz de manifestar intenções e desejos. No lugar de monitorar a frequência cardíaca e associá-la aos exercícios físicos, nosso interesse é compreender as diferentes possibilidades de práticas corporais como expressão de modos de vida.

A filosofia de Merleau-Ponty nos permite romper com uma leitura muito limitada de compreender o corpo um organismo vivo e complexo, considerado um ser vivo entre outros seres vivos. O corpo humano não pode ser reduzido a um objeto de investigação experimental, guiado por protocolos de registros produzidos em laboratórios.

Além de ser um conjunto de matéria sujeita a uma série de relações exteriores e mecânicas, o corpo humano pode ser compreendido como veículo de expressão sociocultural. Nesse sentido, é possível estudar o corpo numa perspectiva epistemológica experimental e objetiva, definindo suas leis causais, mas também, numa perspectiva epistemológica interpretativa, buscando seus significados culturais e sociais.

Os movimentos do corpo humano podem ser vistos como comportamentos motores à luz de uma descrição biomecânica, mas também podem ser compreendidos como um sistema de comunicação, que expressa formas de vidas por meio de manifestações culturais. Para Merleau-Ponty, o nosso corpo, enquanto vivido, é a nossa experiência de nos situarmos intencionalmente no mundo e não está apenas localizado no espaço como uma coisa no meio de outras; ele se situa em relação ao mundo, conferindo-lhe sentido.

Todavia, Merleau-Ponty nos aponta a possibilidade de compreender o corpo numa perspectiva existencial, na medida em que o corpo é considerado como forma de ser no mundo. O grupo também recorreu a Foucault para alargar sua compreensão do corpo, adotando a perspectiva biopolítica. Nesse sentido, esse filósofo nos ajuda a pensar o corpo situado e determinado pelas instituições sociais em que ele faz parte. No lugar de falar apenas do corpo como ser no mundo, podemos também investigá-lo como ser nas instituições.

O corpo também é estudado pelo grupo como disciplinado e controlado pelas instituições. Os discursos normatizadores das ciências são usados para enquadrar os corpos. Os corpos performáticos são exaltados e incluídos, mas os doentes e improdutivos são excluídos.

Todavia, é preciso considerar que o próprio Foucault reconhece que o corpo não é reduzido a uma estrutura submetida a um sistema de disciplina e controle social. Ele também é revelador de práticas subversivas de poder, que podem perverter ou alterar uma ordem social instaurada. Logo, não podemos pensar o corpo apenas como revelador de valores dominantes. As pluralidades de práticas sociais de cuidar de si revelam que o corpo não somente se submete ao poder dominante das instituições, mas também elabora insubordinações ao controle social.

Segundo Foucault, no lugar de considerar o corpo como simplesmente disciplinado e controlado, a disputa agônica nas relações de poder torna-se uma referência para se pensar o corpo. Nesse sentido, consideramos que Merleau-Ponty e Foucault podem ser usados juntos para considerar o corpo como existência ambígua que comporta, ao mesmo tempo, vida submetida e aberta ao mundo/instituições. Os modos de perceber e cuidar dos corpos podem ser reveladores de estilos de vidas sociais que desvelam verdadeiros tesouros de conhecimentos para se compreender o ser humano.

2.4 Fenomenologia, Hermenêutica e Etnografia

Nosso grupo de pesquisa adota três eixos (fenomenologia, hermenêutica e etnografia) para orientar metodologicamente as pesquisa. Do ponto de vista fenomenológico, nosso objetivo é dar voz aos sujeitos de nossas pesquisas. Isso é fundado na perspectiva de deixar que o próprio sujeito possa narrar seus modos de perceber e cuidar dos corpos. A realidade estudada é compreendida como fenômenos percebidos pelos sujeitos perceptivos e não como objetos positivos revelados de maneira transparente. Nesse sentido, o conceito de percepção é central em nossas pesquisas. Pesquisamos como os sujeitos de nossas pesquisas percebem os fenômenos investigados. Para atender a perspectiva fenomenológica de se fazer pesquisa, é preciso fazer a suspensão de postulações teóricas *a priori* em favor da experiência pré-teórica comum que todos possuímos do mundo e de nós mesmos. É por essa razão que adotamos a perspectivas de fazer pesquisas qualitativas valorizando as entrevistas. Criar uma situação de "entre-vistas" nos possibilita alcançar as experiências de ser corpo do ponto de vista existencial e biopolítico dos diferentes sujeitos escutados.

Não basta apenas acolher ou se inclinar para ouvir os sujeitos que pesquisamos. Precisamos interpretar as falas, as narrativas ou os depoimentos dos sujeitos que estudamos. Nesse sentido, precisamos nos enveredar pelos caminhos da hermenêutica. Nesse sentido, é de fundamental importância definir os conceitos e os autores que serão os nossos interlocutores na realização de nossas pesquisas. Eles formam a base teórica para encontrar maneiras de traduzir os diferentes modos de se viver por meio da percepção e dos cuidados com o corpo. É preciso considerar que pesquisar é descrever fenômenos, mas é também interpretar discursos. Logo, a produção de significações por meio da linguagem ganha um lugar especial em nossas pesquisas. A experiência perceptiva se entrecruza com a experiência discursiva.

Precisamos não somente dar voz aos os sujeitos da pesquisa e interpretar suas narrativas, mas também fazer observações e acompanhamentos da vida desses sujeitos em seu cotidiano. Nesse sentido, precisamos considerar também a perspectiva etnográfica de fazer pesquisas. Isso significa considerar não somente as experiências vividas dos sujeitos, as interpretações de suas narrativas, mas também seus estilos de vida enquanto histórias de vida elaboradas cotidianamente. Nossa intenção é investigar etnograficamente valores, hábitos, crenças, práticas e comportamentos de diferentes grupos sociais.

Nossas pesquisas articulam descrições das experiências vividas pelo corpo em diferentes contextos de práticas sociais, interpretação dos discursos elaborados para significar essas práticas e observações de particularidades culturais em torno dos horizontes sociais que nos definem como humanos.

2.5 Características do grupo e focos de pesquisas

O grupo de pesquisa é constituído por estudantes do doutorado e do mestrado do Programa Associado de Pós-graduação em Educação Física UPE/UFPB. Contamos ainda com estudantes do curso de Educação Física da UFPB e ex-estudantes do referido curso, bem como de outros cursos que desejam ingressar no doutorado ou no mestrado. Temos também pessoas de outros programas de pós-graduação ou pesquisadores interessados em nossas temáticas de estudos que frequentam o grupo. Temos bolsistas do Prolicen – Programa de licenciatura da UFPB e do Pibic – Programa de Iniciação científica da UFPB.

Mantemos intercâmbios acadêmicos com pesquisadores da Universidade de Pernambuco, Universidade Federal do Rio Grande do Norte, Universidade Federal de Sergipe, Université de Montpellier (França) e Université Catholique de Louvain (Bélgica) por meio de pesquisas, publicações e estágios.

Desenvolvemos e publicamos pesquisas sobre corpo, estetização da saúde, formação do juízo moral, relações de poder, compulsão pelo corpo musculoso, imagem corporal, envelhecimento, bullying, relações de gênero e antropologia da brasilidade. Todos esses temas são abordados na perspectiva de correlacionar nossa experiência de nos percebermos como corpos situados no mundo/instituições e a elaboração subjetiva e coletiva de significados para vida por meio das práticas corporais.

2.6 Conclusão: a pesquisa como obra de arte

Quando realizamos uma pesquisa e produzimos nossos textos, visamos aproximar a linguagem da ciência com a linguagem da estética ou das produções artísticas. Buscamos viver a experiência de continuidade entre conhecimento e sentir a manifestação do belo. Por compreender o corpo humano como sendo da ordem do *autopoiesis*, capaz de produzir a si mesmo, consideramos que todo conhecimento é uma obra de arte na medida em que a experiência de sentir e o produto elaborado não se separam. É por essa razão que incorporamos ao nosso grupo: pesquisa, produção e publicação; movidas por relações afetivas. Trocamos saberes e afetos ao mesmo tempo. Os fenômenos estudados não são apenas realidades naturais desapegadas do olhar significativo daqueles que os percebem.

PARTE II

MOVIMENTAR DO SUJEITO E O ENSINO-APRENDIZAGEM

CAPÍTULO 3

A TEORIA DO SE-MOVIMENTAR EM PERSPECTIVA SEMIÓTICA

Mauro Betti

3.1 Introdução

"Se-Movimentar" é a tradução livre para o português, conforme opção de Elenor Kunz, da expressão alemã "*Sich-Bewegen*", que em uma versão mais literal significaria "movimento próprio". Kunz (1991; 1994) se vale dessa noção no contexto da proposição Crítico-Emancipatória que faz para a Educação Física escolar. Resumidamente, a intenção é enfatizar o movimento humano como expressão própria do sujeito, e não como predeterminação de modelos mecânicos, como fazem, por exemplo, as análises biologicistas que separam o movimento do sujeito-que-se-movimenta. "Se-Movimentar", portanto, é um substantivo (devemos então falar em "o" Se-Movimentar"), e não um verbo. Situa-se no contexto de uma teoria mais ampla sobre o movimento humano, de base fenomenológica, que denominaremos aqui Teoria do Se-Movimentar (TSM).

A TSM iniciou-se na Holanda. Teve como precursor Frederik J. J. Buytendijk, que em 1956 publicou o livro *Teoria Geral da Postura e Movimento Humano: ligações e comparações das abordagens fisiológica e psicológica*[3]. Foi o também holandês Carl C.F. Gordijn quem sistematizou uma proposta de "educação do movimento" com bases fenomenológicas, em sua tese de doutorado em Literatura e Filosofia na Universidade Livre de Amsterdam, intitulada *Educação do Movimento na Educação e Formação-*

---

[3] BUYTENDIJK, F. J. J. *Allgemeine theorie der menschlichen haltung und bewegung als verbindung und gegenüberstellung von physiologischer und psychologischer betrachtungsweise*. Berlin: Springer-Verlag, 1956.

Total[4]. Em 1968 publicou o livro *Introdução à Educação do Movimento*[5], na mesma direção. A seguir, em 1979, Jan W. I. Tamboer (outro holandês) apresentou uma didática exposição e análise crítica da TSM na revista alemã *Pedagogia do Esporte* (TAMBOER, 1979) e, em 1985, o livro *Concepções de homem e imagens de movimento*[6]. Todavia, são publicações de difícil acesso e leitura para os que não têm familiaridade com as línguas (holandesa e alemã) em que foram escritas.

A TSM formulada na Holanda foi retomada pelo alemão Andreas H. Trebels, que foi orientador de doutorado do brasileiro Elenor Kunz na Universidade de Hannover. A TSM chegou então ao Brasil por meio dos livros *Educação Física: ensino e mudanças* e *Transformação Didático-Pedagógica do Esporte*, de Kunz (1991, 1994). Há também publicações em português de Trebels (2003, 2006). São dessas publicações em língua portuguesa, e em especial de uma tradução livre[7] do já citado artigo de Tamboer (1979), que aqui me valerei. Também levarei em conta publicação anterior de minha coautoria sobre o tema (BETTI et al., 2014).

3.2 Teoria do Se-Movimentar e fenomenologia

O ponto de partida da TSM é a fenomenologia de Maurice Merleau-Ponty (1908-1961), desdobrada da filosofia fenomenológica de Edmund G. A. Husserl (1859-1938). Merleau-Ponty (1999; 2002) aborda o tema da percepção, do corpo, do movimento e da significação como um sistema de totalidade – uma *Gestalt*. Sua fenomenologia opõe-se a uma filosofia da consciência, e para ele o mundo não é "aquilo que eu penso, mas aquilo que eu vivo" (1999, p. 14), e nossa imersão no mundo é fundamentalmente corporal. Nossa experiência do mundo radica, em última instância, na experiência do próprio corpo, proporcionando um saber antepredicativo, que é anterior a nossas representações intelectuais sobre o mundo. É no e com o corpo que me relaciono com o mundo e com

---

[4] *Bewegingsonderwijs in het onderwijsen opvoedingstotaal.*
[5] GORDJIN, C.C.F. *Inleiding tot het bewegingsonderwijs.* Utrecht: Bosch & Keuning, 1968
[6] TAMBOER, J. W. I. Sich-Bewegen – ein dialog zwischen mensch und welt. *Sportpädagogik*, [S.l.], n.3, v.2, p.6065, 1979; TAMBOER, J. W. I. *Mensbeelden aachter bewegingsbeelden.* Haarlen: [s.n.], 1985.
[7] Proveniente da Universidade Federal de Santa Maria (UFSM), cuja autoria eu desconheço.

outros humanos, que percebo e sou percebido, porque simultaneamente sou e tenho um corpo. Com isso, introduz-se a noção de ambiguidade entre corpo próprio e corpo objetivo.

O *corpo objetivo* é como qualquer outro objeto que as ciências buscam analisar e explicar, e para as quais só existe conceitualmente. Já o *corpo próprio* é a função do corpo vivo, "a verdade do corpo tal como nós o vivemos" (MERLEAU-PONTT, 1999, p. 578), é "um conjunto de significações vividas" (MERLEAU-PONTY,1999, p. 212). Contudo, a experiência do corpo próprio "revela-nos uma modo de existência ambíguo" (MERLEU-PONTY, 1999, p. 268). O corpo não é objeto mas, ao mesmo tempo, "a consciência que tenho dele não é um pensamento [...]. Sua unidade é sempre implícita e confusa [...] enraizado na natureza no próprio momento em que se transforma pela cultura" (MERLEU-PONTY, 1999, p. 268-269)

É preciso, aqui, atentar para um outro ponto de vista, conforme alertado por Betti et al. (2014, p. 1638): como a perspectiva fenomenológica merleau-pontyana situa a condição humana em algum lugar indecidível entre a natureza e a cultura, então se reabre espaço "para o estudo do corpo como organismo fisiológico, ao situá-lo simultaneamente na natureza e na cultura, sem incorrer no reducionismo tradicional das Ciências Biológicas".

Encerro esta introdução com o pronunciamento de Merleau-Ponty (1999, p. 153-154) sobre a motricidade: "Não é nunca nosso corpo objetivo que movemos, mas nosso corpo fenomenal, e isso sem mistério, porque já era nosso corpo, enquanto potência de tais e tais regiões do mundo, que se levantava em direção aos objetos a pegar e que os percebia". Como veremos, é do corpo próprio ou fenomenal de que falará a TSM.

3.3 A Teoria do Se-Movimentar de Gordjin, segundo Tamboer

Tamboer (1979) retoma e aprofunda a TSM de Gordjin (1968). Na sua apreensão de Gordjin, a *Corporeidade* [*Leiblichkeit*] do homem e o fenômeno do *Movimento* são categorias específicas da Educação Física. Em uma aula de Educação Física, constata Gordjin, o que vemos são alunos se movimentando e o professor os impelindo a se movimentar.

Portanto, o que se passa diante dos nossos olhos não é "algo físico nem mental, mas apenas atividade [*funktion*], ação [...] é impossível designar esses fatos como físicos, o físico não é algo que possamos educar, ensinar" (GORDJIN apud TAMBOER, 1979, p. 60). Pois, prossegue, "não são físicos que correm, saltam ou lançam [...], são os alunos que estão ocupados em fazer alguma coisa [...] a corporeidade só pode ser influenciada e reconhecida na atividade, na ação, no se-movimentar" (p. 61). Desse modo, conclui, a corporeidade é reconhecida somente no movimentar-se[8], mas não o contrário, e, portanto, Gordjin reconhece o "Se-Movimentar" como núcleo da Educação Física.

Com base em Buytendijk, Gordjin diferencia dois modos de investigação do movimento humano – o fisicalista [*physikalisch*] e o funcional [*funktionell*] –, que levam a definições diferentes do objeto de pesquisa:

> No modo *fisicalista* o movimento humano é concebido como sequência de acontecimentos), como mudança de uma estrutura no decorrer do tempo (mudança na posição dos membros, do tronco etc.) Tal análise é possível, mas não suficiente para alcançar o que é específico do se-movimentar humano, sua singularidade, sua condição humana. Já no modo *funcional* o movimento humano é concebido como exteriorizações da existência[9]. Portanto, não descreve o comportamento apenas como mudança de lugar de partes do corpo, pois o conceito de comportamento encerra um "quem" (sujeito) que se comporta e um "mundo" (situação) no o qual o comportamento se dá. Dessa maneira, nós percebemos não os movimentos, mas as pessoas que se movimentam em algum lugar. Se modo fisicalista abstrai a interdependência entre indivíduo e mundo, o modo de consideração funcional pressupõe sempre uma "intelecção do sentido da relação entre indivíduo e mundo" (TAMBOER, 1979, p. 62)

O modo funcional é para Buytendijk (apud TAMBOER, 1979, p. 62) como "um todo indivisível de mudanças significativamente relacionadas

---

[8] Note-se que é conclusão similar à de Merleau-Ponty (1999).
[9] Relembro Merleau-Ponty (1999): não é nosso corpo objetivo que movemos, mas nosso corpo próprio ou fenomenal.

a algo exterior a estas mudanças", ou seja, o estado final não é apenas um outro em relação ao inicial, mas possui um outro significado. Todavia, ele só tem significado se for tomado como valor de alguma outra coisa e não como valor de uma escala.

3.4 Teoria do Se-Movimentar e significação

O Se-Movimentar é conceituado por Gordjin como um comportamento pleno de sentido, como algo que acontece no interior de uma interdependência relacionada ao sentido. Portanto, o ponto de partida da TSM são as situações concretas nas quais o Se-Movimentar surge plenamente significante. Gordijn procura o Se-Movimentar humano no lugar onde ele se coloca como acontecimento pleno de sentido em manifestação, isto é, no contexto da relação homem/mundo. Movimentar-se é, ao lado do pensar, do falar, entre outros, uma das formas nas quais se manifesta a correlação original entre o homem e o mundo. A separação ulterior e artificial entre homem e mundo, entre sujeito e objeto, leva a descrições do movimento humano nas quais o "mundo" não aparece mais (por exemplo, definir movimento como deslocamento no espaço/tempo de todo o corpo ou de suas partes).

Então, Gordjin conceitua o Se-Movimentar como um diálogo entre o homem e o mundo, no qual ambos participam na constituição do movimento, e portanto não podem ser isolados – cada um "significa" na relação com o outro.

No Se-Movimentar o homem relaciona-se com algo exterior a ele próprio – outro homem ou coisas. Esse "Outro" é questionado pelo sujeito quanto ao seu significado. Uma bola, por exemplo, pode ser questionada quanto a sua propriedade de rolar ou saltar, a água quanto a sua atravessabilidade. Podemos questionar a bola de diferentes formas: conversar sobre ela, olhá-la atentamente ou fazê-la quicar. Para Gordjin, só no último caso é que encontramos o diálogo com o mundo: o homem questiona o mundo (a bola) quanto a seu significado, que é construído por meio do movimento (contato com a bola).

Gordjin fala então do "mundo do movimento motor": o Se-Movimentar nasce de um jogo conjunto, bastante intrincado, entre homem e mundo, a pessoa e a situação. Trata-se de um todo – uma *Gestalt* –, que não pode ser conceituado como uma somatória de fatores isolados. Se é um acontecimento dialógico, então o Se-Movimentar é uma forma pessoal-situacional de significados.

Trebels (2003; 2006) sintetiza esses importantes aspectos da TSM em três pontos: (i) preocupação com o sujeito do movimento; (ii) situar o ambiente do movimento (posição do ser diante da própria existência, do mundo): e (iii) compreensão do significado do movimento. Portanto, conclui Tamboer (1979, p. 63) que o paradigma de Gordijn "centra-se na análise do significado o movimento humano não resulta de 'fatores próprios' ou 'alheios', mas como algo cujo significado se constitui no diálogo entre homem e mundo".

Em consequência, Gordjin debateu-se com a questão da gênese dos significados: os significados são qualidades próprias das coisas, ou resultado de uma atuação livre e subjetiva de atribuição de sentido? Para ele, ambas as posições devem se recusadas, pois são pontos de vista unilaterais: ou o mundo, ou o homem.

Conforme Gordjin (apud TAMBOER, 1979, p. 63): "o significado não é, jamais, uma propriedade da coisa, ele apenas diz algo sobre a relação desta coisa com algo outro que não ela [...]. O significado nasce da relação homem/mundo e, com isso, não é ordenável nem ao lado do sujeito nem ao lado do objeto". Na interpretação de Tamboer, Gordjin recusou tanto uma concepção "realista" (os significados como propriedades inerentes às coisas) quanto o "idealismo subjetivo" (o homem como autônomo, livre determinador dos sentidos), mas, ambiguamente, recorreu aos argumentos dessas duas posições. Ainda para Tamboer, a tese de Gordjin, de que o significado nasce do diálogo é correta, mas fracamente fundamentada – ou seja, faz-lhe falta uma sólida teoria da significação. Aqui nos parece oportuno recorrer ao campo da Semiótica, que poderia dar suporte à TSM.

Outro argumento a favor do apoio que a Semiótica pode ofertar à TSM Semiótica decorre da afirmação de Gordjin de que o homem pode questionar e responder ao mundo de diferentes maneiras: a linguagem (língua) é um dos modos de dialogar, e difere do Se-Movimentar. Embora as diferenciações que associam o "cognitivo" à língua e o "motor" ao movimentar-se sejam relativizadas na TSM, permanece contudo como uma questão duvidosa. Para Gordjin, conhecer pessoas e coisas por meio do movimento é, de um lado, nosso primeiro contato cognitivo com eles e por isso fundamental para todas as outras formas de relação possíveis. Ao movimentar-se, a crianças "conhece" a natureza do mundo muito antes de estar em condições de interpretá-lo em conceitos e símbolos. De outro lado, movimentar-se é, para crianças e adultos, uma forma de existência, que tem seus próprios valores e onde o homem pode realizar-se e se expressar.

Aqui também parece uma teoria semiótica que trata da inter-relação e hibridação das várias linguagens (linguagem do movimento, linguagem verbal e escrita etc.). Com essa lacuna, permanece o risco das dicotomias: movimento *versus* palavras, cognitivo *versus* motor. Ou seja, ora falamos sobre a bola, ora quicamos ou rolamos, mas as inter-relações entre esses gestos[10] não são considerados. Há outras lacunas apontadas por Tamboer na TSM de Gordjin. Por ora, contudo, trataremos apenas da ausência de uma teoria da significação mais consistente. Adentro a seguir, então, ao campo semiótico, mais especificamente à Semiótica de Charles S. Peirce[11].

3.5 A perspectiva semiótica

Inicio com duas definições de Semiótica, as quais, por sua generalidade e didatismo, poderão auxiliar o leitor a acompanhar meu raciocínio:

- É a ciência que investiga todas as linguagens[12] possíveis, estuda os modos como os fenômenos produzem significados (SANTAELLA, 1983).

- É "a ciência dos signos, uma teoria da significação, comunicação e cognição, que investiga as condições, processos e multiplicação dos signos" (GOMES-DA-SILVA; BETTI; GOMES DA SILVA, 2014, p. 603).

---

[10] Lembro que para Merleau-Ponty (1999) a fala também é um gesto, e que todo gesto é, de antemão, "aliado ou cúmplice de todas as outras tentativas de expressão" (MERLEAU-PONTY, 2002, p. 106).

[11] Charles Sanders Peirce (1839-1914), físico, matemático e filósofo norte-americano. É considerado o criador de uma das vertentes teóricas do campo dos estudos semióticos.

[12] Entendemos por linguagem a capacidade dos signos de gerarem informação. A capacidade de produção linguística (a língua portuguesa, a língua inglesa, a língua alemã...) é exclusividade humana.

E o que é "signo"? Conforme Peirce (1977, p. 46), signo é "algo que, sob certo aspecto ou de algum modo, representa alguma coisa para alguém. Dirige-se a alguém, isto é, cria na mente dessa pessoa um signo equivalente ou talvez um signo melhor desenvolvido. Ao signo, assim criado, denomino interpretante do primeiro signo".

Portanto, qualquer coisa – um som, um gesto, uma imagem, uma palavra, um ritmo etc. – que represente outra coisa, para uma "mente" interpretadora, sob certos aspectos (mas não todos os aspectos possíveis!), de alguma maneira, pode ser signo. Ou, ainda:

> Um signo ou Representam em é um Primeiro que se põe numa relação triádica genuína tal para com um Segundo, chamado seu Objeto, de modo a ser capaz de determinar um Terceiro, chamado seu Interpretante, o qual se coloque em relação ao Objeto na mesma relação triádica em que ele próprio está, com relação a esse mesmo Objeto (PEIRCE, 1974, p. 142).

Portanto, o significado de um signo é sempre outro signo – um signo gera outro signo – num fluxo incessante *ad infinitum*. A esse processo Peirce deu o nome de *semiose*. A semiose também se produz entre sistemas de signos (linguagens) diferentes. Uma cor que, para alguém, significa um sentimento, que leva a um gesto, a uma palavra, a uma dança, a um poema...

Figura 5 – Semiose entre linguagens

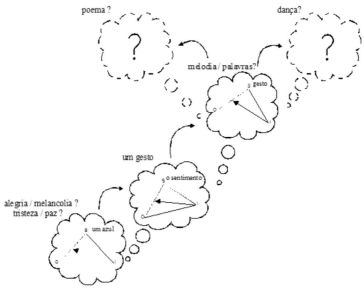

Fonte: Gomes-da-Silva, Sant'agostino, Betti (2005, p. 35)

Como explicam Betti, Gomes-da-Silva e Gomes-da-Silva (2013), a semiótica peirceana, ao considerar como signos sentimentos e emoções, ações e reações, discursos e pensamentos, e ao analisar como eles se hibridizam, aproximam o sentir, o agir e o pensar. Para Pignatari (1979), a semiótica de Peirce possibilita estabelecer ligações entre linguagens diversas; permite ainda "ler" o mundo não verbal (um quadro, uma dança, um filme) e ensina a "ler" o mundo verbal em ligação com o mundo não verbal. É também de Pignatari (1979, p. 12) a afirmação de que a Semiótica de Peirce "acaba de uma vez por todas com a ideia de que as coisas só adquirem significado quando traduzidas sob a forma de palavras". Isso porque o processo de semiose entre linguagens produz conhecimento.

Portanto, podemos vislumbrar a possibilidade de superação da dicotomia entre o verbal e não verbal e, em última instância, a superação da contradição entre teoria e prática na Educação Física, como apontada por Betti (1994): a prática da Educação Física é corporal, mas a teorização sobre essa prática se dá pela língua (verbal).

3.6 Conclusão

Retomo o exemplo de Gordjin em nova perspectiva: falar sobre a bola de basquetebol, aprender a quicá-la, passá-la e arremessá-la, ou aprender regras e táticas de jogos coletivos em que ela é implemento, não são processos de significação separados. Estão hibridizados nas semiose, conectados em uma rede de significações na experiência de aprendizagem, as quais são singulares e imprevisíveis para cada aluno-aprendente. Cada um pode alcançar determinado ponto da rede por diversos caminhos, com diferentes pontos de partida. O fluxo da semiose não pode ser padronizado, nem totalmente ordenado. É o oposto da concepção tradicional de que a aprendizagem se dá por etapas, que exige pré-requisitos estabelecidos exteriormente (pelo professor, pelo currículo...).

É o que tentei representar na figura a seguir.

Figura 6 – Concepção semiótica e concepção tradicional de aprendizagem

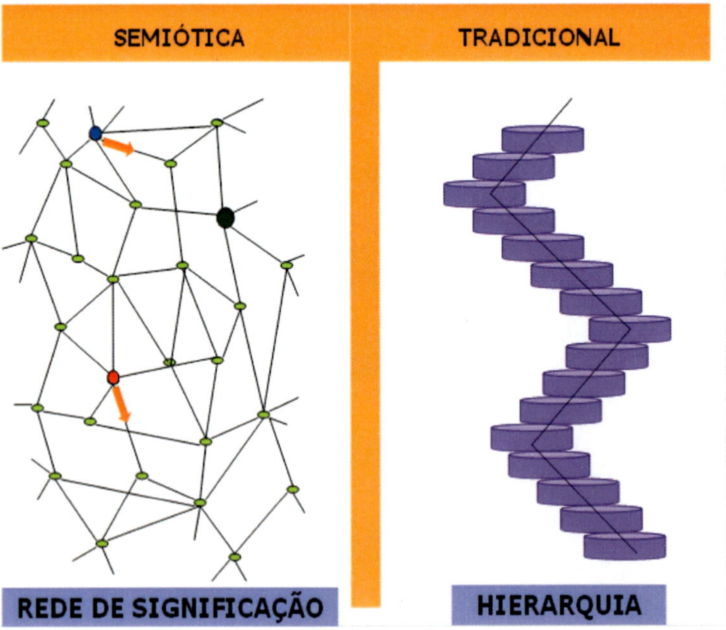

Fonte: o autor

O erro pedagógico que muitos professores de Educação Física cometem é interromper o fluxo das semioses, os processos de significação engendrados pelos alunos-aprendentes, ou tentar padronizar ou pré-determinar "caminhos" de significação. Fazem isso por não saberem interpretar os processos de significação, por tentar enquadrá-los nos códigos conhecidos, nas finalidades já fixadas, ou nos esperados "níveis de desenvolvimento normais" das crianças e jovens.

Perceba-se, então, como falar em "rede de significações" opõe-se ao modelo etapista e hierárquico de proposição desenvolvimentista muito popular na Educação Física escolar brasileira. É, também, muito diferente das dimensões dos conteúdos – conceitual, procedimental e atitudinal – as quais apropriadas de modo distorcido na Educação Física, apresentam sob nova forma as dicotomias entre teoria e prática, entre o que é cognitivo, o que é afetivo e o que é motor.

CAPÍTULO 4

DESENVOLVIMENTO E RECEPÇÃO DA CONCEPÇÃO PEDAGÓGICA DAS "AULAS ABERTAS ÀS EXPERIÊNCIAS"

Reiner Hildebrandt-Stramann

4.1 Introdução

O artigo contém descrições e reflexões sobre o desenvolvimento da concepção didática aberta às experiências. São reflexões de cinco etapas do desenvolvimento: a introdução na discussão didática na educação física brasileira, a compreensão de movimento como uma concepção dialógica de movimento, estudos empíricos sobre o significado de movimento no cotidiano das crianças (histórias de movimento com crianças), a configuração pedagógica de escola (escola móvel) e o desenvolvimento de um currículo para a formação dos estudantes no curso da Licenciatura.

Desde a década de 1960 do século 20 existem programas de intercâmbio científico, cultural e pedagógico entre o Brasil e a Alemanha na área da Educação Física brasileira. No início ocorreram programas patrocinados pelo Instituto Superior de Esportes de Colônia, cujas intenções eram o desenvolvimento do esporte, em especial do rendimento que promove a competição e com isso a sua comercialização.

Na década de 1980 o Serviço Alemão de Intercâmbio Acadêmico (DAAD) e as agências de parceira Capes e CNPq promoveram um projeto de intercâmbio no Campus da Universidade Federal de Santa Maria com o objetivo de desenvolver um núcleo da pedagogia do movimento no programa de Pós-Graduação na área da Educação Física. Com a vinda de dois docentes visitantes alemães, o professor Jürgen Dieckert (hoje professor emérito da Universidade Oldenburg) e o professor Reiner Hildebrandt-Stramann, essa visão exclusivamente centrada no esporte de rendimento começa a mudar. Conforme relata Kunz (2006, p. 9).

Uma Educação Física voltada ao lazer e à formação educacional crítica passa a ganhar destaque. Acrescentando a isso ainda a formação no âmbito de Doutorado e Pós-Doutorado de alguns profissionais da área na Alemanha, além de inúmeros outros projetos de intercâmbio científico, estágios de pesquisador visitante nesses dois países e programas conjuntos de desenvolvimento de Esporte e da Educação Física, os caminhos históricos da Educação Física brasileira se modificaram radicalmente.

O professor Jürgen Dieckert e eu tivemos a sorte de chegar ao Brasil numa década, caracterizada por Kunz como "os anos de maior revolução, transformação, mudança e também esperança para a Educação Física brasileira" (2006, p. 11). A liberdade política reconquistada se articulou na área da Educação Física numa pluralidade de novas perspectivas científicas. Segundo o mesmo autor:

> Imaginava-se que a Educação Física sairia de um estado, de uma condição em que estava submetida a influências, especialmente do esporte institucionalizado e de rendimento e aos saberes das Ciências Biológicas, e passaria a ser um recorte do conhecimento do ser humano a ser constituído pelas Ciências Humanas e Sociais, em especial pelas ciências da educação (KUNZ, 2006, p. 11).

Essa disposição de partida em busca da democracia na sociedade brasileira naturalmente não parou diante das portas das escolas e universidades, mas exigiu acesso a essas instituições. Foram exigidas reformas democráticas das universidades e escolas, que atingiam tanto as estruturas da escola e da universidade como também o próprio ensino (SAVIANI, 1985; LIBÂNEO, 1986). Essas exigências de reformas democráticas das instituições educacionais também se fizeram presentes na área da Educação Física. Cada vez mais foram discutidas ideias sobre educação para uma reforma nas aulas de Educação Física, visando tanto a democratização como a humanização (MEDINA, 1983; OLIVEIRA, 1985).

Partindo do ponto de vista de que uma compreensão de educação nunca está livre de valores, decidi desde o início da minha estadia profissional no Brasil participar dessa discussão. Minha contribuição foi de intervir com uma concepção de educação que é marcada pela meta de educar os alunos para que eles adquiram a capacidade de ação, isto é, tornem-se "pessoas capazes de atuarem nos diversos setores da sociedade e que, ao mesmo tempo, estejam interessadas no desenvolvimento de uma sociedade democrática, capazes de participar racionalmente na mudança desta sociedade" (HILDEBRANDT, 1985; DIECKERT; HILDE-BRANDT-STRAMANN, 2004 p. 15 ss.). A partir dessa visão, que ainda hoje tem seu valor, comecei a desenvolver concepções pedagógicas para uma "educação de movimento" na escola, na aula de Educação Física e na formação de professores de Educação Física, tanto na Alemanha quanto no Brasil, que hoje se reúnem para uma concepção só e que é conhecida no Brasil como "concepção aberta à experiência"[13] no ensino de Educação Física (HILDEBRANDT-STRAMANN, 2011).Quero acentuar que minha intenção no Brasil sempre foi e é cooperar com os parceiros brasileiros, no sentido de desenvolver uma concepção de Educação Física brasileira e não uma concepção de Educação Física no Brasil.

A seguir apresentarei algumas "estações" marcantes no caminho a uma concepção de "Educação Física aberta à experiência". Esta apresentação tem mais um caráter de relato de uma experiência, ligado a reflexões teóricas. As "estações" no caminho a uma concepção da

---

[13] Na atual discussão didática no Brasil diferencia-se entre três concepções didáticas: 1. A promoção do esporte, 2. A Educação Física crítico-emancipatória, 3. Aulas Abertas à experiência. Enquanto a segunda e a terceira concepção têm nomes diferentes, eu não faço diferenciação. Minha legitimação: Para ambas as concepções, o objeto de estudo não é nem o esporte e nem um movimento esportivo, mas o ser humano que se movimenta no mundo e descobre com isso os significados do movimento que o mundo social e real tem (KUNZ; TREBELS, 2006; KUNZ, 2000; TREBELS, 1992). Com esta mudança paradigmática de visão (em comparação à concepção da promoção do esporte), o processo de confronto do ser humano com e dentro de seu mundo é central para o interesse didático. A questão didática decisiva não é o caminho de aprendizagem mais efetivo, mas a questão da configuração de um ambiente de aprendizagem, no qual cada aluno de uma turma tem a possibilidade de realizar pessoalmente seu caminho de aprendizagem com base em suas experiências biográficas e com isso participar na constituição de sua atuação de movimento. Não se trata, portanto, de acomodação a normas e valores pré-determinados no sentido de submissão, mas de emancipação no sentido da autoeducação (TAFFAREL, 2000; BRACHT, 2000). 2 No Sul: UFSM, Ufsc, Uema, Campinas; no Norte: UFBA, UFRN, UFPE, UFAL, UFAM.

Educação Física são as diversas universidades brasileiras, onde lecionei nos últimos 30 anos. Em geral podemos caracterizar esse caminho geograficamente do Sul ao Norte do Brasil[2], porém, com escalas em muitas universidades fora dessa linha geográfica. Começo com um relatório sobre as primeiras aulas no curso do programa da Pós-Graduação na UFSM. A segunda "estação" contém um encontro científico na Unicamp com o tema "pedagogia de movimento". A terceira estação me leva à UFPE, onde desenvolvi, entre outros, estudos socioecológicos sobre a vida de movimento de crianças no dia a dia. A quarta e a quinta estação são a UFBA, onde desenvolvi com os colegas brasileiros propostas para uma reforma do currículo de Educação Física para a formação dos estudantes e onde consegui realizar alguns componentes de um novo tipo da escola, que é chamada como escola móvel.

4.2 Primeira "estação"

4.2.1 O desenvolvimento da concepção didática da "Educação Física aberta à experiência" na UFSM (1984-1987)

O tema do meu primeiro seminário em Santa Maria rezava: "Analisar, realizar e avaliar aulas de Educação Física". Eu havia filmado exemplos de aula na Alemanha e no Brasil nas primeiras semanas de minha estadia no Brasil, as quais eu pretendia mostrar no seminário. Na primeira parte do seminário se tratava da análise desses exemplos de aula. O objetivo era reconhecer estruturas didáticas e transpô-las aos conceitos didáticos existentes. Na segunda parte de seminário se tratava de questões do planejamento didático da Educação Física. As aulas planejadas deveriam ser realizadas na terceira parte em escolas públicas e avaliadas na quarta parte do seminário. Na sequência descrevo apenas partes do primeiro passo do seminário.

Quando cheguei a Santa Maria, em 1984, tinha poucos conhecimentos da língua portuguesa. Como, porém, se pode lecionar para estudantes de Mestrado, sem saber português e onde os estudantes não falam alemão ou inglês? Como é possível analisar aulas cujo idioma não se entende (exemplos alemães => estudantes brasileiros; exemplos brasileiros => docente alemão)? O foco analítico se encontrava na questão: como é possível obter primeiros conhecimentos sobre o caráter de construção do campo social da "Educação Física"? Essa questão se baseia na suposição que a Educação Física deve ser vista como um acontecimento de interação social, no qual as pessoas ali ativas produzem sua realidade social "Educação Física". Com essa compreensão, conecta-se diretamente à sociologia do saber/de conhecimento (Wissenssoziologie), que parte da construção social da realidade (BERGER; LUCKMANN, 1974).

No método de análise, a referência foram os princípios de pesquisa etnológica. Estes me pareciam apropriados, porque procuram, por meio de diversos métodos, remover ações rotineiras de tal forma que se possa tornar visível o modo pelo qual os indivíduos atuantes podem produzir uma realidade ordenada e socialmente reconhecida. A pesquisa do método etnológico não pergunta por que os homens executam determinadas ações ou se essas ações são justificadas ou não. Ela pergunta apenas como eles agem, isto é, como os membros da situação social conseguem se entender (cf. WEINGARTEN; SACK; SCHENKEN, 1976). Meu proceder metodológico consistia no meio da arte do estranho extraterrestre. Eu era no verdadeiro sentido da palavra um ser de outro planeta que pisa na terra (no Brasil) e vê pela primeira vez aquilo que os homens chamam de escola e Educação Física. Como dito, mesmo sem o conhecimento do idioma, portanto, sem condições de comunicar-me por meio da fala, observava as atuações (Exemplo: eu vejo num grupo uma pessoa grande e 25 pequenas pessoas. Sempre que o grande diz algo, todos os pequenos se movimentam da mesma forma. Sempre que, depois, o grande levanta a mão, os pequenos se reúnem rapidamente e se põem em fila. Ou: os pequenos estão numa longa fila diante de um obstáculo (plinto), que todos têm de superar de uma determinada maneira, que o grande demonstrou anteriormente. Depois de findar a ação de movimento, os pequenos sempre se põem novamente em fila). Bem mais difícil de analisar eram os exemplos da Alemanha, porque todos eles não mostravam estruturas tão claras e ordenadas do trato social, porém, os pequenos homens agiam em grupos, os grupos em parte faziam algo bem distinto, e o homem grande se detinha uma vez num grupo e outra vez no outro grupo de pequenos. Foi possível observar nitidamente que o que os grupos dos pequenos homens faziam se relacionava a uma questão, a um problema ou a um tema, que no início da aula o grande tinha combinado com eles. Ficou claro que diferentes encenações de Educação Física conduziam a distintas interações sociais, que por sua vez tinham distintas realidades por consequência.

Com base nas observações, foram desenvolvidas estruturas didáticas da encenação de aula, que significavam uma primeira abstração do observado[3]. Como base para isso me serviu a teoria didática de Paulo Freire (1983), que naquela época nenhum estudante brasileiro no meu curso conhecia. De qualquer forma, não foi difícil para os estudantes relacionar as aulas de Educação Física observadas aos conceitos didáticos de uma "educação bancária" ou uma "educação problematizadora" depois da leitura e da discussão do livro *Pedagogia do Oprimido*, de Paulo Freire (1983)[14]. Baseado nisso, foi elaborado no seminário com os estudantes um conceito didático para a Educação Física, que devia se orientar no conceito de uma "educação problematizadora" e para início foi denominada como "Concepção Aberta das Aulas de Educação Física". O cerne desse conceito é a compreensão da educação como autoeducação, a participação dos alunos na encenação da aula e uma transformação didática do esporte. Naquela época faltou uma reflexão crítica sobre a base da pedagogia do movimento, que foi efetivada nos anos seguintes e em 1994 foi tema num congresso na Unicamp.

4.3 Segunda "estação"

4.3.1 Introdução de uma teoria pedagógica de movimento, a concepção "dialógica de movimento"

Tanto na discussão teórica sobre a "concepção das aulas abertas à experiência" quanto no contexto da discussão sobre uma teoria pedagógica da Educação Física brasileira, foi criticada a falta de uma teoria

---

[14] Esse proceder etno-metodológico mostra-se excelente para aprender o idioma estrangeiro. Assim, os estudantes brasileiros me diziam como "o grande" é denominado em português ("o professor"), como os "pequenos" são denominados ("os alunos") e o que significa "laufen" ("correr") em português etc. Dessa maneira, e naturalmente com o acompanhamento de aulas de português, depois de cerca de três meses pude me entender relativamente bem em português com os estudantes brasileiros.

de movimento (KUNZ, 2006)[15]. Manuel Sergio (1986) foi nessa época um dos primeiros cientistas que introduziu na discussão "a Motricidade Humana" como uma nova ciência do homem. Foi um dos primeiros passos no caminho para uma mudança epistemológica na teoria pedagógica da Educação Física. O problema dessa teoria foi a grande distância da prática pedagógica de Educação Física (SANTOS, 1999, p. 113).

Outra concepção que influenciou mais a legitimação teórica da concepção didática das "aulas abertas" foi, e ainda é, a teoria dialógica do movimentar-se de Gordijn e Tamboer (1979), ambos pedagogos holandeses. Essa teoria, que Hildebrandt (1999) classificou como uma teoria pedagógica de movimento, foi um dos assuntos centrais do encontro científico na Unicamp em 1995 (cf. VALENTE, 1999). A teoria dialógica do movimentar-se está na tradição da fenomenologia e foi transmitida na discussão brasileira por Kunz (1991), Kunz e Trebels (2006), Trebels (1992), Hildebrandt (1999) e Hildebrandt-Stramann (2001). Gordijn compreende o movimento como uma metáfora. Afirma o autor: "O movimento humano é um diálogo entre o homem e o mundo" (citado por TAMBOER, 1979, p. 14)[16]. Com isso, Gordijn quer dizer: cada homem conversa com seu mundo e, nesse caso, sua linguagem é o movimento. Enquanto ele se movimenta, o homem dirige perguntas de movimento ao seu mundo e recebe respostas de movimento.

O mundo não é somente meio ambiente (no sentido físico), mas também as outras pessoas. O homem entra em contato com as coisas ou com as pessoas pelo movimento. Um exemplo: uma criança está sentada num balanço. Gordijn diria: o balanço está falando com a criança: "O que você está fazendo?", a criança responderia por meio de seu movimento. A partir disso, o balanço balança para frente e responde desta forma: "Estou te amortecendo." A criança diz "Estou te seguindo." e novamente flexiona o corpo para frente. Assim, de uma pergunta de movimento resulta um diálogo permanente, um diálogo do movimento entre a criança e o aparelho, que leva finalmente a um balançar constante ou para uma interrupção de balançar constantemente. Nesse caso, muitas vezes o balanço recebe um pontapé e a criança diz: "balanço estúpido!"

---

[15] Vide aqui as publicações de Betti nessa época (1994) e de Bracht (1999).
[16] Tamboer chama essa concepção do corpo como "substancial". Cf. Trebels (1992, p. 341).

Portanto, o movimento é compreendido como não sendo do homem e nem do mundo, mas, sim, somente do seu relacionamento. Com isso, Gordijn quer expressar que ele não aceita uma separação das diferentes instâncias dentro do acontecimento, por exemplo: uma separação do corpo e do espírito, do motriz e da intenção. A intenção, o sentido, que pré-configuramos em relação à avaliação do resultado final não deve ser separada do que acontece nas modificações da posição do corpo pelo movimento. O movimentar-se sempre está cheio de intenção, sempre é um ser humano que se movimenta. Esse movimento tem um produto individual e especial. Dentro do diálogo, dentro desse jogo de pergunta e resposta, o ser humano identifica significados motrizes das coisas e das outras pessoas. Ele projeta os significados na pergunta "O que poderia ser isto?" e recebe o significado na resposta e no processo global do diálogo.

Movimentar-se é apenas uma forma de disputa entre o ser humano e seu mundo, do qual ele recebe os significados. Gordijn acrescenta mais duas formas: pensar e falar. Exemplo: é possível observar uma piscina e pensar sobre ela. Também é possível dizer algo sobre uma piscina. Mas também é possível jogar-se na água. Por isso, o homem vive em diferentes mundos de significados os quais são cada vez mais determinados pela forma de acesso que ele pode escolher. Assim, o ambiente tem para os homens diferentes significados. Por exemplo: o significado do movimento. Podemos identificar isso muito bem no dia a dia. Uma cadeira tem, para uma pessoa que estava andando há muito tempo, o significado de um banco de descanso. Para uma criança, a cadeira talvez tenha o significado de um aparelho de subir, possivelmente para abrir uma porta. Uma pedra pode ter o significado de um objeto para ser carregado. Mas, quando a lançamos, identificamos o significado de movimento desse objeto.

O mundo não pode apenas ser identificado pelo pensar, mas também pelo movimentar-se. Movimento é um meio de conhecimento, e com isso identificamos o significado do movimento.

Assim como o paradigma científico-natural tem suas consequências na configuração do ensino (HILDEBRANDT-STRAMANN, 2001, p.

99), o paradigma fenomenológico (a teoria dialógica de movimentar--se pertence a um paradigma fenomenológica) tem também aqui suas consequências. Como o exemplo do balanço mostrava a condição para a experiência do movimento como exato, como correto, o movimento é um jogo dialético conjunto entre forças estimuladas e forças ativadas. Essas forças determinam as possibilidades e os limites da ação correta. A forma especial de movimento se configura somente no processo dialógico com as coisas no mundo. Nunca a forma já está presente, mas sim resulta do processo desse diálogo. No processo de aprendizagem, isto é, no desenvolvimento de uma forma adequada, se desenvolve um sentido de uma execução de movimento correto ou errado.

Consideramos que, na condição de professores de Educação Física, temos a tarefa de tornar nossos estudantes e nossos alunos responsáveis pela procura de informações, que só podem ser encontradas por meio da experiência. Os alunos devem buscar características de movimento que são determinadas pelas sensações. A partir da teoria da aprendizagem motora, que se fundamenta na teoria da Gestalt ou na teoria da percepção, sabemos que ninguém pode tirar dos aprendizes a procura por esse tipo de informações.

Exatamente aqui se encontra a fundamentação teórica do movimento para uma aula aberta à experiência de Educação Física. Essas teorias não se orientam na configuração de processos de ensino-aprendizagem em uma estrutura técnica objetiva de movimento, mas sim consideram a estrutura subjetiva de ação e a relação de troca entre as pessoas e o meio ambiente. Chamamos a essa concepção de "global" ou "total", porque ela relaciona o homem com o mundo e vice-versa. Isso é um fundamento característico da existência humana, que Merleau-Ponty (1978) chama de "estar para o mundo".

Com base no meu conhecimento, essa teoria, ligada às reflexões didáticas sobre a concepção das "aulas abertas à experiência", teve grande influência na prática pedagógica da Educação Física brasileira[17].

---

[17] Um testemunho dessa hipótese são as publicações sobre aulas de Educação Física, realizadas em escolas públicas no Brasil (cf. Grupo de Trabalho Pedagógico UFPe e UFSM, 1991; KUNZ (1994); HILDEBRANDT-STRAMANN; TAFFAREL, 2007; OLIVEIRA; PERIM, 2009).

4.4 Terceira "estação"

4.4.1 A vida de movimentos das crianças – histórias de movimento com crianças.

A tarefa de Jürgen Dieckert e minha em Santa Maria era, entre outras, elaborar juntamente com os colegas brasileiros um currículo para a formação de professores de Educação Física em Santa Maria. Num currículo desses, entre outras, estão descritas competências que um futuro professor de Educação Física deveria ter. Não são apenas competências que se referem ao âmbito escolar, mas também ao âmbito extraescolar. Por esse motivo, no âmbito do projeto de pesquisa intitulado "Histórias de Movimento com Crianças" (HILDEBRANDT-STRAMANN, 2010)[18], de 1985 até 2010, observei sistematicamente a vida de movimento de crianças no ambiente fora da escola, nas cidades brasileiras onde lecionei nas universidades. Os estudantes participantes aprendiam nesse projeto a conhecer algo sobre métodos qualitativos de pesquisa (por exemplo: o método da observação participante) e sobre a hermenêutica como um método da avaliação dos dados (que foi quase sempre um texto escrito como resultado da observação). Como exemplo, apresento aqui a história de movimento de Ricardo com o título "Corre, Corre!" (HILDEBRANDT--STRAMANN, 2010, p. 13-21)[19].

"Corre-corre" é a forma como os meninos de rua denominam seu "trabalho", quando vão para o roubo de rua. Em torno de seis horas da manhã vou de ônibus totalmente superlotado para os armazéns do cais do porto de Recife. Ali tínhamos abandonado Ricardo na noite anterior. Ricardo provavelmente passou a noite ali debaixo de papelão e papel. Quando chegamos aos armazéns, já reina ali uma atmosfera partida. Os primeiros meninos se espicham em seus sacos e trouxas de papel. Duas dúzias de meninos encontraram aqui seu local de repouso noturno.

---

[18] No âmbito desse projeto de pesquisa internacional, surgiu uma abundância de "Histórias de Movimento com Crianças", das quais o autor publicou várias num livro (HILDEBRANDT-STRAMANN, 2010).

[19] Por falta de espaço prescindo aqui de apresentar mais explicações teóricas e remeto ao livro *Histórias de Movimento com Crianças* (HILDEBRANDT-STRAMANN, 2010). A história de movimento chamada "corre-corre" foi observada em Recife, juntamente com a Prof. Dra. Vera Luza Uchoa Lins e estudantes da Licenciatura da UFPE.

Debaixo de três grandes carros de mão de um eixo, apoiados no chão com a traseira ao lado do armazém, estão deitados puxadores de carros. Uma mulher está sentada encostada na parede e olha impassível para a parada de ônibus, onde alguns homens e mulheres preparam suas tendas para o dia. Depois ela olha o bebê dormindo a seu lado. Pouco mais adiante está sentado um homem de pernas encolhidas, também olhando para a parada de ônibus. Fracos e magros são seu rosto e seu corpo, suas pernas e braços finos, mas os pés largos, grossos e encorreados, assim ele está acocorado sobre um pedaço de papel.

Três meninos, um deles é Ricardo, se levantam de seus leitos de papelão e esfregam os olhos. Lentamente olham ao redor e vão pôr sobre o passeio da parada de ônibus para a rua. Na beira da rua, entre carros estacionados, param e apanham duas laranjas que caíram de um furgão. Dois dos meninos chupam o suco das frutas, enquanto o terceiro vai para o outro lado da rua e encosta na parede de uma casa. Ali ele controla um vendedor de melancias, cortando uma melancia em pedaços. O homem, porém, está cuidadosamente atento a sua barraca de venda. O menino aguarda ainda alguns minutos, depois dobra numa travessa e vadeia com olhos de um lince faminto ao longo das barracas de venda em direção ao mercado. A caminho, encontra-se novamente com os outros dois meninos. Eu os ouço dizer: "Vamos pela Dantas Barreto para cima, de volta à praça e daí para o outro lado". Ricardo vai à frente dos outros dois. Para não sermos vistos, ficamos escondidos atrás de barracas e entradas de casas. Os meninos chegam ao quarteirão do mercado. Aqui já há mais movimento. Gente caminha para cima e para baixo, para cá e para lá. Mais dois meninos juntam-se a eles, como se tivesse sido combinado. Atravessam a rua e andam no outro lado ao longo das paradas de ônibus.

Ônibus cheios vêm correndo a avenida abaixo, fazem a volta ali, onde os meninos vieram da travessa, retornam e põem-se em fila no canto da borda de passeio. Gente se precipita para fora, enquanto outros aguardam para poder embarcar.

Um menino, pé descalço com vestimenta esburacada, vai na direção do grupo de Ricardo. Surge uma briga. Ricardo empurra o intruso de lado. Outro menino vai ao seu encontro, ergue a cabeça com ar de superioridade e o olha de cima para baixo, como se quisesse dizer:

"Desapareça já, seu fedorento!"

Os meninos vão adiante. Dois pedem esmolas numa fila de espera, e até recebem alguns centavos. A fila de passageiros na próxima para de ônibus se movimenta para o embarque. Ricardo e um acompanhante aproveitam a oportunidade para deitar mão, andam silenciosos ao longo da fila e, rápido como um raio, o dinheiro do passageiro que está embarcando sumiu. Atrás dele, outros passageiros o empurram para dentro do ônibus. Os meninos correm atravessando a avenida larga, param no passeio do meio e olham rapidamente para trás. Em seguida atravessam, dispersos, a outra metade da avenida. Quando o perigo, ao que parece, passou, eles se encontram novamente e retornam no outro lado da avenida já transitada. Nada acontece. Senhoras que passam às pressas seguram convulsivas suas pastas junto ao corpo.

Lentamente os meninos se aproximam de uma praça. Ali se encontra um trailer do exército. Eles andam mais devagar, atravessam novamente a rua e desaparecem separados entre barracas no outro lado. Eles discutem algo. Depois aparecem novamente no canto da borda de passeio, olham rapidamente ao redor e serpenteiam apressados, pelo meio da multidão de gente agitada em direção da praça. De repente, Ricardo atravessa a pista correndo. Dois guardas da polícia militar estão de um lado e dois do outro. Dois meninos desaparecem entre a multidão. Ricardo corre com dois outros para uma pequena travessa lateral. Nós conseguimos seguir os três só com grande dificuldade. Vemos como os policiais começam a segui-los à pé. Os meninos correm por uma travessa estreita em direção à rua principal. "Corre-corre", eles gritam um para o outro. Um ônibus para em frente de um passeio, diretamente diante dos meninos. Eles vão à frente do ônibus. Depois cada um vai costeando um lado do ônibus. Sentam-se ou põem-se de pé no para-choque atrás e desaparecem no denso trânsito de rua.

Entremeio são dez horas da manhã. Alegramo-nos porque os meninos conseguiram escapar da polícia. Meia hora mais tarde nós vemos novamente Ricardo com seu grupo. Observando bem, a gente reconhece logo a intenção. Seu jogo de "corre-corre" começou novamente.

4.5 Quarta "estação"

4.5.1 O processo da reestruturação do currículo do curso Licenciatura em Educação Física no Departamento de Educação Física da Universidade Federal da Bahia (UFBA) (no período de 2005 a 2012).

O Departamento de Educação Física da UFBA havia se proposto de reformar completamente seu currículo tradicional. Minha incumbência era acompanhar esse processo de análise e renovação e nisso servir de consultor. Todo o processo de consulta se estendia durante seis anos nos seguintes passos de desenvolvimento do currículo:

1. Análise do currículo tradicional

2. Discussão crítica sobre o resultado da análise

3. Informação sobre processos de desenvolvimento de currículos na Europa (Erasmus) e nos Estados Unidos: realização de um congresso com o tema "Formação de professores de Educação Física na Europa e no Brasil na universidade de Braunschweig (Alemanha)".

4. Desenvolvimento do currículo "de baixo" – um estudo empírico com a participação de estudantes (cerca de 40), professores de escolas públicas da rede Salvador (cerca de 120) e docentes do DEF da UFBA (cerca de 15).

5. Desenvolvimento, apresentação e discussão de um primeiro esboço de currículo para a formação de professores de Educação Física.

6. Apresentação da proposta definitiva para a reorganização de um currículo do curso de Licenciatura em Educação Física no Departamento de Educação Física da UFBA.

Naturalmente, não posso descrever aqui todo o processo de desenvolvimento (TAFFAREL; HILDEBRANDT-STRAMANN, 2007).

Limito-me aqui apenas ao último ponto, e aqui também apenas a algumas poucas graves mudanças em comparação ao currículo tradicional. No global, é preciso explicar que a proposta desenvolvida do currículo novo se distingue completa e radicalmente do currículo tradicional e provavelmente também de todos os currículos das outras universidades brasileiras, de tal modo que os fragmentos aqui apresentados possivelmente poderiam causar reações incrédulas do leitor versado na matéria. Não obstante, a diretoria da Faculdade e os membros do Departamento de Educação Física estão convencidos dessa proposta, que entremeio também está em mãos dos correspondentes Ministérios.

A seguir descrevo a proposta curricular. O currículo é completamente composto de módulos. No total são dez módulos os quais os estudantes devem cursar durante os oito semestres previstos para o curso. Trata-se de dez módulos subsequentes (B = módulos básicos, A = módulos avançados e C = módulos de aprofundamento) que contêm campos de teoria e de prática, interligados em alguns módulos, para superar a fragilidade da formação tradicional que mantém a estrita separação da teoria e da prática desportiva. O quadro abaixo mostra essa estruturação quanto ao conteúdo, seminários a serem realizados em cada um dos módulos. Esses módulos são organizados num plano de estudo (veja quadro 2). Trata-se do campus da teoria tradicional e da nova. A mudança mais radical se relaciona com o campus da prática (módulo B 3). Esse módulo não contém mais disciplinas esportivas, mas sim "campus de experiência e de aprendizagem" (veja quadro 1, módulo três. Exemplo: movimentar-se na água)[20].

Um problema para os parceiros brasileiros foi a definição das competências a serem adquiridas pelos estudantes em cada um dos módulos. Essas dificuldades se constituíam na orientação teórica de cada um dos módulos, de modo que seja reconhecível um posicionamento claro em

[20] Um campo de experiência e aprendizagem está estruturado em temas mais abrangentes. Exemplo do campo de experiência e aprendizagem "Movimentar-se na água": partindo do problema de sobrevivência na água um ser humano tem de ficar na superfície da água para sobreviver. Em vista desse problema surge imediatamente a pergunta: o que o ser humano tem que fazer para não afundar? O tema seria "Não afundar". A seguir outros temas do curso podem ser: "Afundar-se, eu sou mais pesado do que a água"; "Propulsionar-se na água" etc. (cf. ORTEGA 1991, p. 91-100). Importante é que os temas são lecionados segundo uma metodologia chamada "aprendizagem de movimento diante de problemas" (BECKMANN; HILDEBRANDT-STRAMANN; WICHMANN, 2010, p. 3143).

favor de uma pedagogia centrada no movimentar-se, que torne o Curso de Educação Física da Faculdade de Educação da UFBA referência nacional. A meta é a elaboração de um manual explicativo ("Modulhandbuch")[21] para os estudantes. A seguir mostro um exemplo de uma definição das competências, que faz o estudo no total mais transparente para os estudantes.

Módulo B3 (exemplo: Movimentar-se sem e com aparelhos)

Descrição

Os estudantes têm de estudar cada um dos seguintes campos de experiência e aprendizagem com carga horária de 4 horas por unidade: 1. Movimentar-se sem e com aparelhos (Ginástica); 2. Artes Marciais (lutar); 3. Capoeira; 4. Jogar em equipes; 5. Correr, saltar, lançar; 6. Movimentar-se na água; 7. Artes circenses.

Nos campos de experiência e aprendizagem trata-se de um confronto prático e teórico com temas básicos do movimentar-se, e com isso de uma estreita ligação de teoria-prática. A isso estão ligados em primeira linha quatro objetivos:

1. Os estudantes devem ser capacitados de poder refletir teoricamente seu próprio movimentar-se e o de outras pessoas.
2. Os estudantes devem adquirir competências básicas de movimento e da demonstração no confronto com os temas básicos do movimentar-se. Essa capacidade só é alcançada por meio do movimentar-se ativo nas correspondentes promoções de ensino.
3. Os estudantes devem adquirir competências básicas de ensino e poder refletir teoricamente suas ações de ensino (nos campos de experiência e aprendizagem escolhidos pelos estudantes)
4. Além disso, trata-se de superar as restrições habituais da teoria em metodologia e didática das disciplinas esportivas na prática do movimento na formação de professores de Educação Física e recorrer aos campos de teoria.

---

[21] Quando estiver concluído, o manual será encaminhado ao DAAD. A conclusão está prevista para agosto/setembro de 2016.

Quadro 1 – Os módulos da nova proposta curricular

MÓDULOS	MÓDULOS	MÓDULO	MÓDULOS	MÓDULOS
B1, A1, C1:	B2, A2, C2:	B3:	B4, A4, C4:	B5, A5, C5:
Movimento, escola, ensino:	**Didática da Educação Física:**	**Campos de experiência e aprendizagem:**	**Movimento e educação:**	**Movimento e sociedade:**
1. Prática de ensino; 2. Estágio; 3. Escola móvel (novo); 4. Oficina de movimento (novo).	1. Métodos de ensino; 2. Medidos e avaliação; 3. Análise de ensino; 4. Planejamento de ensino; 5. Realização/ transformação pedagógica do esporte, ligado com um campo de experiência e aprendizagem: correr, saltar, arremessar etc. (veja módulo B3).	1. Movimentar-se sem e com aparelhos (Ginástica). 2. Artes Marciais (lutar) 3. Capoeira; 4. Jogar em equipes; 5. Correr, saltar, lançar; 6. Movimentar-se na água ; 7....	1. Teorias da educação; 2. Teorias de movimentar-se (novo); 3. Fundamentos sociofilosóficos de movimentar-se; 4. Educação, sociedade e movimentar-se; 5. Educação e lazer; 6. Um campo de movimento predeterminado: Jogar em equipes etc.	1. Fundamentos teóricos sociais (novo); 2. História da Ed. Fís.; 3. Sociedade, Ed. Fís, Esporte e Lazer; 4. Um/dois campo(s) de movimento predeterminado: Esporte de aventura; de risco Cultura de movimento na cidade (novo) Capoeira.
Competências	Competências	Competências	Competências	Competências
MÓDULOS	MÓDULOS	MÓDULOS	MÓDULO	MÓDULOS

B6, A6, C6:	B7, A7, C7:	B8, A8, C8:	D9:	B10, A10, C10:
Movimento e saúde:	**Movimento e desenvolvimento infantil/juvenil/humano e aprendizagem motora:**	**Abordagens, métodos e técnicas de pesquisa:**	**Monografia de Base:**	**Movimento e treinamento:**
1. Fundamentos da ciência da saúde; 2. Educação e saúde; 3. Fundamentos biológicos-anatômicos-fisiológicos; 4. Políticas Públicas de Educação, Saúde, Esporte e Lazer; 5. Um campo de movimento predeterminado: Correr, saltar, arremessar, etc. 6. Movimento e nutrição/alimentação	1. Fundamentos de desenvolvimento humano e de aprendizagem motora; 2. Um campo de movimento predeterminado: Ginástica, etc.; 3. Diagnostica de movimentar-se	1. Fundamentos de trabalho científico; 2. Métodos de pesquisa; 3. pesquisas no contexto: Movimento e escola Ed. Fís. Escolar Movimento nos âmbitos extraescolares.		1. Fundamentos teóricos da ciência de treinamento; 2. Fundamentos da Biologia, da Anatomia, da saúde, da fisiologia; 3. Treinamento e sociedade.
Competências	Competências	Competências	Competências	Competências

Fonte: o autor

Ao lado dessas competências gerais os estudantes adquirem competências específicas em cada campo de experiência e aprendizagem. A seguir isso é esclarecido no exemplo do campo de ginástica, aqui denominado "movimentar-se sem e com aparelhos". Um seminário "movimentar-se sem e com aparelhos" é estruturado nos seguintes âmbitos:

1. **Manejar com aparelhos/material no sentido de adaptar-se aos aparelhos móveis**

    Os estudantes devem:

    - conhecer e aprender a entender o balançar, saltar e equilibrar como os principais significados da ginástica;
    - realizar tarefas de movimento predeterminadas pelos temas: balançar, saltar e equilibrar com o enfoque de adaptar-se aos aparelhos móveis;
    - realizar tarefas de movimentos construídas de maneira autônoma com os temas: balançar, saltar e equilibrar, com o enfoque adaptar-se aos aparelhos móveis;
    - estudar exemplos práticos apresentados na literatura e analisá-los sob os aspectos metódicos didáticos do relacionamento entre aluno e professor e da compreensão de movimento e de ensino;
    - desenvolver exemplos próprios de ensino para cada um dos significados e refletir sob os aspectos metódicos didáticos do relacionamento entre aluno e professor e da compreensão de movimento e do ensino.

2. **Manejar com aparelhos/material no sentido de construir situações de movimento**

    Os estudantes devem:

    - aprender a entender o desenvolvimento, modificação e realização das intenções de movimento por meio da construção das próprias situações de movimento e entender isso como um caminho metodológico na ginástica escolar;

- aprender a entender a ação recíproca entre as atividades da construção e de movimento e as possibilidades de uma aprendizagem consciente que permanece nessa ação recíproca;
- estudar exemplos práticos apresentados na literatura e analisá-los com a intenção de utilizá-los para tentativas próprias de ensino no contexto escolar;
- desenvolver exemplos próprios de ensino e realizá-los no seminário com os estudantes ou em situação de ensino escolar com alunos.

3. **Manejar com aparelhos/material no sentido da cooperação, de ajuda e de segurança**

Os estudantes devem:

- aprender a entender que a ajuda/segura é necessária e é uma possibilidade de formação social;
- estudar exemplos práticos apresentados na literatura e analisá-los com a intenção de utilizá-los para tentativas próprias de ensino no contexto escolar;
- desenvolver exemplos próprios de ensino e realizá-los no seminário com os estudantes ou em situação ensino escolar com alunos.

4.6 Quinta "estação"

Escola móvel.

Sob a perspectiva da pedagogia de movimento a escola é interpretada como um lugar para movimentar-se, onde o movimento é visto como um princípio geral na organização e configuração da escola. O movimento deve transformar-se numa parte construtiva de aprendizagem e de vivência na escola (HILDEBRANDT-STRAMANN, 1999a; 2001a). A essa exigência estão ancorados conceitos de educação que não veem somente a aprendizagem cognitiva no processo de formação, como também àquela do sentido e do corpo. Essa conceituação opõe-se à "escola sem corpo" (RUMPF, 1980) uma compreensão da escola como uma escola físico-ecológica e como uma escola orientada no movimentar-se, onde a escola é vista como um lugar de vida e, também, como uma cultura escolar em movimento.

Minha imagem de uma escola móvel é comparável com uma casa (veja fig. 3). Uma casa só pode ser construída quando existe um fundamento sólido. Como fundamento da escola móvel, dois elementos são significantes: movimento e desenvolvimento humano, e movimento e aprendizagem. Esse fundamento baseia-se na convicção de que um desenvolvimento total das crianças e dos jovens não pode ser realizado sem movimento (movimento e desenvolvimento), e que o movimento é entendido como um elemento constitutivo de ensino, porque a exploração de conhecimento do mundo realiza-se fundamentalmente pelo movimento (movimento e aprendizagem). Sobre o fundamento podem ser colocados os componentes de construção. Podem ser diversos componentes. Esses componentes determinam o perfil da escola. Eles representam os conteúdos do programa escolar. Importante é que os professores, alunos e pais decidam quais componentes devem caracterizar esse programa escolar. Na minha imagem da casa, o programa escolar é constituído pelas paredes externas que protegem os diferentes componentes da construção. O teto simboliza a vida escolar. A garantia para uma escola móvel são as experiências de movimento que os alunos podem fazer em sua vida escolar. A seguir quero explicar mais detalhadamente cada componente da escola móvel.

4.7 Os fundamentos da escola móvel

4.7.1 Movimento e desenvolvimento humano

O desenvolvimento humano é caracterizado por meio de uma aquisição de capacidades cognitivas, emocionais, sociais e de movimento. O desenvolvimento de movimento das crianças e jovens pode ser promovido nas seguintes funções do movimentar-se: na função instrumental; na função social; na função simbólica; na função sensitiva.

A função instrumental contém a capacidade de movimentar-se de maneira econômica, hábil, jeitosa e acomodável ao meio ambiente. A função social contém a capacidade de contatar outras pessoas por meio do movimento. A função simbólica contém a capacidade de expressar algo por meio do movimento, e a função sensível contém a capacidade de explorar materiais ou a si mesmo ou de construir, com materiais, situações de movimentar-se.

O movimentar-se proporciona experiências no mínimo em três áreas:

1. Por meio das funções instrumental e sensitiva, é possível adquirir experiências com o material por meio do movimento.
2. Por meio da função social, é possível fazer experiências sociais por meio do contato com outras pessoas.
3. Por meio da função simbólica, é possível fazer experiências corporais mediante confronto direto com o seu próprio corpo através do movimento.

Uma escola móvel, que é orientada para crianças, deve oferecer aos alunos, no verdadeiro sentido da palavra, espaços para o movimento e para os jogos, para que eles possam fazer esses tipos de experiência.

4.7.2 Movimento e aprendizagem

O objetivo da educação escolar é oferecer aos alunos a chance de adquirir conhecimentos do mundo e aprender a entendê-lo. O (cientista) teórico de aprendizagem Jerome Bruner explica como processos de aprendizagem e de experiências podem ser estruturadas nas escolas públicas. Ele diferencia três modalidades quanto às crianças poderem adquirir conhecimentos do mundo: a nível do agir, a nível da imaginação/metafórico e a nível simbólico (BRUNER, 1974). Na escola os três níveis devem ser considerados no processo de aprendizagem. Na realidade, porém, é favorecido principalmente o nível simbólico. Numa escola móvel, mormente, o nível do agir é favorecido, sem negar os outros dois. Aqui a aprendizagem do agir tem um significado especial. Uma legitimação teórica para essa posição encontramos nas teorias psicológicas de desenvolvimento (PIAGET, 1973).

Baseado nessas teorias, sabemos que as crianças adquirem seus conhecimentos sobre o mundo e do mundo por meio do confronto ativo com ele. As crianças procuram sentir-se bem com os objetivos desse mundo, de acordo com suas experiências corporais e dos sentidos. Sobre isso escreve Maraun (1983, p. 38): "Assim como o conhecimento tem seu início na experiência, assim a experiência começa com seus próprios atos e nela está implícita uma dimensão de corpo e de sentidos". A criança percebe o mundo, muito menos por meio de suas capacidades mentais – pensamento e imaginação, do que por meio de seus sentidos, de seu corpo, de suas ações de movimento.

Movimentar-se significa "entender o mundo no agir", escreve Tamboer (1978). Essa dimensão pré-reflexiva do agir e do saber humano não pode ser desligada do processo de reconhecimento; isto significa: as experiências e a interpretação dos sentidos, a valorização e a ação formam um contexto funcional, que só pode ser interpretado de maneira cognitiva com o tempo. Essa dimensão pré-reflexiva do agir e do saber humano encontra-se, também, no conceito fenomenológico do "corpo". Merleau-Ponty (1966) designa com isso uma "vida consciente sem reflexão", um "sujeito natural", que experimenta as coisas de seu contexto em ação e, ao mesmo tempo, as transcende para uma perspectiva.

Quadro 2 – Imagem de uma escola móvel

Fonte: o autor

4.8 Os componentes da construção

4.8.1 A sala de aula móvel

Eu sou da opinião de que as crianças devem ser apoiadas e fortalecidas, para que possam dedicar-se em seu ambiente de aprendizado, sua sala de aula, da maneira mais autônoma possível. Para isso é necessário que o meio ambiente onde se aprende apresente-se de maneira interessante e variada, dentro de um espaço estruturado (LANDAU, 2000; HILDEBRANDT-STRAMANN, 1999).

Se o movimento deve servir como instrumento para fazer experiências sociais, então as crianças precisam de liberdade de movimento para que possam entrar em contato, uma com a outra. Essa liberdade de movimento só existe, se as crianças tiverem oportunidade de reunir-se em diferentes grupos, dentro da sala de aula, para resolver as mais variadas tarefas. Atinando-se a isso, deve ser possível mudar o ambiente de aprendizagem, principalmente na colocação das mesas e das cadeiras. Faz-se necessário, todavia, um inventário móvel de cadeiras e mesas, que possibilite aos professores e alunos uma configuração e encenação ativa da aula, apoiando um trabalho semelhante a uma oficina de trabalho e de formação, orientado em projetos.

4.8.2 Temas voltados ao corpo e à postura

A partir do conceito de experiência corporal consciente, entende-se uma aula que objetiva uma vivência consciente de processos de movimento, que tenham efeito no corpo; percepção e sensibilização consciente de como as funções do corpo se submetem aos comportamentos, com ou sem sentido.

Isso não tem nada a ver com promoção unilateral de um sistema de movimento, como é conhecida na ginástica funcional, mas com mediação de uma função de movimento que permite a postura e a formação, enfim, numa experiência corporal consciente, segundo Funke (2010). Nesse conjunto aparecem o corpo e a postura, também, dentro de um contexto de aprendizagem estética. Aqui se trata da tematização do corpo como um órgão de expressão e de apresentação. Exemplos dessa tematização: contrair-se e descontrair-se; minhas costas e minha postura; manter-se em equilíbrio; estender e flexionar; descobrir e vivenciar os pés e as mãos.

Alguns temas, por exemplo "o sentar dinâmico", estão relacionados diretamente aos móveis removíveis da sala de aula móvel. Aqui entram, também, temas teóricos como "móveis ergonômicos", isto é, temas dos âmbitos das ciências naturais, como a fisiologia ou a ergonomia.

4.8.3 Aprendizagem interdisciplinar

A premissa da aprendizagem interdisciplinar está ligada a uma aprendizagem por disciplinas abrangentes. Experiências não são obtidas dentro dos limites das disciplinas. Experiências são obtidas quanto mais diretas tanto mais correspondentes à realidade das crianças e tanto mais vivenciadas pelo corpo. Assim consegue-se, por exemplo, que os jogos antigos e atuais se tornem tema para a aula de português e de educação física. No trabalho de encenação de uma estória infantil, por exemplo, pode-se elaborar o contexto da língua e do movimento: as crianças aprendem as palavras do texto, experimentam-nas no corpo e as articulam; forças físicas como a gangorra, o equilíbrio, roldanas podem ser avaliadas por meio do corpo e tornar-se tema para várias disciplinas, até mesmo para a disciplina de educação física. Os conceitos de educação estética vivem da ligação com a música, a arte e a educação física, para o qual já existem vários exemplos.

Denomino esse tipo de aprendizagem dentro das concepções interdisciplinares, também, como uma aprendizagem relacionada ao corpo. Essas maneiras de aprender com o corpo estimulam o "pensar produtivo" (cf. WERTHEIMER 1966). Por meio da acumulação de impressões do sentido e do corpo, inicia-se a preparação, por exemplo, de conceitos e de leis físicas, para que num amanhã eles possam ser integrados à vida. Zur Lippe (1987, p. 363) escreve: "Precisamos reforçar as primeiras vivências para as experiências do amanhã. Precisamos reforçar sempre as vivências, procurando retornar sempre às vivências 'vivenciadas' a cada passo."

4.8.4 A oficina do movimento

A oficina do movimento baseia-se num conceito de aprendizagem prática. Numa oficina de movimento deve existir uma quantidade de aparelhos e de materiais para o movimento – escadas, cordas grossas, pranchões de madeira, pneus de caminhão etc. – com os quais as crianças podem:

- fazer experiências com o movimento;
- construir e modificar, autonomamente, situações de movimento para trepar, balançar, equilibrar-se, oscilar, jogos de equilibrista;
- criar, inventar e montar, autonomamente, materiais e aparelhos simples para o movimento.

Aprendizagem prática de movimento significa, aqui, possibilitar às crianças a aquisição de experiências e conhecimentos com os materiais para que possam criar e inventar, com eles, sempre novas situações de movimento. Assim elas aprendem não somente a movimentar-se com segurança, mas também desenvolvem um sentido prático adequado aos materiais, o que, consequentemente, as leva a utilizar esses materiais com controle e segurança.

A filosofia antropológica básica do conceito de aprendizagem prática, parte do princípio de que as crianças não têm apenas necessidade de conhecimentos escolares, mas também de experiências sobre suas próprias capacidades de ação.

Rauschenberger (1993) conecta a essa filosofia da ação autônoma uma certa imagem de ser humano crescendo: esse ser humano crescendo é visto como alguém que procura, que aprende por meio do experienciar com tudo, que se aproxima dos objetos, nos seus primeiros passos, de maneira descoordenada e espontânea. Uma escola móvel deve permitir a espontaneidade e, como diz Rauschenberger (1993, 237), mostrar ao ser humano crescendo as possibilidades de sua própria realização prática, por meio da satisfação, do brincar, do experimentar.

4.8.5 Educação do movimento aberta às experiências

Numa escola móvel, as aulas de educação física não se tornam, de maneira alguma, supérfluas. Pelo contrário: elas são o núcleo das aulas da escola móvel. A base do movimento, porém, vista sob o ângulo esportivo, transforma-se assumindo a posição do movimento pedagógico. Ponto de partida não é o esporte, com suas técnicas de movimento, mas o diálogo subjetivo da criança com o seu meio ambiente, diálogo mantido entre "corpo e movimento". "Para a aula de educação física, isso significa abrir-se para os temas do movimento das crianças. Oferecer-lhes formas de intermediação, incentivando a realização de suas próprias áreas temáticas." (cf. Grupo de Trabalho pedagógico, 1991).

Junto à existência de espaços interessantes para o movimento, onde o aluno possa, com seu material, organizar seu espaço, fazem parte desse tipo de aula temas abrangentes de movimento, novas formas de lecionar, onde seja possibilitado à criança o contínuo confrontar-se com o movimento. Temas das aulas podem ser oscilar, balançar, equilibrar-se, saltar, como também a organização de estórias, incitando o movimento, regras de jogos, expressão corporal, relaxação, movimentos artísticos, habilidades esportivas e de condição. Os temas diferenciam-se de acordo com a forma de lecionar. De vez em quando predomina a descoberta da intenção de um movimento, ou jogo, ou as diferenças mais variadas da ideia de um movimento. Descobrir, jogar, diferenciar são possibilidades de confrontação que garantem às crianças a conquista de um lugar livre para o seu movimento. Com o passar dos anos, as crianças começam a aprender e treinar habilidades e jogos esportivos conhecidos, atividades artísticas, danças, coreografias musicais sob a perspectiva do novo redimensionamento. Aqui domina a confrontação direcionada ao movimento mais definido.

4.9 O programa escolar

Os componentes de uma "Escola Móvel" só terão seu lugar e apoio firme na construção, se as paredes apoiadoras do programa escolar forem erguidas sobre o fundamento descrito. O programa escolar é o resultado de uma orientação pedagógica de todos os professores. São feitas anotações e com isso abre-se a possibilidade de controlar, a qualquer momento, a realização das intensões pedagógicas. Assim, os componentes são submetidos a uma revisão pedagógica permanente, os componentes comprovados são mantidos, e os não comprovados são modificados e novos componentes acrescentados.

Quadro 3 – Plano de estudo com módulos

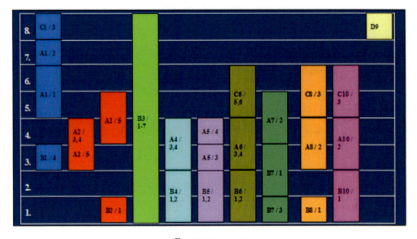

Fonte: o autor

4.10 A vida escolar

Cada casa tem um telhado protetor: em nosso caso é a vida escolar. Uma escola móvel não se desenvolve, se for dado talvez uma vez ao ano, uma aula relacionada com o movimento ou, se uma vez por ano, for realizado um projeto de movimento ou festejado um evento de movimento. Para uma escola móvel é necessário que os componentes sejam instituídos como algo seguro e duradouro que marca a experiência de vida das crianças na escola. Uma escola móvel deve ser sentida diariamente pelos alunos. Uma condição para isso é a orientação básica pedagógica correspondente e conhecimentos básicos dos professores. Essa orientação básica pedagógica e os conhecimentos básicos necessários devem ser transmitidos aos professores na formação de professores de educação física ou em cursos de aperfeiçoamento.

4.10.1 Capacidades que os estudantes de educação física necessitam para participar na configuração de uma escola móvel

Numa revisão da literatura atual sobre a pedagogia escolar e sobre o desenvolvimento escolar, torna-se claro que para os professores de educação física não basta somente saber lecionar. As mudanças quotidianas no trabalho escolar exigem qualificações como organizar, aconselhar, cooperar, inovar e avaliar. Essas qualificações são classificadas, na pedagogia escolar, dentro do conceito de cultura da organização, que tem a ver com a organização social interna da escola. A tarefa do corpo docente de educação física não se limita somente às atividades do ensino na sala de aula, no ginásio de esportes, no campo de esportes ou na piscina. O desenvolvimento e a organização de situações de aconselhamento de colegas é um dos aspectos mais importantes na cultura de organização.

O segundo aspecto importante é caracterizado pela necessidade de criar formas de cooperação entre os colegas. Isso diz respeito à cooperação dos professores de educação física entre si, como também à cooperação deles com os professores de outras disciplinas e de outras áreas de aprendizagem. Os professores de educação física devem procurar superar seu isolamento, causado muitas vezes por eles mesmos, e procurar uma participação ativa num consenso abrangente de educação.

De acordo com minha experiência, dever-se-ia unir a capacidade de inovação com as competências de avaliação. O desenvolvimento de uma cultura escolar em movimento, ou parte dela, já é uma inovação. O motivo para isso é muito frequentemente a constatação de deficiências e carências no comportamento motor e na concentração das crianças etc., que obrigam a desistir do "caminho habitual" e experimentar "algo novo". A condição para tal é a descrição da situação atual e a denominação do problema que dever ser solucionado. Além disso, deve-se documentar os processos de investigação através de métodos adequados de seleção e de análise dos dados. Esses tipos de processos autônomos de avaliação baseiam-se no conceito teórico da pesquisa-ação (ALTRICHTER; POSCH, 1994).

4.10.2 Escola móvel na formação de professores de educação física no Brasil

Não tenho conhecimentos, até hoje, de conceitos ou projetos de escolas brasileiras que tenham assumido o movimentar-se, na base do raciocínio pedagógico sobre a escola, como fator primordial de configuração. Possivelmente a perspectiva de movimento é muito limitada.

Tenho as seguintes visões:

Uma escola de autocuidado corporal

Sob autocuidado corporal entende-se a capacidade de poder cuidar de si mesmo, de sua existência e de seu bem-estar em amplo sentido. Esse cultivo, no sentido de realização da vida, abrange no autocuidado os âmbitos de comundo e do meio ambiente.

Em vista da problemática social da pobreza, fome, falta de assistência social e da falta de espaços de movimento, os componentes de uma escola de autocuidado corporal deveriam ser outros: comer e beber como meios de viver; o ritmo de vida no dia a dia; a economia da energia e sua compensação na interação entre carga e recuperação; o corpo e seu tratamento; o lidar com luz, ar e água; a vida sentimental e sua dinâmica; organizar-se com outros.

Uma escola da cultura brasileira de movimento

A cultura brasileira de movimento é caracterizada por uma riqueza de formas de movimento tradicionais, que baseiam, em primeira linha, num significado de movimento de exploração, expressivo e comunicativo (por exemplo, as formas de jogo e dança da Capoeira e do Frevo). Atualmente, porém, quase todas as formas tradicionais de movimento são pouco consideradas na educação física brasileira. Sua integração conduziria automaticamente não só a uma ampliação das experiências de movimento, como também tornaria relativa a compreensão de movimento esportivo e a uma conscientização dos próprios valores culturais. Aqui, a pedagogia esportiva teria um meio de apoiar a discussão conduzida no Brasil no âmbito dos esforços de democratização sobre a independência referente a influências do exterior, no sentido de uma educação brasileira de movimento (e não educação física no Brasil).

Uma escola como escola da vizinhança e de produção

Uma escola da vizinhança e de produção surge mormente nos bairros pobres e nas favelas. Nesse tipo de escola a educação de movimento torna-se um meio de assistência social. Nessa área aprendi muito com a professora Celi Taffarel. Na prática trata-se de participar das organizações já existentes e de seus esforços de iniciar projetos de autoajuda. Para o setor escolar nas favelas, isso significa, por exemplo, ajudar a desenvolver escolas, aqui, que contribuem para a subsistência, que se tornam "escolas da vizinhança e de produção" – como Jürgen Zimmer o formulou. O plano de ensino de tais escolas provém das situações das favelas e ensina como superar doenças, como viver com o lixo e do lixo e – sobretudo – como organizar-se. O plano de ensino, portanto, é feito da cabeça aos pés. A maioria das escolas no Brasil – se tanto funcionarem – é fixada nas disciplinas escolares, orientadas em catálogos de material acadêmico, sem referência a problemas locais e regionais. Um plano de ensino da escola de produção, entretanto, orienta-se em situações básicas de problemas. As disciplinas, então, denominam-se, talvez, "como se exerce economia sub-existencial e combate sua fome" ou "escassez de energia e o que se pode empreender" ou "falta de oportunidade de jogar e movimentar-se, e como remediar a situação" ou "nossa cultura de jogos e movimentos, e como representá-la".

É evidente que esse tipo de escola não pode existir isolado. Escolas de produção estão entrelaçadas com seu meio ambiente social e econômico. Elas colaboram estreitamente com as organizações da vizinhança (comunidades de base) e integram a vizinhança na filosofia de produção. Isso significa, também, integrar os arredores da escola como área de aprendizagem, assim, por exemplo, como espaço de movimento, produzir eles mesmos aparelhos, sejam para a horta ou aparelhos de movimento etc. Isso significa para a formação de professores (de movimento), também, formar professores (de movimento) e promotores de comunidades. Os alunos podem numa escola dessas, por exemplo, aprender a organizar, autonomamente, um jogo de futebol num espaço mínimo, construir seus "aparelhos de movimento" com restos industriais e improvisar com eles situações de movimento. Para a realização de suas necessidades vitais de movimento, as crianças dependem do desenvolvimento de competência explorativa e produtiva, isto é, do significado explorativo e produtivo de movimento.

4.11 Considerações finais pessoais

Nestes 28 anos de cooperação aprendi muito sobre uma cultura completamente nova para mim. O mais importante e mais impressionante foram e são dois aspectos:

1. Encontrei no Brasil não apenas colegas que foram e estão interessados numa troca de posições científicas, mas sim colegas com os quais surgiu uma verdadeira amizade. Sempre é uma experiência única encontrar amigos em qualquer contexto social, mas é uma experiência especial encontrar amigos num outro continente.

2. Aprendi um idioma (o português) que permite comunicar-me com os parceiros e amigos brasileiros, tanto no dia a dia quanto no contexto profissional. Nunca percebi o tamanho da necessidade de aprender o português como no início do meu relacionamento com o Brasil e com os brasileiros.

Esses pensamentos me enchem de grande gratidão aos muitos colegas, estudantes e crianças que me acompanharam na caminhada de aprender a conhecer e entender a riqueza da cultura brasileira.

CAPÍTULO 5

HISTÓRIAS DE MOVIMENTO: UM MÉTODO PARA ENTENDER O MOVIMENTAR-SE DAS CRIANÇAS

Vera Luza Uchôa Lins

5.1 Introdução

A partir da teoria fenomenológica do mundo da vida cotidiana e do método histórias do movimentar-se de crianças, Reiner Hildebrandt-Stramann responde à questão-problema: como podemos, metodologicamente, chegar a uma história de movimento? Em seguida, descreve uma das histórias de movimento do mundo da vida de meninos de rua em Recife/ PE, Brasil. Após a história de vida, realiza uma explicação pedagógica do movimento "correr depressa", depois uma explicação ecológico-social do movimento o emprego das qualidades e capacidades de movimento para sobrevivência. E por fim oferece uma explicação didática do movimento ao recortá-lo como possibilidade de seu uso na escola.

O Prof. Dr. Reiner Hildebrandt-Stramann, da Universität Braunschweig (Alemanha), por meio do DAAD (Serviço de Intercâmbio Acadêmico da Alemanha) e da Capes (Coordenação de Aperfeiçoamento de Pessoal do Ensino Superior), viveu muitos anos no Brasil formando futuros professores de Educação Física em diversas Universidades brasileiras, inclusive na UFPE (Universidade Federal do Pernambuco), na qual eu exercia a função de docente da disciplina Prática de Ensino e Estágio Supervisionado.

Em 1991, no âmbito de suas atividades na UFPE, dedicou-se, entre outras, com a questão de qual é a importância do movimento, do jogo e do esporte no *mundo da vida cotidiana* extraescolar das crianças e jovens, e se existem ligações entre o mundo escolar e o mundo extraescolar.

Ressaltamos que: o mundo da vida cotidiana é a região da realidade em que o homem pode intervir e modificar enquanto nela atua mediante seu organismo animado. Ao mesmo tempo, as objetividades e sucessos que se encontram já nesse âmbito (incluindo as ações e os resultados das ações de outros homens) limitam sua liberdade de ação. Põe-no diante de obstáculos que podem ser superados, assim como diante de barreiras que são insuperáveis. Somente dentro desse âmbito podemos ser compreendidos por nossos semelhantes, e somente nele podemos atuar junto com eles (SCHUTZ; LUCKMANN,1977).

No contexto dos assim chamados estudos do cotidiano do mundo da vida, estudantes brasileiros, do curso de Educação Física da UFPE, junto ao Prof. Dr. Reiner Hildebrandt-Stramann e a mim, observaram crianças de diversos meios sociais e concentraram suas observações em histórias de movimento do mundo da vida dessas crianças.

A seguir, passo a reproduzir uma dessas histórias de movimento, que se baseia em observações do mundo da vida de meninos de rua em Recife[22], capital, no Nordeste do Brasil.

Descrever o mundo da vida de meninos de rua é extremamente problemático, especificamente, para um estrangeiro, pois é muito difícil entrar em contato com eles e, se isso for possível, em poucos dias de convivência parcial, conquistar a confiança, ou melhor, reduzir a desconfiança e o medo que os meninos de rua têm diante de cada pessoa. Não obstante, o Prof. Dr. Reiner Hildebrandt-Stramann aceitou o desafio.

A vida dessas crianças é totalmente irregular em comparação às regularidades de vida de crianças de camadas sociais mais altas. A gente nunca sabe onde os meninos de rua se encontram. Refiro-me aqui à observação de Ricardo, um menino de 13 anos do bairro Vasco da Gama, em Recife.

---

[22] Trata-se de uma observação de campo realizada pelas estudantes Eliane de Abreu Morais, Mércia do Carmo Andrade, pelo Prof. Dr. Reiner Hildebrandt-Stramann e por mim, no âmbito de um estudo durante uma semana sobre o mundo de movimento de meninos de rua.

5.2 O ambiente de infância de Ricardo

Ricardo criou-se numa favela. Ele mora(va) ali num barraco de aproximadamente dez metros quadrados, cujas paredes e telhado consistem de ripas velhas de madeira, papelão e restos de chapas de lata ondulada. O barraco em si consiste de uma peça, ocupada por sete pessoas (seis irmãos e sua mãe) e na qual, além de alguns colchões, papelão e uma prateleira, encontra-se ainda um pequeno fogareiro para cozinhar. No barraco não existe nem água encanada, nem banheiro. O chão argiloso está coberto apenas com papelão. Os barracos da favela estão construídos um ao lado do outro. Entre eles passam pequenos córregos fedorentos, nos quais se amontoam fezes e lixo. Com chuva, a área plana da favela transforma-se numa única poça e lamaçal.

Quando Ricardo tinha quatro anos, o pai abandonou a família. Desde então, a mãe e dois irmãos mais velhos passaram a ser, de alguma forma, responsáveis pelo sustento da casa. Ricardo abandonou a família com nove anos e se uniu a um grupo de meninos de rua.

5.3 A história de movimento de Ricardo[23]

Intitulamos a história de movimento de "Corre-Corre". Optamos por isso porque é assim que os meninos de rua denominam seu "trabalho", quando vão para o roubo de rua.

Em torno de seis horas da manhã fomos de ônibus totalmente superlotado para os armazéns do cais do porto de Recife. Ali tínhamos visto Ricardo no dia anterior. Ricardo provavelmente passou a noite ali debaixo de folhas de papelão e papel. No dia seguinte, quando chegamos aos armazéns, já reinava ali uma atmosfera abalada.

Os primeiros meninos se espicham em seus sacos e trouxas de papel. Duas dúzias deles encontraram ali seu local de repouso noturno. Debaixo de três grandes carrinhos de mão de um eixo, apoiados no chão com a traseira ao lado do armazém, estão deitados os puxadores de carros.

---

[23] Essa história de movimento de Ricardo, também está registrada no capítulo anterior, compreende uma releitura da descrição a partir da fenomenologia do cotidiano.

Uma mulher está sentada encostada na parede e olha impassível para a parada de ônibus, onde alguns homens e mulheres preparam suas tendas para o dia. Depois ela olha um bebê dormindo a seu lado. Pouco mais adiante está sentado um homem de pernas encolhidas, também olhando para a parada de ônibus. Fracos e magros são seu rosto e seu corpo, suas pernas e braços finos, mas têm os pés largos, grossos e encorreados, e assim ele está acocorado sobre um pedaço de papel.

Três meninos, um deles é Ricardo, levantam-se de seus leitos de papelão e esfregam os olhos. Lentamente olham ao redor e vão caminhado sobre o passeio da parada de ônibus para a rua. Na beira da calçada, entre carros estacionados, param e apanham duas laranjas que caíram de um furgão. Dois dos meninos chupam o suco das frutas, enquanto o terceiro vai para o outro lado da rua e encosta-se à parede de uma casa. Ali ele controla um vendedor de melancias cortando uma delas em pedaços. O homem, porém, está cuidadosamente atento a sua barraca de venda. O menino aguarda ainda alguns minutos, depois dobra numa travessa com olhos de um lince faminto ao longo das barracas de venda em direção ao mercado. A caminho, encontra-se novamente com os outros dois. Ouvimos eles dizerem: "Vamos pela rua Dantas Barreto para cima, de volta à praça e daí para o outro lado". Ricardo vai à frente dos outros dois. Para não ficarmos à vista, andamos escondidos atrás de barracas e entradas de casas.

Os meninos chegam ao quarteirão do mercado. Lá já existe mais movimento. Pessoas caminham para cima e para baixo, para cá e para lá. Dois meninos juntam-se a eles, como se tivesse sido combinado. Atravessam a rua e andam no outro lado ao longo das paradas de ônibus.

Ônibus cheios vêm correndo pela avenida abaixo e fazem a volta ali, onde os meninos vieram da travessa, retornam e põem-se em fila na esquina. Os passageiros se precipitam para fora, enquanto outros aguardam para poder embarcar.

Um menino, de pés descalços com vestimenta esburacada, vai em direção do grupo de Ricardo. Surge uma briga. Ricardo empurra o intruso de lado. Outro menino vai ao seu encontro, ergue a cabeça com ar de superioridade e o olha de cima a baixo, como se dissesse: "Desapareça já, seu fedorento!".

Os meninos seguem adiante. Dois pedem esmolas numa fila de espera, e até recebem alguns centavos. A fila de passageiros na próxima parada de ônibus movimenta-se para o embarque.

Ricardo e um acompanhante aproveitam a oportunidade para deitar mão, andam silenciosos ao longo da fila e, rápido como um raio, o dinheiro do passageiro que está embarcando sumiu. Atrás dele, outros passageiros o empurram para dentro do ônibus, e já não há tempo para qualquer reação. Os meninos correm atravessando a avenida larga, param no passeio do meio e olham rapidamente para trás. Em seguida atravessam dispersos a outra metade da avenida.

Quando o perigo, ao que parece, passou, eles se encontram novamente e retornam ao outro lado da avenida. Nada acontece. Senhoras que passam às pressas, seguram convulsivas suas bolsas junto ao corpo.

Devagarinho os meninos se aproximam de uma praça. Ali encontra-se um trailer do exército. Eles andam mais devagar, atravessam novamente a rua e desaparecem, separados, entre barracas no outro lado. Eles discutem algo.

Depois aparecem novamente na esquina, olham rapidamente ao redor e serpenteiam apressados, pelo meio da multidão de gente agitada, em direção à praça. De repente, Ricardo atravessa a pista correndo. Dois guardas da polícia militar estão de um lado e dois do outro. Dois meninos desaparecem entre a multidão. Ricardo corre com dois outros para uma pequena travessa lateral. Nós conseguimos seguir os três, mas com grande dificuldade. Vemos como os policiais começam a persegui-los. Os meninos correm por uma travessa estreita em direção à rua principal. "Corre, corre!", eles gritam um para o outro. Um ônibus para em frente de um passeio, diretamente diante dos meninos. Eles vão à frente do ônibus. Depois, cada um vai costeando um lado do ônibus. Sentam-se ou põem-se de pé no para-choque traseiro e desaparecem no denso trânsito de rua. Neste momento, são dez horas da manhã. Alegramo-nos porque os meninos conseguiram escapar da polícia.

Meia hora mais tarde vemos novamente Ricardo com seu grupo. Observando bem, a gente reconhece logo a intenção. Seu jogo de "corre-corre" começou novamente.

Agora, interrompemos a narração para chamar atenção ao seguinte: nossa observação pode dar a impressão de que todos os meninos de rua buscam sua subsistência com roubos. Isso não está correto, também não com Ricardo. Muitos meninos de rua, talvez a maioria, ganham seu sustento por meio de duro trabalho corporal num ambiente altamente envenenado pela emissão de gases dos carros e pela enorme intensidade de ruídos.

5.3.1 Para além da história – algumas considerações

Com base no pensamento do Prof. Dr. Reiner Hildebrandt-Stramann (2010, p. 10), damos três curtas explicações a essa história de movimento: uma pedagógica do movimento; uma ecológica social e uma didática de escola superior.

5.3.2 Explicação pedagógica do movimento

O movimentar-se, aqui sobretudo o correr depressa, o concentrar-se e reagir, o hábil desviar de obstáculos, tem para Ricardo uma função vital, de sobrevivência. Ricardo emprega suas qualidades e sua capacidade de movimento para ganhar seu sustento. Um descuido, uma falha de reação ou avaliação da situação, e a polícia o apanha. Nisso, o movimentar-se proporciona a Ricardo um significado existencial. Ricardo não nega ser também a tensão de escapar sempre de novo da polícia que constitui a sensação. Nessas situações é o significado comparativo do movimentar-se, ser sempre mais rápido do que a polícia, que dirige o seu agir.

5.3.3 Explicação ecológica-social

Baacke (1983, p. 50), apoiando-se em Bronfenbrenner, apresentou um modelo de zona ecológica-social, com o qual mostra como o mundo da criança se desenvolve: do centro ecológico, por meio do ambiente próximo, os setores ecológicos, até à periferia ecológica. Para a maioria das crianças europeias e também para as crianças brasileiras, de camadas sociais mais altas, esse modelo de zona combina bem. Para Ricardo, e com isso para muitas crianças brasileiras que se criam em ambientes de vida comparáveis, isso só vale com algumas limitações.

Ricardo, desde seus nove anos, vive na zona que Baacke denomina como setor ecológico, diante do pano de fundo de crianças bem protegidas. Só que esse local tornou-se para Ricardo seu centro ecológico, ou seja, seu espaço ecológico próximo. Os armazéns, para onde Ricardo e seus amigos retornam todas as noites para dormir, tornaram-se como que um refúgio. Aqui ele encontra seus iguais que o compreendem, com os quais ele partilha alimento e dinheiro.

O quarteirão do mercado, o quarteirão do comércio são o espaço ecológico próximo, o "local de moradia e de trabalho" com alguns pontos fixos de encontro e reunião. Seu "em casa" propriamente dito, o barraco na favela, é para ele a periferia ecológica. Para lá ele só vai raras vezes e, quando vai, permanece por pouco tempo.

5.3.4 Explicação didática de escola superior

O nosso contato com Ricardo aconteceu porque ele é do bairro em que a Faculdade de Educação Física da Universidade Federal de Pernambuco, em Recife, executa um projeto de pedagogia social intitulado "Educação de Movimento no âmbito de trabalho social relacionado ao bairro". Na prática, isso significa cooperar com organizações já existentes e participar dos esforços das mesmas de iniciar projetos de autoajuda.

Para o âmbito escolar, isso significa ajudar a desenvolver "escolas" que contribuem para a subsistência – como Jürgen Zimmer (cf. Hildebrandt-Stramann, 2010, p. 11) o formula, estas se tornam "escola[s] de vizinhança e de produção". O currículo de tais escolas surge, então, da situação das favelas, ensina como se supera doenças, como se vive com e do lixo e – sobretudo – como as pessoas se organizam. Portanto, o currículo é virado de cabeça para baixo. A maioria das escolas no Brasil está fixada em matérias de aula, em catálogos de matérias de orientação acadêmica, sem referência a problemas locais e regionais.

Um currículo de escola de produção, entretanto, orienta-se em situações de problemas básicos. As matérias de aula chamam-se, então, talvez "Como exercer economia de subsistência e combater a fome" ou "Falta de energia, e o que se pode empreender neste caso" ou "Falta de oportunidades de jogo e movimento, e como se pode superá-la" ou "Nossa cultura de jogo e movimento – como se pode representá-la". É evidente que tais escolas não podem subsistir isoladas.

Escolas de produção estão entrelaçadas social e economicamente com seu ambiente. Elas trabalham estritamente com as organizações da vizinhança (comunidades de base) e integram a vizinhança na filosofia de produção. Isso significa, também, incluir o ambiente da escola no campo de aprendizagem. Assim, por exemplo, também, como espaço de movimento, as próprias pessoas fazem os aparelhos – sejam aparelhos de horta/jardim ou de movimento – etc.

Para a formação de professores (de movimento humano), isso significa também formar professores (de movimento humano) e agentes de desenvolvimento da comunidade. Por exemplo, os alunos de uma escola movimentada nesse modelo podem aprender a organizar autonomamente jogos de futebol num espaço mínimo, fazer seus aparelhos de movimento com entulhos de indústria e improvisar, com eles, situações de movimento.

Para a realização de suas necessidades vitais de movimento, as crianças dependem do desenvolvimento da competência de exploração e produção, isto é, dependem do significado explorativo e produtivo do movimento.

Nós, professores e estudantes do curso de Educação Física da UFPE, em Recife, colaboramos com o Prof. Dr. Reiner Hildebrandt-Stramann na construção de uma escola desse tipo. Assim pudemos, por meio de uma oferta permanente com o tema "Aprender Capoeira"[24], despertar o interesse de Ricardo e religá-lo, pelo menos parcialmente, a sua família. Ricardo aprendeu rapidamente as habilidades de movimento típicas da capoeira. Além disso, ele chegou a conhecer algo sobre o significado histórico e político dessa cultura brasileira de movimento.

---

[24] Capoeira é uma forma brasileira de dança e luta que se caracteriza por movimentos giratórios e de cambalhotas. Ela se baseia, em primeira linha, num significado de movimento explorativo, expressivo e comunicativo.

Cerca de três meses depois, Eliane de Abreu Moraes e Mércia do Carmo Andrade, estudantes do curso de Educação Física da UFPE, que participaram dessa observação de campo junto ao Prof. Dr. Reiner Hildebrandt-Stramann e a mim, relataram, em um seminário da III Unidade, da disciplina prática de ensino e estágio supervisionado, que Ricardo aplica sua capacidade de movimento com o objetivo de apresentar aos turistas a capoeira na rua e, com isso, ganhar dinheiro para contribuir no sustento da sua família, com a qual voltou a conviver.

5.4 Reflexões finais

Com base em nossa compreensão, o fato de Ricardo e o seu grupo de "trabalho" de rua conseguirem escapar da polícia decorria da clareza com a qual ele se comunicava com os demais meninos, principalmente, no momento em que, percebendo a proximidade dos policiais, gritava: "Corre, corre!". Essa clareza configura-se como uma ação dialógica, levando cada menino do grupo a movimentar-se autonomamente, assim se salvar da polícia e depois sair correndo para comemorar com os demais meninos do grupo. Entendo essa autonomia da ação não como uma atitude egoísta, um fechamento em si, mas como uma abertura para o mundo. "Como posso dialogar, se me fecho à contribuição dos outros, que jamais reconheço, e até me sinto ofendido com ela?" (FREIRE, 2005, p. 93).

PARTE III

SITUAÇÕES DE MOVIMENTO E INTERVENÇÕES PELA PEDAGOGIA DA CORPOREIDADE

CAPÍTULO 6

BRINCAR DO BEBÊ

Danielle Menezes de Oliveira Gonçalves

Pierre Normando Gomes-da-Silva

6.1 Introdução

O presente capítulo apresenta o Grupo de Trabalho Brincar do Bebê, pertencente à linha de pesquisa Ecologias Do Aprender Integrativo, do Laboratório de Pesquisas em Pedagogia da Corporeidade – Gepec/UFPB. Registrado no Diretório do Conselho Nacional de Desenvolvimento Científico e Tecnológico (CNPq).

O GT Brincar do Bebê caracteriza-se pelas investigações em torno dos jogos livres desenvolvidos pelos próprios bebês (até 36 meses), nos ambientes da educação infantil (berçários). E desenvolve experiências, pesquisas e estudos a partir dos desenhos metodológicos da semiótica da corporeidade, tanto como um conceito operacional que auxilia na analítica da movimentação quanto na orientação pedagógica, no sentido de criar situações educativas que contribuam para a sistematização do ensino da Educação Infantil fundamentando a atuação do profissional nas diversas áreas de Educação e Educação Física na infância.

Compreende o Jogar/Brincar enquanto fenômeno complexo; analisa o brincar do bebê, a relação dele com o objeto; busca compreender como o bebê estabelece conhecimento com o mundo pelas relações com os objetos. Os projetos desenvolvidos pelo GT criam situações pedagógicas na educação infantil em que ocorra produção de subjetividade, formando o ser em sua sensibilidade e concepção de mundo.

Ao longo de três anos de intervenção e pesquisa na Educação Infantil, percebeu-se a lacuna existente do lugar da Educação Física na primeira infância, especificamente com os bebês matriculados no berçário dos Centros de Referências da Educação Infantil (CREI), e sua contribuição para potencializar a linguagem, o conhecimento sobre o mundo, seu entorno e a integração do self.

Lançando um novo olhar acerca do papel da Educação Física na primeira infância, e as responsabilidades dos profissionais que nela atuam, o GT brincar do Bebê é concebido na perspectiva de reafirmar a tendência da Educação Física que contemple a inteireza humana – cultural/biológica, educacional/saúde, advinda da corporeidade, entendendo-a como instância básica de conhecimento de si e do mundo, ou seja, é a experiência corporal de interação com o espaço e tempo que constitui o sujeito (GOMES-DA-SILVA, 2011; 2012). Partindo do pensamento complexo (MORIN, 2003; MORIN; MOGUÉ, 2009) e das teorias do brincar (FREIRE, 2002; GOMES-DA-SILVA, 2005, 2011, 2014; PIAGET, 1975; VIGOTSKY, 1998; WINNICOTT, 1975; 1990; 2000).

O GT Brincar do Bebê encontra sustento na teoria da Pedagogia da Corporeidade, proposta por Gomes-da-Silva (2011), a partir do momento que elege o Jogo ou o brincar como situação de movimento privilegiada, entendendo que ao brincar o bebê é sujeito ativo no processo (WINNICOTT, 1975). Na Pedagogia da Corporeidade os termos jogar e brincar são tratados indistintamente, inferindo que estes se referem a um modo de ocupar o tempo, divertindo-se, saindo das atividades habituais e compulsórias para um agir livre. O jogo assim é uma situação lúdica de movimento, que se manifesta de diferentes maneiras, jogos esportivos (esportes), jogos combativos (lutas), jogos estéticos (dança, ginástica, circo), jogos autóctones e tradicionais (indígenas, brinquedos populares).

O principal objetivo do GT é analisar as brincadeiras criadas pelos bebês a partir do seu modo de interagir com os objetos. E a partir a partir da semiótica da corporeidade (GOMES-DA-SILVA, 2014), tanto como um conceito operacional que auxilia na analítica da movimentação quanto na orientação pedagógica, descrever os objetos mais escolhidos/ disputados pelos bebês dos Creis de João Pessoa e suas consequentes brincadeiras;

categorizar/mapear as brincadeiras que mais se repetem; e, mediante análise das brincadeiras criadas pelos bebês a partir do seu modo de interagir com os objetos, criar situações pedagógicas que contribuam para a sistematização do ensino da Educação Infantil fundamentando a atuação do profissional nas diversas áreas de Educação e Educação Física na infância.

6.2 Interação, implicação e integração: tríade da aprendizagem na Pedagogia da Corporeidade

A obra fundadora desse Grupo de Trabalho é a dissertação de mestrado *O Brincar do Bebê e a constituição do sujeito* (GONÇALVES, 2012), na qual foi percebido que os bebês observados têm a necessidade de estar de posse de um objeto. Também verificou-se o quanto o bebê demonstra satisfação ao brincar livremente, ao estar dominando um objeto, pois de posse do objeto o bebê exerce algum poder sobre ele, estando o objeto à disposição de seus propósitos de autoexpressão. Além disso, o uso do objeto implica que este faça parte da realidade externa, pois sua propriedade está sempre ali.

Segundo Acer e Baldon (2013) a brincadeira é uma atividade que se inicia a partir do momento em que a criança começa a manipular os objetos. Assim, ao decifrar os significados dessa relação bebê e objetos, nas situações de movimento, podemos compreender a intenção do bebê ao brincar, entendendo que tanto a intenção quanto a execução estão na ação do brincante.

Dessa forma, atualmente está sendo desenvolvida uma pesquisa macro com a seguinte questão-problema: a partir das situações de movimento que surgem da relação do bebê com os objetos, como *se manifesta o conhecimento de mundo, o autoconhecimento e a produção de sentido?* Dessa questão desdobram-se três questões de estudo, distintas e complementares:

1. A partir da relação com os objetos, quais as brincadeiras criadas pelos bebês matriculados nos Creis de João Pessoa?

2. De que maneira o bebê estabelece conhecimento com o mundo pelas relações com os objetos?

3. A partir da compreensão da relação bebê e objeto, como criar situações pedagógicas que contribuam para a sistematização do ensino da Educação Física na Infância?

Na atualidade, o cuidado do bebê tem sido comumente dividido entre os pais e a Escola de Educação Infantil. Assim, espera-se que o espaço educacional possa ser um substituto da figura e dos cuidados maternos, ou seja, um ambiente propício para o amadurecimento do infante (BERNARDINO; KAMERS, 2003; BRESSANI, 2007; DIAS, 2010; GONÇALVES, 2012). Portanto, busca-se no ambiente escolar as particularidades que se estabelecem nas relações do bebê ao brincar. Lançando um novo olhar acerca do papel da Educação na primeira infância, e as responsabilidades dos profissionais que nela atuam. Pois há uma tendência de que tudo na Educação Infantil pode ser aprendido pelos brinquedos e jogos. Basta ter um momento do brinquedo, do jogo para desafiar a criança, para auxiliar no seu aprendizado.

Não obstante, faz-se necessário conhecer o real papel dos objetos lúdicos na relação bebê linguagem ensino aprendizado. Apoiando-se na compreensão de complexidade (MORIN 2003; MORIN; MOGUÉ, 2009) e dos conceitos do brincar (FREIRE, 2002; GOMES-DA-SILVA, 2005; 2011; PIAGET, 1975; VYGOTSKY, 1998; WINNICOTT, 1975; 1990; 2000), entende-se que o jogo em si mesmo é educativo e terapêutico, portanto não deve ser considerado apenas como procedimento didático.

Para Winnicott (1975) o brincar é uma prática significante, anterior ao surgimento da linguagem verbal; ele atribui à atividade lúdica o estatuto que garante o acesso da criança à função simbólica, na qual se dá o aprendizado e o conhecimento do mundo, onde o bebê elabora seus conflitos e medos. "O brincar facilita o crescimento, o brincar conduz aos relacionamentos grupais, o brincar pode ser uma forma de comunicação" (WINNICOTT, 1975, p. 63). Por isso, precisa ser entendido não apenas pelo conhecimento, habilidade ou valor que se possa ensinar por seu intermédio, mas, principalmente, porque é uma produção de significado, uma produção de linguagem (GOMES-DA-SILVA, 2011; GONÇALVES, 2012).

Segundo Winnicott (1975), se um objeto ou atividade interessa ao bebê, é porque ele encontra um sentido fascinante e lúdico na contemplação, na manipulação e nos pensamentos que esse objeto ou atividade lhe sugerem. Neste mesmo sentido, Vygotsky (1998, p. 126) afirma: "os objetos ditam à criança o que ela tem que fazer: uma porta solicita que a abram e fechem, uma escada que a subam, [...] os objetos têm uma força inerente no que diz respeito às ações de uma criança muito pequena".

Logo, é preciso considerar a importância do efeito do material e a funcionalidade dos brinquedos sobre a atividade da criança. O caso dos brinquedos automatizados e autômatos serve como exemplo negativo, pois, como lembra Gomes-da-Silva (2005, p. 84), esses brinquedos "movem-se a partir de uma bateria ou por fricção, de modo que a energia em ação não é a do brincante. Toda ação do brinquedo requer um mínimo de energia cinética daquele que brinca".

Apropriando-se da Pedagogia da Corporeidade, as situações de movimento, especialmente o jogo, constituem-se no epicentro da aprendizagem; são sistemas dinâmicos, em cujo fluxo de informações ocorre uma produção de subjetividade, formando o ser em sua sensibilidade e concepção de mundo. De modo que cabe ao professor, de forma intencional, fazer do espaço de aprendizagem uma ambiência comunicativa, território, no qual e com o qual a interação dos sujeitos, ambos, professor e aprendiz e objetos, entra na aprendizagem, produz a subjetivação (GOMES-DA-SILVA, 2014).

De acordo com o arcabouço teórico apresentado, as nossas pesquisas são de abordagem qualitativa, por trabalhar com os significados, os valores e as atitudes dos sujeitos, e, até o momento, adotou-se os tipos de pesquisa bibliográfica, etnográfica e participante, por procurar um entendimento mais profundo da ação do bebê ao brincar.

Como resultado do primeiro estudo construiu-se capítulo de um livro (GONÇALVES; GOMES-DA-SILVA, 2013), a pesquisa de campo aconteceu em apenas um Crei da cidade de João Pessoa, o Rosa Andrade, e, apesar de discreta desponta-se resultados relevantes, o espaço físico do Crei era inadequado, por ser pequeno e inespecífico, tanto para o trabalho dos funcionários como para as crianças brincarem ou desenvolverem atividades intencionalmente vinculadas à Educação Física. No entanto, foi observado que os bebês brincavam conseguindo transformar até mesmo o fisicamente precário em espaço para o jogo, devido à presença regular das educadoras e berçaristas, aliada à disponibilidade dos brinquedos.

A comparência das profissionais, e, com elas, de brinquedos, concorre para a ideia de que os vínculos emocionais são capazes de adaptar favoravelmente o ambiente físico às necessidades básicas do bebê, permitindo-lhe a possibilidade de perceber e relacionar-se com o outro, estabelecer contato com a realidade externa e, principalmente, constituir-se e relacionar-se consigo mesmo (MARCHESINI, 2010).

Infere-se também, pela conduta dos bebês observados, que eles sentiam a necessidade de estar de posse de um objeto e, com isso, exercerem algum poder, estando o objeto à disposição de seus propósitos de autoexpressão. Esse aspecto acentua que os objetos oferecidos à brincadeira devem ser de diferentes formas, tamanhos e texturas, propiciando condições favoráveis que integrem e diferenciem os movimentos gradualmente, possibilitando ao corpo do brincante manifestar sua ordem, seu tempo, suas condições internas, seus elementos constituintes, suas fantasias e, principalmente, seus desejos – culminando, por fim, na constituição de um eu, base da experiência do self (GONÇALVES, 2012; GONÇALVES; GOMES-DA-SILVA, 2013; GOMES-DA-SILVA, 2005).

Outro dado expressivo foi a iniciativa que os bebês demostraram de brincar sistematicamente; os bebês observados sugeriram-nos que o lúdico era-lhes não só registro de desejo e experiência de satisfação, mas comunicação dessas vivências em jogos compartilhados.

Destaca-se, também, que ao longo das brincadeiras os bebês mantiveram sua concentração, envolvidos na ação de tal forma que eram indiferentes aos acontecimentos ao seu redor, estando totalmente voltados para a manipulação dos objetos, para a emoção interior. Winnicott (1975, p. 76) já discutia essa questão ao afirmar: "a criança que brinca habita uma área que não pode ser facilmente abandonada, nem tampouco admite facilmente intrusões". Essa área é um indicativo da constituição do eu, com vistas à integração do self.

Em outra pesquisa do GT, revisou-se a literatura brasileira indexada e atualizada, estudos publicados nos últimos dez anos sobre a realidade do desenvolvimento motor de bebês em creches. E o resultado obtido relaciona-se com os estudos de Saccani et al. (2007) quando relata que a criança é propensa aos estímulos vindos do ambiente. Pois, se o professor não permite que a criança vivencie o ambiente e os objetos nele presente, por meio de atividades lúdicas, consequentemente limitará seu desenvolvimento.

Corroborando com o que já havíamos encontrado, para que os bebês matriculados em berçários desenvolvam seu potencial criativo integrados consigo mesmos e com o entorno, faz-se necessária a presença regular dos profissionais garantindo estabilidade, confiança e tranquilidade. Possibilitando condições para os bebês brincarem, exercitarem-se ou experimentarem calmaria.

Por fim, atualmente, a prefeitura municipal de João Pessoa possui 78 Creis; destes, 30 possuem berçários. Pretende-se alcançar todos os Creis que contenham berçário, localizados nos diversos polos do município, a fim de possibilitar tanto aos profissionais atuantes nessa área como à sociedade o conhecimento da condição do brincar do bebê que frequentam berçários, de modo a auxiliar na elaboração de programas de aulas-laboratório destinados aos bebês e à primeira infância, colocando em destaque o lugar da Educação Física na creche, e sua contribuição para o desenvolvimento integrado do bebê com ele mesmo e com as circunstâncias do seu cotidiano.

O quadro a seguir mostra de forma breve as pesquisas citadas.

Quadro 4 – Pesquisas e publicações desenvolvidas do GT o brincar do bebê

ANO	RESULTADOS	TÍTULO	AUTORES
2012	Dissertação de Mestrado	O Brincar do Bebê e a Constituição do Sujeito	Danielle Gonçalves; Pierre Gomes-da-Silva.
2013	Capítulo de Livro	"O Brincar do Bebê: notas winnicottianas para uma prática pedagógica criativa"	Danielle Gonçalves; Pierre Gomes-da-Silva.
2015	Trabalho de Conclusão de Curso TCC	Desenvolvimento Motor de bebês em creche: uma revisão sistemática	Nicolly Lima; Danielle Gonçalves.
2015-2016	Projeto de Iniciação Científica PIVIC	"Jogo e Existência: investigando modos de agir criativos"	Pierre Gomes-da-Silva; Danielle Gonçalves; Laediany Silva.
2016	Trabalho de Conclusão de Curso TCC	Modos de interagir com os objetos no brincar do bebê	Jessyelen Almeida; Danielle Gonçalves.

Fonte: Relatórios Lepec (2015)

O GT brincar do bebê conjectura que a prática pedagógica docente na educação infantil deve recorrer a essa fonte de intervenções: precisa motivar, acolher e delimitar o espaço físico e o psíquico para garantir as condições ao brincar de bebês. Professores (as) também devem estar atentos aos signos emitidos pelos brincantes, e ser capazes de atender às necessidades do bebê, que, nessa fase, ainda é extremamente dependente, sendo imprescindível a presença constante de um adulto, capaz de interpretar essa comunicação, para então fomentar um desenvolvimento emocional saudável.

6.3 Considerações finais

A teorização da Pedagogia da Corporeidade vem adquirindo níveis de sentido, numa perspectiva integrativa, ao longo das pesquisas do GT Brincar do Bebê, por meio das quais há inovação e contribuição social, pois as pesquisas colocam em destaque o lugar da Educação Física na educação infantil, auxiliando os professores no planejamento, na execução e na avaliação das ações educativas com os objetos lúdicos, não apenas como recursos e conteúdo, mas como produção de significado, produção de linguagem.

Percebe-se então que o GT Brincar do Bebê trabalha a partir da tríade da aprendizagem (interação, implicação e integração) da Pedagogia da Corporeidade e está comprometido com a intervenção da Educação Física na primeira infância, compreendendo as ações dos bebês como expressivas, significativas e comunicativas.

Com pesquisas e publicações intentas de alcançar um contingente de professores(as) e profissionais de áreas afins, que trabalhem com bebês, permitindo-lhes o acesso a nossos conceitos, a nossas atitudes de intervenção, e assim possibilite que, em sua pedagogia, exerçam de modo complexo o jogo, permitindo que suas práticas pedagógicas sejam geradoras de (re)construção de si mesmo e de socialização, com repercussões na saúde e nos processos de um viver criativo e integrado consigo e com as circunstâncias cotidianas. Possibilitando ao brincante criar seu próprio mundo, dotando-o de significado.

CAPÍTULO 7

BRINCAR NA VELHICE

Sandra Barbosa da Costa
Judas Tadeu de Oliveira Medeiros
Josiane Barbosa de Vasconcelos
Vanusa Delmiro Neves da Silva
Everton Pereira da Silva
Pierre Normando Gomes-da-Silva

7.1 Introdução

Brincar não pertence apenas a uma etapa de nossas vidas; mesmo estando mais velhos podemos continuar sendo seres brincantes neste universo humano. Com isso apresentamos o Grupo de Trabalho (GT) Brincar na Velhice, pertencente à linha de pesquisa Ecologias da Arte-ducação Terapêutica da Pedagogia da Corporeidade (PC). O GT vem realizando desde 2007 projetos de pesquisas e intervenções nos campos de: sensorialidade, jogos esportivos adaptados, expressividade, criatividade, saúde mental, treinamento da memória atencional, enfim, com a qualidade de vida do idoso.

O GT também vem desenvolvendo jogos para a população idosa em diversas instituições na cidade de João Pessoa: Programa de Atenção ao Idoso (Papi), Unidade de Saúde da Família (USF) e Associação Promocional do Ancião Dr. João Meira de Menezes (Aspan), e projetos de extensão universitária na Universidade Federal da Paraíba, *campus* I. Esse GT objetiva investigar pela pesquisa-ação os modos de agir dos jogadores em situações de movimento e seus efeitos sobre a saúde na velhice.

A velhice é uma fase da vida que, como todas as outras, têm seu rosto próprio e uma atmosfera própria. Ser velho é uma tarefa tão bonita e sagrada quanto ser jovem, desde que seja realizada com respeito pelo sentido e sacralidade de toda a vida. Um velho que detesta e teme ser velho não é um representante digno de sua fase de vida. É preciso concordar com a velhice e tudo o que ela traz consigo, é preciso dizer-lhe SIM. Sem esse sim, sem entrega àquilo que a natureza exige de nós, perdemos o valor e o sentido de nossos dias, sejamos velhos ou moços, e assim traímos a vida (HESSE, 1999).

O GT Brincar na Velhice apresenta-se amalgamado na Pedagogia da Corporeidade proposta por Gomes-da-Silva (2014), a qual toma o jogo / brincar como pivô para o conhecimento e transformação de si e do mundo, a partir de vivenciais lúdicas. Na PC, o saber jogar reconfigura a existência humana em todas as idades. Nesse sentido, as pesquisas realizadas por esse GT têm como objetivos específicos: ampliar a capacidade sensorial, expressiva e criativa da pessoa idosa por meio de jogos lúdicos. Para tanto, formulamos nossa questão problema: *quais os modos de agir dos jogadores e os seus efeitos sobre a saúde na velhice?*

7.2 Promoção da saúde e pedagogia da corporeidade

A população mundial vem vivendo cada vez mais. De acordo com a Organização das Nações Unidas (2001), a perspectiva até 2025 é que o número de habitantes idosos ultrapasse o número de jovens. A população brasileira, por sua vez, se enquadra nesses parâmetros podendo chegar à marca de 30 milhões de habitantes idosos. Diversos fatores como educação, saúde e novas políticas de intervenções para a pessoa idosa estão associados a esse progresso da expectativa de vida. A comunidade científica vem se dedicando a estudos e criações de programas destinados a esse público, os chamados grupos de convivência de idosos, por acreditarem, assim como nós, que o estudo do envelhecimento humano envolve o estudo da mudança. Esses programas têm por objetivo "resgatar a dignidade do idoso, reduzir os problemas da solidão, quebrar preconceitos e estereótipos que os indivíduos tendem a internalizar" (DEBERT, 2012, p. 162).

De acordo com Yassuda (2006), o estudo do envelhecimento cognitivo aponta um declínio das funções cognitivas dos idosos, sendo uma queixa permanente de boa parte dessa população. O processo de envelhecimento pode afetar algumas funções cognitivas mais do que outras e alguns indivíduos mais do que outros. Dessa maneira, consideramos que esse declínio se dá em consonância com o estilo de vida da pessoa idosa e com a redução das atividades que estimulem os aspectos cognitivos, sobretudo a memória. Acreditamos que a atividade física apresenta-se como uma ferramenta imprescindível para retardos degenerativos inerentes ao processo vital.

O movimento da Promoção da Saúde articula-se ao estímulo da prática de atividade física para os idosos quando propõe "destacar o estilo de vida visando comportamentos de autocuidado e focaliza a capacidade funcional como um novo conceito de saúde do idoso" (DERNTL; WATANABE, 2004, p. 37). A Promoção da Saúde proporciona uma concepção da saúde em sua integralidade, permitindo às pessoas tomar decisões autônomas. Tal autonomia dá margem a um empoderamento, e empoderar é o processo pelo qual os indivíduos, organizações e comunidades angariam recursos que lhes permitam ter voz, visibilidade, influência e capacidade de ação e decisão. Os eixos básicos do discurso da promoção da saúde é o fortalecimento da ideia de autonomia dos sujeitos e dos grupos sociais (CZERESNIA, 2009).

Nesse contexto, o enfoque da promoção da saúde possibilita identificar resultados à saúde dos idosos quanto ao autocuidado observado no comportamento autônomo aprendido por nossos sujeitos. Assim, para investigar modos de agir dos jogadores e os efeitos sobre a saúde na velhice, tomamos a Pedagogia da Corporeidade a fim de analisar as situações de movimento em suas relações comunicativas, estabelecida pelos participantes na estruturação da atividade e quanto à atmosfera que se desenvolve durante o jogo. Para Gomes-da-Silva (2014) as situações de movimento não se concluem apenas em percepções e ações motoras, mas também em processos mentais superiores, lógicos e reflexivos.

No Lepec adota-se o modelo da pesquisa participante, por meio das quais contribuímos socialmente para a autonomia das pessoas idosas.

De maneira metodológica, o desenvolvimento de nossas pesquisas nos levou à pesquisa-ação pela linha comum da autonomia prevista tanto pela Promoção da Saúde como pela Pedagogia da Corporeidade. Nesse contexto, em nossos estudos objetivamos "facilitar a busca de soluções aos problemas reais para os quais os procedimentos convencionais têm pouco contribuído" (THIOLENT, 1998, p. 8). Buscamos, portanto, implicar pesquisadores e sujeitos com o objetivo de encontrar meios para solucionar uma problemática previamente apresentada por um grupo.

Tem-se como conceito de Pedagogia da Corporeidade, segundo Gomes-da-Silva, a "matriz do pensamento, a partir da qual compreendemos o ensinoaprendizagem partindo das situações de movimento que nos auxilia tanto na analítica da movimentação quanto na orientação pedagógica" (GOMES-DA-SILVA, 2014, p. 17). Nosso arcabouço teórico vem se constituindo ao longo de nossa caminhada na pesquisa. Hoje, estudamos a temática do envelhecimento voltado aos aspectos cognitivo da velhice, sobretudo da memória atencional. Dessa forma, o mecanismo adotado para alcance de nossos objetivos em pesquisas é a Promoção da Saúde como modelo de empoderamento e, por meio da pesquisa-ação promover a autonomia das pessoas idosas.

7.3 Resultados

O GT Brincar na Velhice investiga modos de agir de jogadores e os seus efeitos na Promoção da Saúde observando o valor educativo do jogo no curso da vida. Elegemos o jogo/brincar e as situações de movimento para o conhecimento de si e do mundo, gerado pela movimentação com o entorno estabelecida nas interações entre os jogadores. Nossos projetos vêm atendendo a diversas instituições na cidade de João Pessoa: Programa de Atenção ao Idoso (Papi), Unidade de Saúde da Família (USF) e Associação Promocional do Ancião Dr. João Meira de Menezes (Aspan), e Projetos de Extensão da UFPB/Lepec no *campus* I, com idades entre 60 e 84 anos. Vejamos abaixo alguns projetos desenvolvidos do GT Brincar na Velhice: o Programa de Bolsas de Extensão (Probex), o Programa de Licenciatura (Prolicen) e o Programa Institucional de Bolsas de Iniciação Científica (Pibic).

7.3.1 Programas desenvolvidos do GT Brincar na Velhice de 2007/2013

Quadro 5 – Programas desenvolvidos do GT brincar na velhice de 2007/2013

ANO	PROJETO	TÍTULO
2007	Probex	Experiência sensorial e aprendizagem do corpo: interfaces educação – saúde em idosos
2008	Probex	Experiência sensorial do idoso e aprendizagem do corpo: interface saúde e educação
2008-2009	Pibic	Prática de educação sensorial com idosos
2009	Probex	Expressividade e sensorialidade do idoso: novos parâmetros de saúde
2009-2010	Pibic	Práticas corporais expressivas e a conduta tônico--postural dos idosos
2010	Probex	Expressividade e sensorialidade do idoso: novos parâmetros de saúde
2010	Prolicen	Sensorialidade para crianças e surf para idosos: por uma metodologia do ensino da Educação Física
2010-2011	Pibic	Jogos dramáticos e qualidade de vida dos idosos asilados
2011	Probex	Sensorialidade, Expressividade e Prazerosidade do idosos: novos parâmetros de saúde
2011	Prolicen	Sensorialidade para crianças e surf para idosos: por uma metodologia do ensino da Educação Física
2011-2012	Pibic	O jogo esportivo adaptado e a qualidade de vida em idosos institucionalizados
2012-2013	Pibic	Jogo, criatividade e saúde mental em idoso institucionalizados

Fonte: Projetos do Programa Qviver-UFPB a partir de 2007 (RIBEIRO, 2014)

Ao todo, o GT Brincar na Velhice, desde 2007, já realizou 18 projetos de pesquisa e extensão universitária, configurando-se como uma modalidade de educação permanente, com o envolvimento para mais de 460 pessoas idosas autônomas e também institucionalizadas com o envolvimento de acadêmicos da UFPB, entre os anos de 2007 a 2015.

Daremos destaque, neste trabalho, aos resultados do nosso mais recente projeto Pibic dos anos de 2013 e 2014: "Jogo e cognição: percepção, atenção e memória". Nesse projeto foi criado um jogo para o treinamento da memória visuoespacial, denominado "Jogo *CorsiPasseSpan*". Os sujeitos desse estudo foram 16 idosos, com idade entre 60 a 82 anos, a maioria de sexo feminino, sem qualquer transtorno cognitivo, pertencentes ao programa de extensão de biodança do Departamento de Educação Física da UFPB. Tratou-se de uma pesquisa de abordagem qualitativa. O jogo *CorsiPasseSpan* seguiu a estrutura da aula-laboratório proposta pela Pedagogia da Corporeidade (ALPC). A coleta teve duração de quatro meses com uma seção semanal de duas horas de duração. Foram 12 seções de treino cognitivo com jogo *CorsiPasseSpan*. Tendo como método de análise das situações de movimentos a Analítica Existencial do Movimento da PC, criada por Gomes-da-Silva (2012). Como resultado desse estudo, o jogo *CorsiPasseSpan* revelou-se adequado à população idosa, ao estimular a permanência do grupo, perceptivelmente entusiasmadas com um programa de treinamento cognitivo de dupla tarefa, bem como pelo caráter lúdico e competitivo que o jogo ofereceu.

Ao longo de seus quase dez anos o Laboratório de Estudos e Pesquisas em Educação e Cultura, Lepec/UFPB, vem produzindo ciência e sensibilidade para oferecer excelência pela ousadia em revelar um novo olhar sobre as situações de movimento para consolidar uma inovadora epistemologia na área da educação física, com a Pedagogia da Corporeidade e a gerontologia. Outras ações desenvolvidas pelo Lepec no entrelaçamento da velhice com a Pedagogia da Corporeidade são as pesquisas e publicações, orientadas pelo seu coordenador e líder do Lepec Pierre Normando Gomes-da-Silva, citadas abaixo:

Dissertações: Mestrado em Educação Física:

Práticas corporais para idosos: um estudo de caso do programa 'qualidade do viver na velhice – UPE/UFPB (RIBEIRO, 2013).

Conhecimento gerontológico e a formação em educação física no estado da Paraíba: uma análise curricular – UPE/UFPB (FIGUEIREDO JUNIOR, 2011).

Artigos:

"O jogo como estratégia para a promoção da resiliência em idosos institucionalizados". *Revista Brasileira de Atividade Física e Saúde*, v. 4, p. 466-474, 2014.

"Efeitos de vivências de automassagem em idosos institucionalizados". *Coleção Pesquisa em Educação Física*, v. 11, p. 95-102, 2012.

"Expressividade e sensorialidade: por uma metodologia da educação física na saúde de idosos". *Revista Brasileira de Atividade Física e Saúde*, v. 16, p. 172-176, 2011.

"Resultados de um programa de promoção da saúde sob a expressividade e sensorialidade em idosos". *Estudos Interdisciplinares sobre o Envelhecimento*, v. 16, p. 185-198, 2011.

Por meio desses relatos, entende-se que os projetos desenvolvidos pelo GT Brincar na Velhice no Lepec/UFPB têm conseguido alcançar os objetivos preconizados, ampliando a capacidade comunicativa, expressiva e de saúde da pessoa idosa por meio de jogos. Além disso, oportunizado bolsas de estudos para que os acadêmicos do curso de educação física da UFPB participem dos grupos de pesquisa e extensão e, assim, tenham a oportunidade de vivenciar espaços de aprendizagens com um paradigma inovador para a área de educação física que é dado na relação de uma Pedagogia da Corporeidade por intermédio do jogo, da gerontologia e da saúde.

7.4 Considerações finais

Diante dos dados observados, o saber jogar na velhice é um fenômeno inovador e valioso em programas de convivência de idosos, e devemos constantemente recordar, dia a dia, de algo tão óbvio quanto o brincar, pois são situações de movimento dadas num espaço e tempo altamente aprimorado, do ponto de vista do humano. Como afirmamos, o brincar não pertence apenas a uma etapa de nossas vidas, como nos fizeram acreditar: mesmo estando mais velhos podemos continuar sendo seres brincantes neste universo humano.

Nesse sentido, esse grupo de trabalho nos permitiu reconhecer a eficácia da Pedagogia da Corporeidade voltada para pessoas idosas ao melhorar suas capacidades comunicativa, expressiva e de saúde. E, a partir dos resultados obtidos até o momento, planejamos ampliar o rol de jogos adaptados para se brincar na velhice.

CAPÍTULO 8

JOGOS SENSORIAIS

Ana Raquel de Oliveira França
Thaís Henrique Pachêco
Mayara Andrade Silva
Danielle Menezes de Oliveira
Liliane Aparecida Araújo da Silva
Pierre Normando Gomes-da-Silva

8.1 Introdução

Este texto apresenta o Grupo de Trabalho Jogos Sensoriais (GTJS), vinculado a linha de pesquisa Ecologias do Aprender Integrativo, do Laboratório de Pesquisas em Pedagogia da Corporeidade (Gepec/ CCS/ UFPB). O GTJS congrega interessados em discutir sobre os jogos sensoriais para o ensino-aprendizagem na Educação Infantil.

A primeira parte deste texto é dedicada ao arcabouço teórico que fundamenta as pesquisas do GTJS: a Teoria da Pedagogia da Corporeidade, a Teoria Ecológica da Percepção, de James Gibson, que norteia o conceito de percepção, e a Teoria Bioecológica do Desenvolvimento Humano, de Bronfenbrenner, que subsidia a reflexão sobre o sistema complexo que afeta o desenvolvimento do indivíduo. A segunda parte trata da produção do Programa de Jogos Sensoriais para a Educação Infantil (ProJSEI) no período de 2008 a 2015.

Foram analisados os projetos de pesquisa como também relatórios do Programa Institucional de Iniciação Científica Pibic/Pivic/ CNPq, e/ ou Programa de Licenciatura – Prolicen. Verificamos que a proposta da

Pedagogia da Corporeidade, a partir das aulas com jogos sensoriais, constitui uma alternativa metodológica para aplicar práticas ecológicas com crianças da Educação Infantil. Para tanto é necessário utilizar jogos que oportunizam a educação da sensibilidade e o desenvolvimento de *affordances* nas aulas de Educação Física Infantil.

O objetivo deste texto é de apresentar o Grupo de Trabalho Jogos Sensoriais (GTJS), seu histórico, objetivos, principais autores que formam o arcabouço teórico que fundamenta as pesquisas, como também a concepção de educação que propicia as reflexões do grupo, bem como deixar alguns indicativos práticos para a ação pedagógica.

O Grupo de Trabalho Jogos Sensoriais (GTJS) pertence à linha de pesquisa da Pedagogia da Corporeidade, cuja sublinha é Aprendizagem Complexa, vinculada ao Laboratório de Estudos e Pesquisas em Corporeidade, Cultura e Educação (Lepec/ CCS/UFPB). Seu objeto de estudo é o jogo sensorial, empregado com o intuito de desenvolver capacidades sensoriais e ampliar o conhecimento de si, do outro e do ambiente em que se está inserido. Tem como objetivos: formar profissionais sensíveis a situações de movimento, numa perspectiva ecológica; desenvolver pesquisas que contribuam para os processos de ensino-aprendizagem com crianças, utilizando o jogo a fim de expandir suas experiências sensoriais; conhecer as principais teorias que nos ajudam a pensar sobre um novo paradigma educacional através da corporeidade.

O GTJS tem como aporte teórico a Teoria da Pedagogia da Corporeidade, desenvolvida no próprio Lepec, por meio da estrutura da Aula-Laboratório da Pedagogia da Corporeidade (ALPC), sob a coordenação do Prof. Pierre Gomes-da-Silva. Outros autores são estudados: Gibson (1904-1979), na perspectiva da Teoria Ecológica da Percepção-Ação, e Bronfenbrenner (1917-2005), na Teoria Bioecológica do Desenvolvimento Humano. O grupo também estuda os textos de Santaella (2004; 2011), importante para se compreender a Teoria Gibsoniana. A Semiótica Pierceana é outra teoria estudada, com vistas a desenvolver uma hermenêutica acerca das situações de movimento.

Os estudos sobre práticas de educação sensorial com crianças da Educação Infantil iniciaram em 2008 e continuam sendo desenvolvidos nos dias atuais, por meio dos projetos do Programa Institucional de Iniciação Científica Pibic/Pivic /CNPq, e/ou Programa de Licenciatura – Prolicen. O Pibic tem como finalidade despertar potenciais talentos para a pesquisa entre estudantes de graduação. O Prolicen objetiva valorizar os cursos de formação de professores. Ambos os programas desenvolvem projetos de pesquisa. No caso do GTJS, em escolas e creches, com crianças de Educação Infantil, na cidade de João Pessoa. Foram executados cinco projetos de Pibic e sete de Prolicen, referentes à área de Educação Sensorial com crianças de Educação Infantil, no período de 2008 a 2015, todos vinculados ao Lepec.

Programas como esses levam, muitas vezes, a programas institucionais mais amplos. Na opinião de Ribeiro (2014), muitos projetos que são desenvolvidos no âmbito da universidade e das instituições de Ensino Superior se deparam com a necessidade de criar e desenvolver projetos de extensão e pesquisa antes mesmo de serem constituídos como programas. Nesse sentido, verificou-se a importância de avaliar os projetos desenvolvidos, com o intuito de compreender como a proposta pedagógica desenvolvida pelo Lepec; por meio desses projetos, aplica-se a Pedagogia da Corporeidade, antes mesmo de se constituir como um programa institucional.

Quanto aos projetos do GTJS, estes visam desenvolver reflexões, estudos e experiências relativos às propostas teórico-metodológicas voltadas para a aprendizagem e o desenvolvimento humano, no sentido de fundamentar a atuação do profissional nas diversas instituições de educação.

8.2 Perspectiva epistêmcia do GTJogos Sensoriais

A concepção de educação e de humanidade com a qual o GTJS trabalha implica uma visão ecológica da realidade, numa situação em que o ser humano e o ambiente estão intimamente conectados. Desenvolver processos de ensino-aprendizagem, nessa perspectiva, demanda um novo olhar sobre o fenômeno educacional, chamado de *Pedagogia da Corporeidade*. Segundo Gomes-da-Silva (2014),

> [...] corporeidade é a matriz do pensamento, a partir da qual compreendemos o ensino-aprendizagem partindo das situações de movimento. Trata-se de um conceito operacional que nos auxilia tanto na analítica da movimentação quanto na orientação pedagógica. De modo que nossa abordagem da Corporeidade é prioritariamente pragmática peirceana, daí porque nossa linha de pesquisa chama-se Pedagogia da Corporeidade, porque tratamos de investigar a unidade tensional corpo-mente-circunstância (GOMES-DA-SILVA, 2014, p. 17).

Na Pedagogia da Corporeidade, "as situações de movimento, especialmente o jogo, constituem-se no epicentro da aprendizagem" (GOMES-DA-SILVA, 2014, p. 17). Podem ser analisadas de várias formas, como no jogo de cartas, nas brincadeiras infantis, em vivências terapêuticas, nos esportes e, no caso de nosso estudo, em exercícios educativos com crianças da Educação Infantil, que denominamos de jogos sensoriais.

É correto afirmar que todo jogo aguça nosso repertório sensorial, porque tocamos, vemos e usamos a audição. Tavares e Souza (1996, p. 49-52) definem o jogo sensorial como "sendo destinado aos estímulos dos sentidos humanos". Desse modo, o jogo contribui para o desenvolvimento das capacidades sensoriais e amplia o conhecimento de si, do outro e do ambiente em que se está inserido.

Em relação ao brincar, a criança experimenta, organiza-se, regula-se e constrói normas para si e para o outro. Ela cria e recria, em cada nova brincadeira, o mundo que a cerca. O brincar é uma das formas de linguagem que se refere ao movimento humano dotado de comunicação. O movimento é sempre o da pessoa inserida em um ambiente onde se encontra com o que está a sua volta. É assim que nos configuramos com o mundo (GOMES-DA-SILVA, 2012). No jogo, verificamos uma situação de movimento privilegiada, que também é dotada de comunicação e tem relação com o espaço circunstancial.

Enquanto situação de movimento, é possível analisar o brincar infantil pela Analítica Existencial do Movimento, idealizada por Gomes-da-Silva (2014). Nessa análise, o movimento é entendido como comunicação, e o jogo, qualquer que seja, é essencialmente uma situação de movimento comunicativo, porque acontece no mundo junto com os outros (SOUSA CRUZ, 2014). Gomes-da-Silva (2001, p. 17) assevera que a analítica proposta pela Pedagogia da Corporeidade "compreende a movimentação, incluindo habilidades e coordenações, em suas múltiplas significações" e define a *corporeidade* como sendo um "enraizamento existencial da movimentação com o entorno, como a maneira humana de habitar o tempo e o espaço circunstancial. Compreende a tendência dos gestos do ser no mundo, a maneira habitual de nos movermos no entorno" (p. 17).

Esse conceito de corporeidade se aproxima da teoria gibsoniana da percepção. Durante o jogo, a percepção é fundamental para o alcance da meta. Isso acontece nos jogos de representação, de adivinhação, de agilidade e/ou destreza e de construção (FRIEDMANN, 2006). O sucesso de determinado comportamento está ligado à relação que se estabelece com o ambiente. Para isso, deve-se empregar a percepção para captar a informação. Nesse sentido, é essencial que pesquisas voltadas para as crianças da Educação Infantil não ignorem as questões relacionadas à percepção.

> Acredita-se que a percepção não venha a ser simplesmente um sistema para a obtenção da informação sobre o mundo; ela é caracterizada como um sistema dinâmico de captação de informação significativa que possibilita a ação dos organismos no ambiente (GIBSON, 1986, p. 4445).

Um dos conceitos que nos ajuda a pensar sobre a prática das aulas de Educação Física, voltada para as pesquisas de Educação da Sensorialidade, é a ideia de percepção. Para a Teoria Ecológica, seria a "habilidade de adquirir e processar uma informação sobre o ambiente, a fim de selecionar as ações que são susceptíveis de atingir os objetivos fundamentais da sobrevivência de uma propagação" (HOLYOAK, 1999, p. XL). Gibson apresenta um conceito fundamental em sua obra, o de *affordances*. De acordo com esse autor,

> [...] as *affordances* do ambiente são o que ele oferece ao animal, o que ele prevê ou fornece, seja para o bem ou para o

mal. O verbo fornecer/prover é encontrado no dicionário, mas o substantivo *affordance* não é. Eu o inventei com ele, eu quero representar algo que se refere tanto ao meio ambiente quanto ao animal, de uma forma que nenhum outro termo faz. Ele implica em uma complementaridade entre animal e o meio-ambiente (GIBSON, 1986, p. 12).[25]

Nos jogos sensoriais, uma das intenções é de oportunizar desde a Educação Infantil, affordances, por meio de jogos criados para esse fim. A Teoria Ecológica da Percepção, de Gibson, bem como a Pedagogia da Corporeidade são importantes teorias para uma nova hermenêutica do movimento, em especial para nortear pesquisas com crianças numa perspectiva ambiental. Entretanto, a concepção de ecologia aqui tratada ultrapassa o campo de proteção da natureza e de uma relação dia dica (ser humano – natureza). O conceito de ecologia defendido pelas produções do Lepec (ou GTJS) fundamenta-se no sujeito integrado com o entorno e impelido para uma ação. Nesse sentido, percepção e ação caminham juntas. Chama nossa atenção o fato de que,

> [...] na investigação ecológica, as propriedades do sujeito e do meio, as estruturas ambientais e os processos que ocorrem nelas e entre elas, devem ser vistos como interdependentes e analisados em termos sistêmicos. Apenas desse modo, podemos identificar o processo de interação mútua entre o sujeito em desenvolvimento e o mundo em transformação (PORTUGAL, 1992, p. 50).

Suspeitamos que, quando oportunizarmos *affordances,* por meio dos jogos sensoriais, as crianças terão possibilidade de se perceber no mundo e de desenvolver relações de responsabilidade consigo, com o outro e com o seu entorno. Concebemos a aprendizagem em uma visão sistêmica (MATURANA; NISIS, 1997), inserida na esfera do pensamento complexo (MORIN, 2010).

---

[25] "The *affordances* of the environment are that it *offers* the animal, what it *provides* or *furnishes*, either for good or ill. The verb to *afford* is found in the dictionary, but the noun *affordance* is not. I have made it up. I mean by it something that refers to both the environment and the animal in a way that no existing term does. It implies the complementarity of the animal and the environment" (GIBSON, 1986, p. 12).

Como o lócus de investigação do GTJS é o da Educação Infantil, foi necessária uma teoria acerca do desenvolvimento infantil que pudesse contribuir para analisar as práticas desenvolvidas. Nesse sentido, optou-se pela Teoria Bioecológica, da autoria de Bronfenbrenner, que desenvolveu pesquisas com seus colaboradores com o intuito de integrar outros níveis do sistema do desenvolvimento humano, como a Biologia, a Psicologia e o comportamento. Ao unir a Biologia à Ecologia, desenvolveu o que ficou denominado de *Bioecologia do desenvolvimento* (LERNER, 2011). Para Bronfenbrenner, o desenvolvimento é definido pela abordagem bioecológica "como sendo um fenômeno de continuidade e de mudanças das características biopsicológicas dos seres humanos como indivíduos e grupos" (BRONFENBRENNER, 2011, p. 43).

Verificamos que o modelo criado por Bronfenbrenner (2011) concebe um desenvolvimento do indivíduo em um contexto ativo. Esse conceito de desenvolvimento está em consonância com a teoria gibsoniana no campo da percepção, quando afirma que captamos informações de forma ativa, e não apenas como meros expectadores. Na Pedagogia da Corporeidade, verificamos o conceito de Zona de Corporeidade, a partir da qual é possível investigar o movimento do indivíduo integrado como a existência. Interessa a situação de movimento em ambiência social, libidinal impressa e produzida na circunstância (GOMES-DA-SILVA, 2014). Desse modo, a Pedagogia da Corporeidade passa a se constituir, também, como uma teoria inserida na perspectiva bioecológica.

A partir das teorias elencadas, partimos da questão de pesquisa: a Pedagogia da Corporeidade confere uma possibilidade de alternativa metodológica para o ensino da educação física na Educação Infantil?

8.3 Perspectiva investigativa do GT Jogos Sensoriais

Para responder a essa pergunta, investigamos os projetos e relatórios dos programas de pesquisa Pibic/Pivic e Prolicen que estavam vinculados ao GTJS, no período de 2008 a 2015. Foram 12 projetos executados na área de Jogos Sensoriais, que colaboraram com a aprendizagem de 372 alunos (as) da Educação Infantil, no decorrer de 188 aulas, totalizando 170 horas de atividades. Foi possível encontrar nos relatórios 95 jogos criados pelos professores(as) em formação inicial para contemplar os objetivos dos projetos. Participaram 16 pesquisadores(as) em três escolas de Educação Infantil, no município de João Pessoa, e uma Escola Filantrópica do Município do Conde.

Para melhor compreender os jogos que foram propostos durantes às Aulas-laboratórios da Pedagogia da Corporeidade – ALPC, escolhemos a classificação de acordo com Caillois (1990). Dividimos em quatro categorias fundamentais: *Agôn* (do grego: competição e concurso); *Alea* (do latim: jogo de dados); *Mimicry* (do inglês: mimetismo); *Ilinix* (do grego: turbilhão, vertigem). Por compreender que os jogos têm especificidades e muitas vezes se intercruzam, achamos melhor fazer um quadro demonstrativo para averiguar que tipo de jogos foram aplicados durante a aula laboratório da Pedagogia da Corporeidade referente ao jogos sensoriais.

As práticas desenvolvidas pelo GTJS, por meio das pesquisas desenvolvidas nas escolas da Educação Infantil, tinham como perspectiva desenvolver vivências educacionais consonantes com a visão sistêmica e ecológica já mencionada, resultantes das reflexões em torno da Teoria da Pedagogia da Corporeidade, de Gomes-da-Silva, da Teoria Ecológica da Percepção, de James Gibson, e da Teoria Bioecológica do Desenvolvimento Humano, de Bronfenbrenner. Nesse sentido, escolhemos o jogo como prática condutora do processo e a Pedagogia da Corporeidade, norteadora do processo metodológico.

No período de 2008 a 2010, foram desenvolvidos jogos sensoriais que abordavam todos os sentidos nas atividades propostas. A partir do ano de 2011, percebeu-se a importância de delimitar a pesquisa e foi introduzido atividades priorizando um sentido por projeto, iniciando pelo paladar. Em 2012, os projetos privilegiaram os sentidos do *tato* e do *olfato*. Os projetos do ano de 2013 compreenderam o jogo e a percepção, nos quais a *visão* foi o principal sentido estudado. Em 2014 e 2015 a ênfase foi dada ao sentido da *audição*.

O Quadro a seguir apresenta os 12 projetos de pesquisa desenvolvidos entre os anos de 2008 e 2015 pelo Programa de Jogos Sensoriais para a Educação Infantil.

Quadro 6 – Projetos de pesquisa e relatórios do Programa de Jogos Sensoriais para a Educação Infantil (ProJSEI)

Ano	Tipo de projeto	Títulos dos projetos de pesquisa e dos relatórios	Alunos que escreveram os relatórios
2008	Pibic	1. Prática de Educação sensorial com crianças	Danielle Menezes de Oliveira
2009			
2008	Prolicen	2. Educação dos sentidos no Ensino da Educação Física na Infância	Jackson Resende e George Veras
2009	Pibiv	3. Práticas corporais de sensorialidade e a aprendizagem perceptiva das crianças	Deyse Patrícia Morais Massa
2010			
2009	Prolicen	4. Sensorialidade e inteligência expressiva: uma metodologia para o ensino da Educação Física na infância	Deyse Patrícia Morais Massa Pamella Pereira Souza de Lima
2010			
2010	Prolicen	5. Sensorialidade para crianças: por uma metodologia do ensino da Educação Física	Elyseu Rocha; Sílvia Azevedo; Paula Cristina
2011	Prolicen	6. Sensorialidade para crianças: por uma metodologia do Ensino da Educação Física (Paladar)	Leys Eduardo dos Santos Soares
2011	PIVIC	7. O jogo para aprendizagem do equilíbrio e da percepção corporal em crianças nas creches	José Cesário Abreu de Amaral
2012			
2012	Prolicen	8. Sensorialidade para crianças: por uma metodologia de ensino da Educação Física (Tato)	José Cesário Abreu de Amaral Mayara Andrade Silva
		9. Sensorialidade para crianças: por uma metodologia de ensino da Educação Física (Olfato)	

Ano	Tipo de projeto	Títulos dos projetos de pesquisa e dos relatórios	Alunos que escreveram os relatórios
2013	Pibic	10. O jogo e a percepção visual em crianças de 4 e 5 anos nas aulas de Educação Física	Mayara Andrade Silva
2014			
2013	Prolicen	11. Sensorialidade para crianças: o ensino da percepção visual das cores	Liliane Aparecida Araújo da Silva
2014			
2014	Pibic	12. Brincadeiras cantadas e a percepção auditiva em crianças de 4 a 6 anos nas aulas de Educação Física	Thaís Henrique Pachêco
2015			

Fonte: França, 2016

De 2008 a 2015, foram defendidos três trabalhos de conclusão de curso (TCC). Um com o estudo de todos os sentidos, intitulado *Sensorialidade e expressividade: análises da corporeidade em práticas educativas*, e dois na área de visão, com o título de *Sensorialidade para crianças: metodologia de ensino da Educação Física* e *O jogo e a percepção visual em crianças de 4 e 5 anos, nas aulas de Educação Física*. É oportuno lembrar que

> [...] a práxis é a atividade concreta pelos quais os sujeitos humanos se afirmam no mundo, modificando a realidade objetiva e, para poderem alterar-lhe transformando-se a si mesmos. É a ação que, para se aprofundar de maneira mais consequente, precisa da reflexão, do autoconhecimento, da teoria; e é a teoria que remete a ação que enfrenta o desafio de verificar seus acertos e desacertos, cortejando-a com a prática (KONDER, 1992, p. 115).

Há que se ressaltar que não basta pôr o(a) aluno(a) em contato com o objeto de conhecimento; é preciso criar condições necessárias para que ele(a) possa explorá-lo, asseveram Coll e Martí (2004).

Além da conclusão dos 12 relatórios do projeto e de três TCCs apresentados, verificamos que esse programa valorizou o espaço lúdico em suas ações. Isso lembra o pensamento de Benjamim (1984, p. 75), de que "todo hábito entra na vida como brincadeira".

Acreditamos que os jogos sensoriais ampliaram a capacidade sensorial das crianças, que foram beneficiadas pela ação educativa e desenvolveram a capacidade de diferenciar e apreciar novos sabores, odores, texturas, sons e imagens, diferentemente do que lhes é apresentado em seu cotidiano. Também tiveram a oportunidade de se posicionar diante de situações-problemas, argumentar, quando possível, no momento da partilha de saberes, que é parte constituinte da sequência da estruturação da aula, e de se expressar livremente, por meio do desenho, o que aprenderam.

Nos relatórios de 2013, iniciou-se uma maior exigência e complexidade na intervenção proposta, sendo solicitado a partir dos jogos sensoriais que fossem introduzidas categorias de *percepção visual* que oportunizassem outros conhecimentos, tais como: percepção visual do ambiente, aparência, postura e fisionomia. Também foram feitas atividades, utilizando expressões das emoções: alegre, triste, medo, raiva. Desse modo, não foi tratada apenas do conhecimento preceptivo da visão, mas este ligado às emoções, ampliando assim outros conceitos ligados à vivência em seu próprio ambiente.

Verificamos ainda que os jogos sensoriais oportunizaram o conhecimento das categorias das cores primárias (azul, amarelo, verde e vermelho), tendo como subcategorias de contexto: tonalidade, brilho e saturação. O maior número de acerto se deu em relação às cores vermelhas e amarelas (na categoria tonalidade), seguido do vermelho (da categoria brilho). As crianças tiveram mais dificuldade em reconhecer cores saturadas, sendo a cor vermelha a que obteve o maior número de acertos.

Pelo que investigamos, foi possível constatar que houve uma ampliação sensorial das crianças, dos sistemas de percepção-ação, permitindo-as gerar respostas adaptativas, no ambiente em que se encontravam, em conformidade ao que Gibson (1966) descreve ao tratar dos sistemas de orientação, semântico e locomotivo.

Em relação ao *paladar,* sabemos que aspectos ligados ao gosto por determinados alimentos são intimamente associados à ligação com o microssistema (BRONFENBRENNER,2011). Os primeiros hábitos alimentares são constituídos na família, mas a creche tem uma importante participação na aquisição de novos conhecimentos. Nesse caso, o jogo foi conduzido de modo a possibilitar um ambiente propício para a apreciação qualitativa e quantitativa de diferentes alimentos com seus diversos sabores. A educação do paladar proporcionou para os participantes a aprendizagem do prazer em saborear, ampliaram seu apetite para outros alimentos que eram rejeitados, como: limão, café, caldo de feijão apimentado (SOARES et al., 2015, p. 350).

As atividades que contemplavam jogos sensoriais para desenvolvimento do *tato*, nos anos 2008 e 2009, estavam voltadas à diferenciação de texturas e ao reconhecimento das partes do corpo ou reconhecimento das plantas do jardim da creche. Em 2012, verificamos que houve uma ampliação no nível de complexidade do jogo. Foram oportunizadas experiências levando em consideração as categorias térmicas, táctil e doloroso, não se restringindo apenas à textura. As crianças obtiveram um maior número de acertos em relação a categoria "térmica". Quanto a "textura" as crianças tiveram dificuldade no reconhecimento do rugoso.

Sabemos que por meio dos jogos as crianças vão aprendendo as potencialidades e funções dos objetos e sensações. Cria-se não só um ambiente de descobertas, em que aprenderam a competir, a classificar, mas as crianças também aprendem a fazer pequenos experimentos que ampliam sua relação com o mundo. Por meio da brincadeira sensorial-manipulativa, as crianças tiveram a oportunidade de compreender quais as informações que o ambiente lhes dá para que possam captar *affordances* tão essenciais para a vida em sociedade (GIBSON, 1986).

Nas primeiras atividades ligadas ao *olfato* giraram em torno da identificação dos odores de: manga, pó de café, cravo, chocolate em pó e laranja, como também utilizada substâncias como o limão, álcool, perfume, pó de café, leite. Em 2012, encontramos odores: floral, mentolado, picante, pútrido.

Oportunizar às crianças o reconhecimento de cheiros ajuda no conhecimento do mundo, podendo pressentir perigos como fogo ou o cheiro de algo podre, o que ajuda na sobrevivência. Por meio dos jogos as crianças conseguem compreender os significados das palavras, ativando o sistema semântico, além do sistema de orientação.

Em 2014 verificamos que os jogos sensoriais ligados à audição foram tomando forma mais complexa. As categorias operacionais foram: sons do corpo humano, instrumentos musicais, animais domésticos, animais selvagens, escola e rua. Percebemos um desdobramento das categorias, que se iniciam pelo conhecimento do próprio corpo e vão se ampliando até chegar aos sons da rua. Partindo da consciência de si até o encontro com os sons do entorno.

De acordo com o relatório desse período, foi constatado que as crianças tiveram melhor desempenho na localização sonora, obtendo certa dificuldade na memória sequencial. Foi possível constatar que as crianças adquiriram maior sensibilidade para perceber seu entorno, sons que hoje são identificados, mas que antes passavam despercebidos, o que pode ser confirmado também nos desenhos feitos pelas crianças.

Se levarmos a discussão para a aprendizagem dos(as) graduandos(as), ampliamos o benefício do programa, visto que foi possível aprender a se posicionar diante de crianças da Educação Infantil, relacionar teoria e prática e, principalmente, ter uma postura de pesquisador diante do objeto de estudo. Candau (2003, p. 57) corrobora esse entendimento e afirma:

> Na experiência dos professores, o dia-a-dia na escola é um lócus de formação. Nesse cotidiano, ele aprende, desaprende, reestrutura o aprendido, faz descobertas e, portanto, é nesse lócus que muitas vezes ele vai aprimorando a sua formação. Nesse sentido, considerar a escola como lócus de formação continuada passa a ser uma afirmação fundamental na busca de superar o modelo clássico de formação continuada e construir uma nova perspectiva na área de formação continuada de professores.

Transpor o que foi aprendido na teoria e relacionar com a práxis é uma das funções dos programas de pesquisa do Lepec. O GTJS é um espaço possível para desenvolver essa relação. Avaliamos a prática a partir da produção de artigos, de discussões sobre os principais avanços da pesquisa, para que, de fato, possamos não só formar professores/as sensíveis à temática ecológica, como também averiguar se a atividade de pesquisa de campo contribui para os processos de ensino-aprendizagem com crianças, utilizando-se o jogo como epicentro da atividade (GOMES-DA-SILVA, 2014).

É necessário, pois, avaliar o processo do ensino superior por meio dos seus projetos. Os grupos de trabalho são um espaço fecundo para essa prática. Para ratificar essa reflexão, recorremos a Garcia (1999, p. 74), quando afirma que

> [...] as Universidades podem participar na concepção e desenvolvimento de projetos de investigação avaliativa, relativos às próprias atividades de formação permanente de professores. Avaliar o impacto real de tais atividades é uma necessidade imperiosa e pouco frequente.

Embora Garcia (1999) escreva a partir da realidade da Espanha, julgamos pertinente, também, para o contexto educacional brasileiro.

8.4 Conclusão

Nesta pesquisa, apresentamos o GTJS como um espaço que congrega interessados em discutir sobre os jogos sensoriais para a Educação Infantil e estudá-los, e fizemos um histórico de como foi constituído, ao longo desses anos, a prática dos projetos de pesquisa dos Programas do Programa Institucional de Iniciação Científica Pibic/Pivic/CNPq, e/ou o Programa de Valorização da Licenciatura – Prolicen.

Demonstramos que o arcabouço das teorias que sustentam as pesquisas do GTJS baseia-se na Pedagogia da Corporeidade, na Teoria Ecológica da Percepção, de James Gibson, que norteia a concepção de percepção, e na Teoria Bioecológica do Desenvolvimento Humano, de Bronfenbrenner (1917-2005), que nos ajuda a refletir sobre a influência do sistema complexo que afeta o desenvolvimento do indivíduo.

Verificamos que a proposta da Pedagogia da Corporeidade (GOMES-DA-SILVA, 2001; 2011; 2012; 2014), por meio de aulas com jogos sensoriais, é uma alternativa metodológica válida e pertinente para aplicar práticas ecológicas a crianças da Educação Infantil. Para isso são utilizados jogos que oportunizam uma educação da sensibilidade e o desenvolvimento de *affordance*s nas aulas de Educação Física Infantil.

Com base nos documentos analisados, foi possível abranger o Programa de Jogos Sensoriais para a Educação Infantil, nos programas de pesquisa Pibic/Pivic e Prolicen, desde sua concepção até os dias de hoje. Pontuamos a importância de se avaliar a atuação dos graduandos nesse espaço de formação de pesquisadores, a fim de verificar o impacto real das atividades no contexto em que estão inseridos.

Suspeitamos que, além da formação de professores(as) comprometidos(as) com a dimensão ecológica, estamos formando profissionais capazes de favorecer cuidados aos educandos para realizar as adaptações necessárias ao seu desenvolvimento (GOMES-DA-SILVA, 2012, p. 26).

CAPÍTULO 9

JOGO TRADICIONAL E ESPORTIVO: PARA ALÉM DE SUAS RELAÇÕES DICOTÔMICAS

Rodrigo Wanderley de Sousa Cruz
Leys Eduardo dos Santos Soares
George de Paiva Farias
Pierre Normando Gomes-da-Silva

9.1 Introdução

Apresentamos aqui o Grupo de Trabalho Jogos Tradicionais e Esportivos – GT JTE, pertencente à linha de pesquisa Ecologias do Aprender Integrativo, do Laboratório de Pesquisa em Pedagogia da Corporeidade – Gepec/UFPB, que investiga e compreende as situações de movimento, especialmente o jogo (em nosso caso, os tradicionais e esportivos) como uma constituição do epicentro da aprendizagem.

O que nos concebe como grupo de trabalho que tem como foco principal investigar, intervir e produzir sobre os jogos tradicionais e esportivos é ter um segundo olhar sobre o tema. Porque o primeiro olhar é superficial, é senso comum. O segundo olhar é detalhado, subjetivo, nos impulsiona para compreender as ações durante as situações de movimento no jogo como prática de linguagens, produtoras de sentidos e significados para quem os vivenciam.

O GT Jogos Tradicionais e Esportivos (JTE) caracteriza-se pela ênfase nas situações de movimentação nos jogos tradicionais e esportivos. Ambos os jogos tem como características a situação motriz de enfrentamento codificado, de acordo com as instâncias sociais. No caso, o esportivo é institucionalizado (como o futebol), o tradicional não possui institucionalização (como a travinha). O grau de importância é o mesmo. São apenas âmbitos diferenciados de atuação.

Não é demais lembrar que o advento do esporte moderno, de acordo com o desenvolvimento industrial na Inglaterra no século XIX, tornou-se, na maior manifestação de expansão do século XX, de visível relevância social na história da humanidade e intimamente ligado ao processo cultural de cada época (TUBINO, 2006). Por outro lado, os jogos tradicionais não somente estão cada vez mais abandonados, como também são qualificados de jogos "inferiores", capazes – afirma-se – de ser preparatórios para os jogos ditos "superiores", ou seja, os esportes propriamente ditos (PARLEBAS, 2013).

Recentemente, em 2010, a Unesco mudou de atitude e decidiu inscrever os jogos tradicionais na lista das práticas do patrimônio cultural. Corroboramos que se fazia necessário preencher essa lacuna em torno da riqueza e do legado cultural depositado nos jogos tradicionais, longe de serem manifestações de menor valor ou manifestações inferiores (LAVEGA, 2013).

Nessa perspectiva, nossas investigações (pesquisas e intervenções), a partir do ano de 2006, se caracterizaram pela preocupação com as situações lúdicas de movimentos nos âmbitos da Educação Infantil (jogos livres) e do Ensino Fundamental I e II (Barra-bandeira, Baleado, Handebol, Badminton). Bem como dos filmes e documentários (Futebol e Basquete), lazer em praças públicas e praias (Futevôlei, Travinha, Baleado) e competições esportivas (Badminton, Handebol de Areia) como facilitadores de vivências e sistematizações investigados como sistemas dinâmicos, em cujo fluxo de informações ocorre uma produção de subjetividade, formando o ser em sua sensibilidade e concepção de mundo. Esses jogos destacados em parênteses compõem pesquisas já realizadas pelo GT JTE em diversos contextos e públicos.

Consideramos oportuno explicar sinteticamente os trabalhos, artigos, capítulos, monografias e dissertações que configuram o trajeto do respectivo grupo de trabalho, como um itinerário formativo do GT, oriundos da graduação, dos projetos de iniciação científica, da pós-graduação e intercâmbio acadêmico, que, de forma inconteste, subsidiaram (e subsidiam) os estudos em seu planejamento, intervenção e produção até o momento.

Doravante, objetivamos identificar a tendência dos hábitos dos jogadores nas situações de movimento nos jogos tradicionais e esportivos no que concerne a um ambiente que ocorra possibilidades em dada circunstância durante os jogos. A partir dessa identificação, podemos descrever as situações de movimentos tanto em suas relações comunicativas como na lógica interna estabelecida pelos participantes na estruturação dos jogos. A *posteriori* da identificação e descrição, partimos em direção de analisar as situações de movimento nos jogos criadas pela própria movimentação dos praticantes em dada circunstância vivida no tempo e no entorno. Destarte, temos como questão-problema norteadora de nosso GT: *quais os modos de agir dos jogadores nos jogos tradicionais e esportivos, relacionando suas distintas lógicas internas com suas significações existenciais?*

9.2 O jogo e as situações de movimento: a indissociabilidade do tradicional e esportivo

Entendemos as situações de movimento, especialmente o jogo, como uma constituinte do epicentro da aprendizagem (GOMES-DA-SILVA, 2001; 2005; 2006; 2011; 2012; 2014; 2016). Portanto, acreditamos que

> [...] as situações de movimento, sejam elas lúdicas [tradicionais ou esportivas] são compreendidas como um ambiente comunicativo em que ocorre percepção, interpretação e respostas coerentes com as possibilidades circunstanciais, sejam elas naturais e/ou culturais. O foco está na situação, no ambiente gerado pela movimentação com entorno, ou seja, os que se movem estão dispostos ao mundo, ao tempo, que o mundo está disposto, receptivo e convidativo ao mover-se (GOMES-DA-SILVA, 2014, p. 17).

Sendo assim, é imprescindível que os jogadores aprendam a tomar decisões que os ajudem durante o jogo a pensar em estratégias que facilitem sua comunicação com os companheiros e com os adversários no contexto em que estão inseridos (PARLEBAS, 2013; 2008; 2001; RIBAS, 2008; 2005), haja vista que "tomamos a experiência vivida como pivô para o conhecimento do mundo e para o autoconhecimento, demarcando como tarefa educativa primordial" (GOMES-DA-SILVA, 2014, p. 17).

Essas decisões, estratégias, comunicações, contracomunicações, contextos e experiências vividas independem se ocorrem num jogo tradicional ou esportivo, considerando que "todo jogo não é "tradicional" e todo jogo competitivo não é necessariamente um "esporte". [...] O esporte e o jogo tradicional representam práticas que é preciso não confundir" (PARLEBAS, 2013, p. 13-14).

Tomando essas reflexões, seguimos adiante com algumas indagações: por que a distância entre ambos os jogos no que concerne a sua vivência, se podemos uni-los por meio de seus significados educativos e culturais, como manifestações imprescindíveis para um sentir-agir-pensar do jogador? Por que a predominância de um em detrimento ao outro, se ambos são jogos? Por que a pormenorização de um em relação a outrem, se a complexidade das ações é semelhante? São questionamentos que instigam aprofundamentos da temática jogo, na esfera tradicional e esportiva, com vistas a uma problematização com fins pedagógico-cultural-existencial. Sobre essa reflexão categorial dos jogos, temos um quadro esclarecedor:

Quadro 7 – As duas grandes categorias dos jogos

JOGOS ESPORTIVOS	JOGOS TRADICIONAIS
Estão submetidos à autoridade institucionalmente reconhecida.	Vinculados a uma tradição de tempos passados.
São regidos por regulamento mais preciso, confiado e reconhecido.	Regidos por um corpo de regras flexíveis que admitem mudanças em função da vontade dos participantes.
Profundamente atrelados aos processos socioeconômico de produção e consumo.	Não dependem de instâncias oficiais. Ignoram os processos socioeconômicos.

Fonte: adaptação de Parlebas (apud RIBAS, 2002)

Em suma, conforme ideia de Parlebas, o jogo esportivo está vinculado a uma dimensão organizacional institucional que tem o objetivo de uniformizar regras e formas de participação. O jogo tradicional também possui regras objetivas, porém, dependerão do contexto para serem aceitas. Inclusive, poderão ser alteradas a qualquer momento (RIBAS, 2002).

O arcabouço teórico que embasou todo o trajeto do GT JTE é constituído por uma tríade que se comunica por meio da linguagem: a Semiótica do norte-americano Charles Peirce (2003) conjuntamente com a semiomotricidade ou Praxiologia Motriz, idealizada pelo francês Pierre Parlebas (2001) e a Pedagogia da Corporeidade, proposta pelo professor brasileiro Pierre Gomes-da-Silva (2011).

A semiótica é a ciência dos signos, uma teoria da significação, comunicação e cognição, que investiga as condições, processos e multiplicação dos signos. O signo está relacionado ao significar. Dizer signo, portanto, é dizer projeto de significação, informação, mediação e interação (PEIRCE, 2003).

A praxiologia motriz é teoria da ação motriz, que é considerada como unidade básica de análise. É a propriedade emergente que caracteriza os sistemas praxiológicos, portadores de uma relação estrutural que determina uma lógica interna singular para cada jogo. Por isso, a ação durante os jogos na perspectiva de desvelar a lógica interna da atividade independe de seus praticantes. A organização dessas ações é que forma a gramática do jogo (PARLEBAS, 2001; RIBAS, 2002).

A Pedagogia da Corporeidade é a matriz do pensamento, a partir da qual compreendemos o ensino-aprendizagem na educação física, partindo das situações de movimento. Trata-se de um conceito operacional que nos auxilia tanto na analítica da movimentação quanto na orientação pedagógica. Esse conceito oferece-nos uma dupla compreensão sobre a situação de movimento: campo de comunicação humana, formação humana existencial (GOMES-DA-SILVA, 2014).

Essa conexão entre as teorias reforça os princípios norteadores que argumenta e caracteriza o Lepec: nossa prática pedagógica e de pesquisa estão entrelaçadas nas pesquisas participantes, por meio das quais contribuímos socialmente. Por isso, inspirados em Gomes-da-Silva (2014) e Parlebas (2001), analisamos as situações de movimento tanto em suas relações comunicativas, lógica interna estabelecida pelos participantes na estruturação da atividade, quanto em relação à atmosfera que se desenvolve durante a vivência em suas multiplicidades: naturais, sociohistóricas, emocionais e arquetípicas.

A seguir, trataremos de explicitar o resumo das pesquisas realizadas pelo GT JTE durante o período 2006-2015, assim como os resultados das pesquisas realizadas, os estudos em andamento e possibilidades de publicação para o triênio 2014-2016.

Quadro 8 – Produções do GT JTE: projetos e publicações

Trabalho de Conclusão de Curso	Autor	Ano
O significado da linguagem nos jogos infantis: uma semiótica da corporeidade.	Rodrigo Wanderley de Sousa Cruz	2006
O drible no futebol brasileiro: uma análise da comunicação corporal	Djavan Anterio	2008
Os jogos vividos pelas crianças no espaço público do Conde-PB	Carlos Antonio Pontes Santos	2010
Dificuldades e potencialidades na implementação do badminton na escola pública	Carlos Vidal de Melo	2012
Gestemas e praxemas no badminton: análise da final individual feminina das olimpíadas escolares de 2011	Emerson Pereira de Souza Arruda	2012
Comunicação práxica no handebol de areia sob o olhar praxiológico.	Diego Moreira Costa de Oliveira	2012
Comunicação motriz nos jogos populares: uma análise praxiológica	Leys Eduardo dos Santos Soares	2013
Iniciação Científica (Pibic-Pivic)	**Bolsista – Voluntário**	**Ano**
"Os dribles dos jogadores nas copas e a inteligência cinestésica e comunicativa dos brasileiros"	Rodrigo Wanderley de Sousa Cruz	2006
"As composições coreográficas do drible dos jogadores da seleção brasileira em copas do mundo"	Djavan Anterio	2006

"A trajetória motriz do drible no futebol brasileiro: uma análise da comunicação corporal no século XX"	Djavan Anterio	2007
"Praxiologia motriz dos jogos tradicionais e a educação física"	Leys Eduardo dos Santos Soares	2010/ 2011
"A linguagem dos esportes de raquete e sua sistematização para o ensino da Educação Física Escolar: implementação do badminton na escola pública"	Carlos Vidal de Melo	2012
"As aprendizagens da comunicação motriz nos jogos praticados na praia: Praxiologia no handebol"	Diego Moreira Costa de Oliveira	2012
"As aprendizagens da comunicação motriz nos jogos praticados na praia"	Leys Eduardo dos Santos Soares	2013
Dissertação de Mestrado – Pós Graduação em Educação (PPGE/UFPB)	**Autores**	**Ano**
As aprendizagens interativas e cognitivas em jogos tradicionais/populares nas aulas de educação física	Rodrigo Wanderley de Sousa Cruz	2014
Artigos publicados em periódicos – Educação/ Educação Física	**Autores**	**Ano**
"A capacidade comunicativa corporal no futebol: uma análise semiótica dos dribles de garrincha e neymar" – Revista Piauiense de Saúde	Rodrigo Wanderley de Sousa Cruz; Djavan Anterio	2012
"A sistematização do handebol e as contribuições da praxiologia motriz nas aulas de educação física escolar" – Coleção Pesquisa em Educação Física	Diego Oliveira; Rodrigo Sousa Cruz; Leys Soares; Emerson Arruda; Pierre Gomes-da-Silva	2012
"Comunicação motriz nos jogos populares: uma análise praxiológica" – Movimento (UFRGS)	Leys Soares; Pierre Gomes-da-Silva; João Francisco Ribas	2012

"O Badminton nas aulas de Educação Física: um relato de experiência" – Coleção Pesquisa em Educação Física	Emerson Arruda; Rodrigo Sousa Cruz; Leys Soares; Djavan Anterio; Carlos Vidal de Melo George Farias	2013
"Descrevendo a corporeidade: implicações educativas a partir da ginga do brasileiro no futebol e na dança" – Educação (Rio Claro)	Pierre Gomes-da-Silva; Djavan Anterio; Guilherme Schulze Rodrigo Sousa Cruz	2014
"Interação e criação no jogo barra-bandeira: aprendizagem na perspectiva parlebasiana e winnicottiana" – Lecturas Educación Física y Deportes	Rodrigo Sousa Cruz; George Paiva Farias; Djavan Anterio Danielle Oliveira; Leys Soares; João Ribas; Pierre Gomes-da-Silva	2015
"Jogos livres na educação infantil: uma abordagem semiótica" – Kinesis	Rodrigo Sousa Cruz; Pierre Gomes-da-Silva; Eliane Gomes-da-Silva	2015
"Jogo tradicional-popular e aprendizagem: uma análise teórica das comunicações dos jogadores" – Revista Brasileira de Estudos Pedagógicos (RBEP)	Rodrigo Sousa Cruz; Pierre Gomes-da-Silva; João Ribas	2015
Capítulo de Livro	**Autores**	**Ano**
"Cinema nas aulas de Educação Física escolar: discutindo a temática da relação professor-aluno (Basquete)"	Rodrigo Sousa Cruz; Pierre Gomes-da-Silva	2012
Projeto de Extensão (Probex)	**Participantes**	**Ano**
"Prática esportiva na comunidade e formação de professores – (Badminton)"	Carlos Vidal de Melo; Emerson Arruda; Rodrigo Cruz; Pierre Gomesda-Silva	2011

Fonte: relatórios de pesquisa do Lepec

Após a apresentação desse quadro, visualizamos que o GT JTE vem mantendo uma interlocução entre ensino-pesquisa-extensão, em que todas as produções tiveram desdobramentos em novos estudos e publicações. A iniciação científica proporcionou a publicação de artigos. Alguns trabalhos de conclusão de curso foram solidificados por meio da vivência de intervenção em projetos de extensão. Uma dissertação de mestrado foi construída a partir de uma trajetória entre iniciação científica, trabalho de conclusão de curso e prática docente. Diante desse contexto, todas essas ligações denotam a preocupação do grupo com os jogos tradicionais e esportivos, respeitando suas diferenças, mas valorizando suas semelhanças e implicações pedagógicas e culturais.

Respeitar as diferenças e valorizar as semelhanças dos jogos nos conduz a um debruçar sobre as minúcias características de funcionamento desses jogos. O quanto pode suscitar intervenções pedagógicas para um aprendizado significativo dos educandos no que concerne aos múltiplos papeis assumidos nas experiências vividas pelos jogadores; nas relações com os demais jogadores (companheiros e/ou adversários); nos espaços que acontecem essas vivências e nos objetos utilizados para a mediação desses enfrentamentos codificados socialmente.

Inquietamo-nos com o modo de tratar o jogo tradicional e esportivo na escola, precisamente nas aulas de Educação Física, por compreender seu valor educativo, cultural na aprendizagem de quem joga. Evidente que há vários elementos compondo a situação, como, por exemplo, a forma como o jogo está sendo vivenciado (regras diretivas ou com variações); o campo do jogo (ginásio, pátio ou terreno); os objetos utilizados (forma, tamanho, textura e peso) e, principalmente, as ações dos jogadores durante o jogo (interação com os demais jogadores e com o meio).

Interessamo-nos pelo JTE na perspectiva de movimentos corporais, habilidades motoras, tarefas técnico-táticas, melhoria no rendimento cognitivo e motor, porque atentamos para experiência existencial do jogar para a qual o jogador é convocado a agir e interagir, ver-se formado e transformado, na medida em que forma e transforma a situação (GOMES-DA-SILVA, 2005; 2006; 2012).

Mais do que simples divertimento ou recurso pedagógico, compreendemos o jogo pela Pedagogia da Corporeidade (GOMES-DA-SILVA, 2011; 2014; GOMES-DA-SILVA et al., 2014) como uma produção de sentido, como crescimento e multiplicação de signos mediando os sujeitos com o mundo, portanto, uma prática de linguagem. Jogo é linguagem na medida em que é uma prática humana e social de demarcar, codificar e significar, resultante de inúmeras interações e ações na circunstância. A linguagem é assim a responsável por organizar as condutas motoras ao oferecerem uma significação do motor com o entorno. Sendo assim, a linguagem aqui não se restringe à codificação verbal, mas é a mediação, portanto, pode ajudar o jogador a melhorar sua prática.

Portanto, quanto mais a metodologia de ensino valorizar as problematizações das situações novas, mais interações, comunicações e linguagens serão produzidas no jogo. Assim, a Pedagogia da Corporeidade (PC) orienta os jogos nas aulas de Educação Física como produção de uma nova linguagem do movimento humano. Daí Gomes-da-Silva (2011, p. 89) asseverar que, "continuamente, no mover-se, formam-se novos nós de significação, novas aprendizagens, reorganizações do esquema-corporal". Com isso, geram-se novas estratégias, combinações, gestos, movimentações e novas tomadas de decisão durante os jogos. Por isso, a situação de movimento para a PC é o epicentro da aprendizagem, porque é nessa relação da movimentação dos jogadores com a dada circunstância que a produção de sentido, manifesta nas inventivas tomadas de decisão dos alunos (GOMES-DA-SILVA, 2014). A adaptabilidade do aluno no jogo se torna importante à medida que ele se adéqua a sua peculiaridade. Isso implica na oportunidade que os indivíduos possuem para resolver problemas, investigar e descobrir a melhor jogada; refletir e analisar as regras, estabelecendo relações entre os elementos do jogo (CARVALHO; OLIVEIRA, 2014).

Sendo assim, nossas intervenções e pesquisas com os jogos tradicionais e esportivos assumem, prioritariamente, um viés pedagógico-científico-cultural, pois adentramos no ambiente educacional com proposições com fins de novas aprendizagens e metodologias de ensino, ancoradas em teorias consistentes e analíticas. Seja na discussão da relação do treinador-atleta a partir de um filme para pedagogizar o basquete no ensino fundamental II (2012), assim como inovar pedagogicamente o jogo esportivo por meio do badminton nas aulas de educação física (2011). Compreender como o handebol é tratado na escola e, a partir disso, sugerir uma metodologia diferente (2012). Analisar o baleado e barra-bandeira como jogos tradicionais culturais e complexos no seu funcionamento, gerando novas decisões e leituras das ações dos companheiros e adversários, buscando novas soluções (2014). Descrever os jogos livres na educação infantil, categorizando as cenas, gerando indicadores semióticos, culminando em novas produções de linguagens nos jogos (2015). São exemplos de dicas e possibilidades que os professores podem se apropriar para sua prática pedagógica e ressignificá-la de acordo com sua conjectura educacional e intenções pedagógicas no que concerne aos jogos tradicionais e esportivos.

Dialogando com estudos de Sousa Cruz *et. al.* (2015); Sousa Cruz (2014); Sousa Cruz, Gomes-da-Silva e Ribas (2015); Sousa Cruz, P. Gomes-da-Silva e E. Gomes-da-Silva (2015), e Soares, Gomes-da-Silva e Ribas (2012), refletimos e percebemos que é possível os professores facilitarem aprendizagens comunicativas e cognitivas para os educandos na escola e no lazer, de vez que é no estar-junto lúdico, no fluxo interminável de relações entre os partícipes desse inesgotável mundo de possibilidades que se encontram os jogos tradicionais e esportivos.

9.3 Considerações finais

Intervimos e analisamos ao longo desse caminho investigativo diversos jogos a partir dos educandos da educação infantil ao fundamental II, atletas, jogadores no seu tempo livre, registros filmográficos e imagéticos, professores da rede pública e privada. Almejamos assim, ampliar nossas análises, número de jogos e jogadores, tipos de jogos, confrontando-os, vivenciando-os, em busca de um maior envolvimento no que concerne à importância do jogo tradicional e esportivo para experimentar as relações, tanto com os objetos, espaço e jogadores envolvidos, sejam companheiros, sejam adversários.

Uma de nossas metas é publicar cada vez mais em periódicos de impacto no mundo acadêmico para que nossas pesquisas não apenas contabilizem uma pontuação, mas que tenham relevância social e educacional. Que a difusão dessas investigações possa chegar aos mais diferentes contextos educacionais, possibilitando uma maior troca de experiências e análises com pesquisadores, professores, gestores, técnicos e discentes acadêmicos, buscando novas e diferentes respostas às nossas dúvidas e questionamentos no que tange aos JTE.

Mas, acima de tudo, retornar para os campos de intervenção com possibilidades de refletir e compreender o modo de agir dos jogadores, para que as relações envolvidas nos jogos possam ir além das questões técnicas, e sim comunicativas. Intencionamos manter a parceria com o Gepelf-UFSM, iniciada em 2012 com a publicação de um artigo em uma revista A2 na área de educação física e da mobilidade acadêmica realizada em 2013 na Pós-Graduação em Educação Física (área mestrado) e consolidada com a publicação de um artigo em uma revista de qualis B1 na área de educação em 2015.

Como dissemos, o que nos concebe, enquanto grupo de trabalho que tem como foco principal investigar, intervir e produzir sobre os jogos tradicionais e esportivos, é ter um segundo olhar sobre o tema. Porque o primeiro olhar é superficial, é senso comum. O segundo olhar é detalhado, subjetivo, nos impulsiona para compreender as ações durante as situações de movimento nos jogos como prática de linguagens, produtoras de sentidos e significados para quem os vivenciam.

A importância do segundo olhar dá-se na medida em que não tratamos o jogo tradicional e esportivo como uma forma de jogar por jogar, no cumprimento das regras já estabelecidas como o melhor tratamento pedagógico, pois essa simplificação impede a produção de algo muito maior, que é a linguagem do movimento humano. Criar novos espaços, novas formas de jogar, novas leituras dos gestos e ações, utilizar outros objetos (ao mesmo tempo preservando os aspectos etnográficos de um grupo), é remeter ao jogo novas configurações, é facilitar novas relações no ambiente do jogo. Percorrer esses trajetos cria uma ambiência criativa no âmbito escolar, tornando as experiências mais prazerosas, fazendo com que o jogo tradicional e o jogo esportivo sejam imprescindíveis para a formação pedagógica-cultural-existencial dos brincantes.

CAPÍTULO 10

JOGOS SIMBÓLICOS: JOGOS TEATRAIS E O PROCESSO DE APRENDER A TORNAR-SE UM OUTRO SER

Sara Noêmia Cavalcanti Correia

Pierre Normando Gomes-da-Silva

10.1 Introdução

Este capítulo tem como objetivo demonstrar as atividades realizadas no Grupo de Trabalho Jogos Simbólicos (GTJSi), pertencente ao Laboratório de Pesquisas em Pedagogia da Corporeidade (Gepec/UFPB), na linha de pesquisa Ecologias da ArtEducação Terapêutica, desenvolvidas no ano de 2015. Esse GTJSi relaciona-se inteiramente com a Pedagogia da Corporeidade, proposta por Gomes-da-Silva (2003/2011), que privilegia o jogo como cerne para o conhecimento do mundo e para o autoconhecimento.

Somos um grupo de trabalho, estudos, vivências e experimentações cênico-poético-lúdico-científicas. Objetivamos, neste anos de 2015, a vivência de jogos teatrais como possibilidade de gestar novos recursos de aprendizagens para as aulas em Educação Física, por meio da ação e compreensão da realidade, na qual é proposta a construção de uma situação de movimento estruturalmente diferenciada. Nessa circunstância, é possível a vivência de elementos da composição teatral capazes de proporcionar a construção e o convívio de personificações representativas do quotidiano, com as quais o jogo ficcional se nutre e expande-se como ferramenta didática para o uso do Profissional de Educação Física. É na criação cênica-poética de si, pensada a partir da saúde integrativa dos seres brincantes, que o jogo teatral se conecta com a Educação Física.

Entendemos como norte teórico-metodológico a *Pedagogia da Corporeidade*, de Gomes-da-Silva (2011), que percebe o jogo como linguagem e produção de conhecimento. Nossos objetivos específicos são: vivenciar processos de colaborações criativas com os elementos dramáticos em aulas de Educação Física e produzir contextos reais em que seja possível atuar composições de ações ficcionais com o intuito de gerar processos de aprendizagens específicos dentro das aulas de Educação Física.

Elegemos a situação de movimento como forma de exposição do modo de se comunicar dos seres presentes no ambiente, modo este fonte de semiotização e subjetivação de si nas diversas interações com o mundo. Para isso, o professor/facilitador deverá ser capaz de compor e reger uma situação de movimento capaz de envolver os seres no contexto lúdico ficcional, bem como ativá-los para estarem em um estado de presença no "Aqui e agora", a fim de favorecer as condições necessárias específicas para este brincar.

Sob a perspectiva da percepção e integração do ser o GTJT propõe investigar as Zonas de Corporeidade (ZC) emanadas pelos seres brincantes nas Situações de Movimento (SM) durante o jogo teatral. Imersos na *Pedagogia da Corporeidade* e envoltos em seus transbordamentos, somos enraizados pela tese *A cultura do jogo e o jogo da cultura: por uma semiótica da corporeidade*, de Gomes-da-Silva (2011), pelo fato de nos oferecer subsídios conceituais e teórico-metodológicos suficientes para a composição de propostas de aprofundamento e pesquisas envolvendo o jogo e o particular entendimento acerca da corporeidade.

Nos ancoramos pela Resolução nº. 287 de 8 de outubro de 1998, do Conselho Nacional de Saúde – CNS (2013), que reconheceu a educação física como profissão da saúde de nível superior, que juntamente com outras categorias profissionais pode desenvolver atendimento individual e interdisciplinar na promoção, proteção e recuperação da saúde.

A Resolução nº. 046/2002 do Conselho Federal de Educação Física – Confef (2013) destaca também a atuação do Profissional em Educação Física (PEF) no processo de reabilitação, admitindo academias, clínicas, centros de saúde e hospitais como locais de intervenção. Por meio da Portaria nº 154 de 24 de janeiro de 2008 do Ministério da Saúde (MS), o PEF foi inserido nos Núcleos de Apoio à Saúde da Família (Nasf), sendo integrado à equipe de profissionais da área da saúde que atua no SUS (Sistema Único de Saúde).

A atuação dos PEF como parte de uma equipe multidisciplinar indica que esse profissional pode atuar na melhoria de fatores como qualidade de vida, prevenção de doenças, reeducação de hábitos e de estilos de vida, promoção da saúde e reabilitação de pacientes em diversos tratamentos. Estando assim de acordo com as atribuições destinadas ao PEF pelo Ministério da Saúde (2008), Confef (2002) e CNS (1998).

Dessa forma, o profissional de Educação Física surge no cenário dos estudos em saúde como um elemento colaborativo fundamental no tratamento e na promoção de mecanismos de enfrentamento, no sentido de se tentar ajudar indivíduos enfermos ou em reabilitação de determinada condição não saudável, a atravessar a situação de doença, ou até mesmo a aprender a conviver melhor com ela, como no caso dos alcoólicos, estando ou não institucionalizados, com mais benefícios que prejuízos, passando então a enxergar ou até criar, inclusive, aspectos positivos dessa circunstância.

Dentro desse contexto, o uso dos jogos teatrais surge como mecanismo de se trabalhar a comunicação corporal desses participantes, a fim de promover a saúde, não apenas no que se refere a aspectos paliativos e redução de danos, mas também no sentido de se tentar ajudar a criar mecanismos de convivência e enfrentamento do alcoolismo no contexto diário, fazendo com que esta situação não seja somente de angústia e desespero, mas também rica em conteúdos a serem semiotizados e ressignificados, contribuindo para a saúde do ser jogador, do brincante, no sentido amplo do termo.

10.2 Plano Epistêmico

Entendemos como norte teórico-metodológico e que nos inunda de possibilidades perceptivas e criativas a Pedagogia da Corporeidade, de Gomes-da-Silva (2011); a partir de sua Aula-laboratório unida ao Jogo Teatral de Improviso, pelo método do Fichário da Viola Spolin (2012). Considerando a Pedagogia da Corporeidade e seu modo pedagógico de organização didática, surge o nosso problema de pesquisa: que efeitos os Jogos Teatrais apresentam sobre aspectos da saúde mental de seus jogadores durante as ações, inações e interações criados por meio do improviso, e como esses efeitos influenciam o modo de perceber bem-estar em si e nos outros.

Nossa investigação de pesquisa recai sobre a) a maneira de perceber-se integrado, atento e perceptivo com a vida, enquanto jogador, e b) como, ao praticar tais jogos, conjuntamente às análises avaliativas em cada partida, identificar-se com a produção de bem-estar e suas possíveis adaptações e/ou modificações.

Pensar a corporeidade é compreender as práticas corporais como obras da cultura (códigos sociais) e do inconsciente (atitudes corporais), a partir do movimentar-se humano como linguagem, considerando o aspecto estético e o aspecto sensível de sua ordenação, para apreender seus arranjos narrativos, organizadores da compreensão de si, do outro e do mundo em que se está envolvido (GOMES-DA-SILVA, 2011; 2014a).

Destarte, é possível pensar a corporeidade em termos pedagógicos, no sentido de proporcionar ao processo educativo vivências, situações contextuais significativas para que os sujeitos da aprendizagem possam elaborar novas configurações de vida, mantendo o senso e o permanente desenvolvimento de si mesmo.

O método por nós trabalhado é formado por um fichário, composto por três sessões: A, de cor azul; B, de cor amarela; e C, de cor laranja e preta. Existe uma organização estrutural contida em todos os jogos: Foco, Instrução e Avaliação, com os quais se desenvolve o aprendizado das estruturas dramáticas: o "Quê" (atividade em ação); o "Quem" (personagens e relações entre eles); e o "Onde" (lugar fictício ou ambiente criado no jogo). A sessão C reúne jogos e exercícios mais complexos e de construção de cena (KOUDELA, 1998; SPOLIN, 2012b).

O jogo teatral dessa estrutura acontece em pequenas partidas, nas quais os brincantes expressam ações orientadas em virtude do foco. "Foco é uma pausa, ponto de partida para tudo" (SPOLIN, 2012b, p. 22), atribuído pela ficha de jogo ou pela demanda interna (problema) atribuída à temática da partida, que propicia atenção física para a ação. Corresponde ao que o participante terá que solucionar, ou seja, fiscalizar ou mostrar em cena, possibilitando a criação de circunstâncias novas de movimento. Fiscalizar, para Spolin (2012b, p. 17), "refere-se à capacidade dos jogadores de tornarem visíveis para observadores do jogo teatral objetos, ações e papéis sem o uso de qualquer suporte material (figurinos, adereços, cenografia etc.)". Já o problema é "o objeto do jogo que proporciona o foco" (SPOLIN, 2012b, p. 22), por isso, o fichário de Spolin (2012b, p. 48) diz que "manter o Foco desperta a energia necessária para jogar" e descobrir as próprias potencialidades.

Spolin (2012b, p. 29) explica que "quando é dado um Foco, os jogadores experimentam bem-estar. A mente que divaga, preocupada em assumir atitudes, é focalizada, ocupada, trazendo harmonia para o organismo no ambiente". Segundo Koudela (1998), Santos, Oliveira e Souza (2013), aprende-se no jogo teatral a ser "parte do todo". Isso acontece quando diferenças e similaridades são respeitadas, existindo diferenças a serem consideradas, adquirindo todos, assim, a responsabilidade, em comum acordo, por sua "parte no todo", formando uma espécie de parceria entre o grupo de jogadores (SPOLIN, 2012a).

Nos jogos que trabalham com o foco na construção de ações que são divisões de uma ação maior, o jogador experimenta um estado de alerta, sentido de pertencimento e conexão (SPOLIN, 2012a). Nestes, as possibilidades de transformações vão sendo geradas por meio da maneira como o jogador se integra ao grupo, emanado pela corporeidade exposta em cena, intensificado por suas trocas energéticas. A partir desse movimento de trocas, nasce uma nova criação chamada por Spolin (2012a) de *transformação*, mas ela só aparece e se mantém se os jogadores permanecerem dentro do Foco.

Gomes-da-Silva (2011), por sua vez, analisou a cultura do jogo descrevendo suas características estéticas, éticas e lógicas na conduta lúdica, concluindo que ele é o campo da experiência perceptiva que favorece a reinvenção do real, devido à provocação da sensibilidade para com o mundo e a cognição criativa. O que se quer dizer é que, quando o jogador está absorto pelo jogo, ele age respondendo a apelos emocionais internos, recorre a hábitos e pensa numa lógica para além das necessidades reais (GOMES-DA-SILVA, 2011). Nos jogos teatrais, esse mesmo jogador responde também a apelos circunstanciais e coletivos, pois a cena editada pelo jogo é uma construção a depender de partes realizadas por todos, de modo que, com a interferência de outrem, o jogo passa a ser um eterno diálogo aberto, no qual há a possibilidade de "discussão corporal" e construção de qualquer temática.

Para criarmos essa situação de movimento, envolvendo os pressupostos da PC e do jogo teatral, nos utilizamos da ALPC, que nada mais é do que uma estruturação de aula, criada a partir da PC, que se utiliza da semiótica peirciana. Essa estruturação de aula-laboratório, vem sendo desenvolvida pelos diferentes GTs do Gepec, em projetos de ensino, pesquisa e extensão (Prolicen, Probex e Pibic), como princípio pedagógico das pesquisas nele desenvolvidas.

A estruturação dessa aula está centralizada no jogo, compreendido como mais do que um conteúdo da Educação Física: é uma experiência criativa de interagir com o entorno e consigo (GOMES-DA-SILVA, 2011). É uma ação privilegiada, sobre a qual todos os níveis da aula estão intercambiados, viabilizados e integrados. Entendemos o jogo como despertador de interesse e curiosidade, como situação-problema sensório-motora (GOMES-DA-SILVA, 2011; 2015; 2016).

A ALPC constitui-se de uma estruturação semiótica triádica, porque percebe a constituição da relação sígnica codependente de três momentos interligados, interdependentes e inter-relacionados entre si, que fundam a situação de aprendizagem gestada durante a aula (MERRELL, 2012). Nessa configuração estrutural de aula existem três momentos distintos, com os quais o professor pensa a formação de uma ambiência educativa. Assim, entendemos que a aula é e está no processo de semiose. Semiose compreende-se pela ação ininterrupta que os signos possuem de gerar novos signos (SANTAELLA, 2007) ou o "processo de os signos virarem outros signos" (MERRELL, 2012, p. 15). Signo – vale reiterar – é tudo aquilo que contém uma relação triádica genuína formada por algo que o represente – *representamen* –, algo ao que essa representação se referirá – seu objeto –, e algo que a dupla relação signo-objeto determina – seu interpretante –, o qual é também resultante da determinação do signo (SANTAELLA, 2002; 2004). Por estarmos atentos a esse ininterrupto processo, a ALPC se torna produtora de significação e mediadora de conhecimento.

10.3 Plano de intervenção

Trata-se de uma proposta de vivência em formato de oficina que mescla Jogos Teatrais aliado à Pedagogia da Corporeidade. Tomando como princípio que todos são aptos a atuar, desde que desejem, pensamos para este momento singular a experimentação do jogo teatral como uma proposta de intervenção pedagógica do GT, mas possível de ser replicada pelos professores de EF, desde que estejam presentes no "Aqui e agora" e "Atentos para" o que está sendo requerido pelo ambiente. Atentamos ainda para as questões relacionadas à Saúde Mental, por meio dos temas e ações exigidas como material para gênese do improviso durante a sessão de jogo, bem como o uso de instrumentos de produção de significação.

Essa oficina faz parte das ações do Grupo de Trabalho Jogos Teatrais, estudos, vivências e experimentações cênico-poético-lúdico-científicas: o (GTJSi), o qual pertence ao Lepec/UFPB, na linha Pedagogia da Corporeidade e sublinha de Educação/arte/saúde integrativa e se apresenta como uma proposta de intervenção pedagógica do GTJSi, possível de ser replicada pelos professores de Educação Física.

Objetivamos a vivência do Jogo Teatral como possibilidade de ação por meio da colaboração no processo de criação na construção de uma situação de movimento, onde seja possível a vivência dos elementos dramáticos, com as quais o jogo teatral se nutre. Acreditamos que proporcionar um convívio de personificações representativas do quotidiano, bem como de novas formas representativas de ser, agir e compreender a realidade pessoal, por meio das ações ficcionais improvisadas, possibilita a reflexão acerca de si e sua reconfiguração. Pensamos sempre em direção à conexão com o processo de ensino-aprendizagem e de colaboração na criação cênica-poética de si, pensada a partir da saúde integrativa dos seres brincantes.

10.4 Metodologia

Nos fundamentamos na estrutura semiótica de aula advinda da Pedagogia da Corporeidade de Gomes-da-Silva (2011), qual possui três sequências respectivas: Sentir, Reagir e Refletir, com a qual nos conectamos à estrutura de jogo advinda do Fichário da Viola Spolin (2012), que contém o Foco, a Instrução e a Avaliação como elementos regentes.

Com essa forma de pensar a sessão de jogo entendemos que há a possibilidade de semiotização e subjetivação na experiência vivida por seus participantes, bem como dos elementos dramáticos, necessários à vivência do jogo teatral. Compreendemos semiotizar como perceber, compreender e se conscientizar acerca do que acontece em torno do espaço, e se organizar para agir a partir dos estímulos presentes no ambiente (GOMES-DA-SILVA, 2014).

Esse modo de intervenção pedagógica teve como objetivo proporcionar breves vivência cênicas a partir da colaboração na criação surgida entre os participantes, tendo como norte as coordenadas dadas durante o jogo somadas ao enredo pensado pelos jogadores.

10.5 Resumo das atividades

No primeiro momento, do SENTIR, houve uma roda de apresentações pessoais. No segundo momento, do REAGIR, jogamos o jogo dos nomes, chamado "Quem ouve seu nome bate; quem apanha fala um outro nome, e quem erra sai". Esse jogo acontece da seguinte forma: em duplas, um de olhos fechados, enquanto o outro guia. Um momento de livre improviso musical dançado ocorreu com o propósito de liberar os corpos pelo espaço até que formassem figuras/posturas falantes. Depois, o segundo jogo: "O que faço com" (Ficha A66 adaptada).

Sugerimos então as seguintes coordenadas: 1) aparecer, 2) se deslocar, 3) usar o coreto, 4) usar a voz/cantarolar/conversar, e 5) mostrar um fim para realizar o seguinte Foco: improvisar com quem está em cena completando sua ação.

Nesse momento houve avaliações das cenas. No momento do REFLETIR houve a representação do aprendido em forma de Desenho/Pintura. Em seguida, verbalização pessoal acerca do vivido.

Nossas intervenções estão sendo realizadas comunidades terapêuticas de recuperação para Dependentes Químicos, como a Fazenda da Esperança, em Alhandra (Km-106 da BR-101), ambos no estado da Paraíba, Brasil. Ademais, já realizamos visitas com vivências lúdicas no CAPS-ad III e em grupos de Alcoólicos Anônimos, ambos na cidade de João Pessoa. Pretendemos ainda intervir em outros espaços comunitários em que seja possível intervir.

Essa oficina foi vivida por professores e estudantes da graduação em Educação Física. Acreditamos que a estrutura da aula induz a um estado de semiose no qual o jogador precisa estar aberto para absorver as proposições exigidas pelo jogo, deixar-se entregue para que novas ações surjam espontaneamente, e estar apto a contemplar ações criativas adversas a sua proposição ao mesmo tempo em que pode interferir em seu andamento.

Vale ressaltar como parte limitante o curto espaço de tempo possível para o desenvolvimento de uma atividade dessa natureza, que requer o alcance de um estado sutil de percepção e proposição de manifestação de ações físicas representativas de uma ordem ficcional a qual varia, em média, em torno de quatro a cinco horas, e não duas horas, como proposto.

10.6 Pesquisas em andamento

Temos o objetivo de mapear efeitos que os jogos teatrais produzem entre alcoólicos, dependentes químicos e adictos residentes do Estado da Paraíba, em relação a Satisfação com a Vida. Trata-se de pesquisa do tipo participante, de abordagem quanti e qualitativa. Os resultados a que chegamos até agora foram que: 1) os jogos teatrais criam uma *Zona de Corporeidade* favorável a novas aprendizagens em relação ao autoconhecimento; 2) os índices de satisfação com a vida apresentaram-se dentro da média esperada para uma população americana (≥ 15); e 3) os três níveis semióticos de apreensão do conhecimento foram alcançados: a percepção da circunstância e o envolvimento com o foco durante os jogos propostos ao nível do sentir; as resoluções de problemas enfrentados ao nível da ação; e as produções de pinturas icônicas representativas do vivido, conjuntamente com as verbalizações simbólicas acerca do que se foi experimentado, ao nível da reflexão.

Contamos com uma pesquisa de mestrado, em andamento, acerca dos Efeitos dos Jogos Teatrais na Satisfação de Dependentes Químicos Internos em Comunidades Terapêuticas com a Vida. Contudo, nos interessamos por temas que envolvam o processo educativo, por meio do uso do Jogo Teatral em variadas circunstâncias e públicos, para a manutenção e melhora da saúde mental.

Executamos ainda coleta, organização, armazenamento, preservação e manutenção do Banco de Dados das pesquisas executadas relacionadas ao GTJT.

10.7 Publicações

Estabelecemos um calendário periódico de submissões de escritos científicos, exemplificado a seguir:

Quadro 9 – Produções do GT – jogos teatrais

ARTIGOS	REVISTAS	RESULTADOS
"O jogo da cultura e a cultura do jogo: por uma semiótica da corporeidade" (Resenha do livro)	Rev. Saúde	Apresenta os principais conceitos em torno da maneira didática de compreender e planejar aulas sob a ótica da Pedagogia da Corporeidade.
"Efeitos de um programa de jogos teatrais em aulas de educação física para dependentes químicos"	Rev. Bras. de EF USP	Apresenta resultados parciais acerca da aplicação de um programa piloto de jogos teatrais para participantes alcoólicos.
"Efeitos de um programa de jogos teatrais em aulas de Educação Física sobre o Bem-estar Subjetivo de dependentes químicos"	Rev. de Educ. FísicaUEM	Apresenta os efeitos que um programa de jogos teatrais provocou em dependentes químicos investigados.

Fonte: relatórios do Lepec

10.8 Considerações finais

Cremos na relevância social e acadêmica a que se propõe o GTJT. Primeiro porque nos esforçamos em unir a Educação Física e a Educação, nos inserindo em investigações que alcancem um público específico, pouco ou quase nunca escolhido pelos profissionais da educação física: os Dependentes Químicos, sobretudo os jovens, auxiliando-os na reorganização dessa codependência. Segundo, pela possibilidade de produção do conhecimento na área da Educação Física, por meio do esforço em articular essa macro área com a saúde mental (satisfação com a vida) e com a arte (teatro). E terceiro, pela oportunidade em ofertar a vivência de uma nova prática pedagógica – a Pedagogia da Corporeidade, a qual considera categorias da semiótica pierciana (sentir, agir, refletir), no olhar atento e perceptivo das investigações desenvolvidas dentro da Educação Física pelo Lepec, e sobretudo porque agrupam campos do conhecimento que se inter-relacionam com o movimento humano.

CAPÍTULO 11

BRINCANDO CAPOEIRA NA RODA DOS SABERES: O VIVER CRIATIVO EM MOVIMENTOS ESPIRALADOS

Djavan Antério Mariana Fernandes

Pierre Gomes-da-Silva

11.1 Introdução

Este capítulo é um convite à brincadeira. Brincando de roda, apresentamos nas próximas páginas um movimento de intenso fazer criativo, em meio a iniciativas que tocam a experiência, a curiosidade e a possibilidade configurativa do *Ser Brincante*. Tratamos em desvestir o UCA, Universo Capoeira Angola, Grupo de Trabalho (GT) nascido em raízes fortes, num laboratório que singulariza uma forma de pensar e atuar na educação, elegendo o jogo como pivô do ensino-aprendizagem. Em dez anos de história, o dantes nomeado de "Laboratório de Estudos e Pesquisas em Corporeidade, Cultura e Educação", hoje Grupo de Pesquisas em Pedagogia da Corporeidade (GEPEC) é o terreno fértil deste e de outros GTs que empenham esforços de experimentação e produção de evidências de numa teoria pedagógica reveladora: a *Pedagogia da Corporeidade* (GOMES-DA-SILVA, 2003; 2011). Desse modo, apresentamos perspectivas conceituais que descrevem a potencialidade ecoeducativa da capoeira como dispositivo lúdico, bem como os saberes tradicionais inerentes a roda deste jogo tradicional (HUIZINGA, 1992;; GIBSON, 1986; ABIB, 2007).

Envoltos às circunstâncias diversas, configuramos nosso modo de ser no mundo a partir daquilo que julgamos assertivo ou equivocado.

Essa dicotomia clássica nos impele a reagir na vida construindo formas de relacionamento e interação muitas vezes alheias ao que realmente nos é saudável. E saúde, nesse sentido, recebe um significado diferenciado.

Seguindo a compreensão apresentada por Winnicott (1990), somos mais saudáveis quando vivemos criativamente. Viver então significa encontrar sentido nas coisas mesmas, sendo e sentindo-se real com elas. Já a criatividade, segundo o autor, trata-se de "um fazer que emerge do ser", ou seja, advém do cerne daquele que se encontra vivo e ativo no mundo.

Avoando em asas da "livre filosofia", estamos no mundo tal qual o mundo está para nós. Nessa relação dialética e existencial, cabe ao íntimo do ser perceber-se ativo no ambiente a partir das informações lançadas por este (GIBSON, 1986), ciente que cada momento é uma oportunidade de se renovar, reconfigurar, evoluir. Esse amadurecimento se potencializa quando tomamos consciência de que somos incompletos, curiosos, mutáveis no tempo, ativos e criativos (FREIRE, 1999; ALVES, 1985; HEIDEGGER, 2000; WINNICOTT, 1975).

Seria simples se não "complexificássemos" tanto. Acompanhando uma lógica sociocultural arquitetada à revelia das necessidades comuns à própria natureza, somos conduzidos a acomodações dentro de parâmetros culturais preestabelecidos, muitas vezes incompatíveis a nossas necessidades individuais reais. Tal condução, privilegiante e segregativa, vai nos moldando em blocos, massas a serem manobradas. Pouco a pouco somos anulados, enfraquecidos, para que não possamos perceber a forma atirada que estamos no mundo (GOMES-DA-SILVA, 2011). É gerado em nossas ações um "fazer por reação" em detrimento de um "fazer por impulso", que conforme nos alerta Gurfinkel (2016), representa uma interferência dos padrões básicos de um viver criativo.

Sermos criativos implica usufruirmos da liberdade, que na concepção de Winnicott (1990) seria engendrada pela experiência subjetiva significativa, onde o ser (si-mesmo) se sinta engajado numa relação com o meio e os objetos que nele se encontram, mas também com as outras pessoas. Desse modo, poderíamos fomentar relações de reciprocidades, onde cada ser fosse participe na construção originária de um mundo acessível ao usufruto consciente e sustentável.

Nesse jogo constante da vida, em razão de sermos por demais racionais, acabamos boicotando nossa própria existência numa infindável competição com nós mesmo e com os outros com quem nos relacionamos. A disputa, nesse sentido, revela-se dura, no cerne de sentimentos, sensações e sofrimentos profundos. O ego é acionado, e com ele toda uma carga afetiva e emocional que imprime no ser percepções egocêntricas (FREUD, 1978; LOWEN, 1980).

A teoria da psicanálise, herdada de Freud (1978; 1980), apresenta a tese de que tudo que vivemos posteriormente à infância é reflexo do experienciado nesta fase da vida. Ou seja, somos hoje o que fomos (ou deixamos de ser) ontem. Nesse sentido, o tempo estaria em movimento espiralado e não retilíneo, já que compreendendo o passado podemos melhor (re)agir ao presente para fazer diferente o futuro (HEIDEGGER, 2000).

Compreender tais proposições requer uma abertura de mente em contraponto ao que se tem instaurado pela própria cultura nossa, ou melhor, aquela que comumente nos é imposta. Não somos educados para sentir, perceber, avaliar, pensar, refletir, gozar. Somos modelados para determinados fins, distantes de nosso bem-estar, de nossa saúde, da possibilidade de tornarmo-nos seres sabiamente individuais (JUNG, 1982).

Somos radicalmente condicionados a reagir às necessidades impostas por outros interesses. Neste pensar, educa-se para o trabalho, para o progresso, para a produção. De lado fica o sensível, o criativo, a tolerância, o espírito altruísta, o fazer em comunhão. Alimenta-se violentamente uma tensão sem fim, do ser consigo e com o mundo no qual está imerso. Vale frisar que a tensão em si não é o problema; ela é uma equilibração inerente ao viver (PIAGET, 1978). O delicado está na forma como podemos assimilar as tensões da vida, encontrando caminhos de libertação para um melhor viver.

A repercussão de todo esse movimento, *a priori*, atinge o ser em sua essência, sua autonomia, sua potência em viver criativamente. Falta fôlego, paciência, vigor. O medo se revela grandioso, maior que qualquer possibilidade de superação (LOWEN, 1980). A ansiedade é alimentada sorrateiramente, ocupando espaços onde deveria haver puro oxigênio. Nesse nível, o ser se joga em atiramento (GOMES-DA-SILVA, 2003/2011), produzindo nada além daquilo que lhe é exigido por fora, por forças e vontades externas, distantes daquilo que de fato poderia realizá-lo em felicidade. A partir daí, em vez de pensarmos no que somos e o que podemos ser, pensamos naquilo que temos e o que podemos ter.

A comparação infla a competição instaurada, e assim fica cada vez mais difícil percebermos que podemos ser melhores para nós mesmos e, consequentemente, melhores para os outros e para a natureza.

Como dissemos, é nessa pisada que caminha o UCA, *Universo Capoeira Angola*, GT nascido em raízes fortes, num laboratório que vem singularizando uma forma de pensar educação elegendo o lúdico como pivô de aprendizagem. Em dez anos de história, o *laboratório de Pesquisas em Pedagogia da Corporeidade* (Gepec) é seio primário deste e de outros GTs que empenham esforços numa teoria pedagógica reveladora: a *Pedagogia da Corporeidade*.

Com um forte apelo filosófico existencial (HEIDEGGER, 2000), o grupo vem descobrindo seu campo de atuação no fazer continuado, por meios de ações que contemplam o "experimentar criativo" e sua potência de produção orgânica e espiritualizada. Elegendo o lúdico como pivô de assimilação do vivido, uma vez ser no brincar que vivemos o presente em plenitude (GOMES-DA-SILVA, 2016), no Lepec se é traçado articulações com áreas de conhecimento que vai da Antropologia à Arte, porém com forte incidência no campo da Educação. O UCA segue esse movimento aproximando-se de preceitos e fundamentos da cultura popular e todo seu universo *griô* (saber de tradição). De maneira mais específica, elege como fonte de saberes existenciais um jogo de tradição ancestral: a *Capoeira Angola*[26] e sua roda de saberes.

Este capítulo representa a oportunidade de explicitarmos as principais ações desenvolvidas pelo UCA/Lepec. Pensando assim, organizamos três momentos para expor o que vem sendo realizado. Começamos

---

[26] Atualmente, duas fortes correntes podem ser identificadas na capoeira: a Capoeira Regional, criada por Manoel dos Reis Machado (Mestre Bimba), em meados do século XX; e a Capoeira Angola, conhecida também como Capoeira Mãe, a qual se tem notícia desde antes da abolição da escravatura e conta, como maior representante, com Vicente Ferreira Pastina (Mestre Pastinha). Segundo Falcão (2014), outras derivações ou inovações se fazem presentes neste contexto, tais como: capoeira contemporânea, soma-capoeira, hidrocapoeira etc.

lançando algumas impressões primárias, aprofundando o modo como pensamos ciência, corporeidade, lúdico, viver criativo, consciência ecológica. Fazemos trazendo pra roda mestres em quem nos ancoramos para refletir, teorizar e poetizar. Tratamos das iniciativas centrais de atuação do UCA e como estes funcionam no processo de ramificação de suas diferentes iniciativas: (i) sessões de experimentação criativa; (ii) extensão universitária e parcerias com instituições socioeducativas, formais e não formais; (iii) produção e difusão de conhecimento. Por fim, tecemos algumas considerações projetando a visão de mirada nas próximas curvas e encruzilhadas por onde a vida nos leva a brincar.

11.2 Impressões primárias de um fazer por impulso

No Lepec um grande guarda-chuva encontra-se constantemente aberto. De forma que faz parte da dinâmica compreender os modos de sermos em movimento. A corporeidade então protagoniza um importante papel, trazendo para si a atenção naquilo que corresponde um modo de ser mais sensível e integrado ao meio. Essa corporeidade a que se refere o Lepec surge com um conceito singular, "matriz do pensamento", a partir da qual se compreende o ensino-aprendizagem a partir das situações de movimento (GOMES-DA-SILVA, 2014, p. 17).

Colado a esse conceito, o lúdico também aparece em posição de destaque, compreendido como "lócus educativo privilegiado", por consistir numa ocupação do tempo onde o jogador é por inteiro absorvido, interagindo e criando em comunicação com o entorno. Daí sai o entendimento de *Ser Brincante,* um "modo de presença, de habitar o espaço/tempo estando imerso, atento, perceptivo e ativo na circunstância dada". A conduta lúdica, fundamenta Gomes-da-Silva (2014, p. 157), "nem é do controle, nem da submissão, mas da unidade experimentada na absorção do jogar".

Por estarmos configurados como um grupo que prioriza o sensível, atuantes no compromisso de estudar e pesquisar formas e modos de ser com os outros e a natureza, inclinamos nossos propósitos criativos ao âmbito da educação, no sentido de ampliar o conhecimento acerca de determinados saberes e suas difusões nos mais diferentes processos de ensino e aprendizagem. Tornar-se necessário, portanto, esclarecermos nosso entendimento de ciência, bem como os teóricos que nos ancoramos e os conceitos que impulsionam nossa caminhada. Explicitaremos nesta parte os principais temas que vem despertando em nós curiosidade, interesses, inquietações, enfim, o desejo e a disponibilidade do fazer por impulso. Para que possamos melhor dinamizar a compreensão daquilo que vem sendo pesquisado pelo UCA/Gepec, apresentaremos alguns dos principais teóricos que estudamos. Faremos isso elencando os conceitos que elegemos como estruturantes para o grupo: ciência (ALVES, 1999), corporeidade e lúdico (GOMES-DA-SILVA, 2011; 2014; 2016), viver criativo (WINNICOTT, 1975), percepção ecológica (GIBSON, 1986).

Acerca do entendimento de ciência, recorremos aos trançados de Rubem Alves, que, remando em sentido contrário ao que se tem posto na maioria dos espaços acadêmicos científicos, fundamenta a ciência como "um refinamento de potenciais comuns a todos". Nesse sentido, a ciência pode estar na feitura de um bom piano, mas também na habilidade de comprar alimentos numa feira livre. Não à toa, a atmosfera da feira livre já foi campo de nossas pesquisas, quando analisamos os brinquedos artesanais vendidos nestas e suas representatividades socioculturais (ANTÉRIO; GOMES-DA-SILVA, 2012).

Para Alves (1997), a ciência está em tudo, e não somente em salas de aulas ou em laboratórios munidos de ferramentas e equipamentos. Sustentando tal entendimento, somos favoráveis à ciência experimentada, vivida, sentida na eclosão das sensações. Por sua vez, a aprendizagem da ciência se torna um processo de desenvolvimento contínuo e progressivo do senso comum. Assim, ciência pode se dar por meio da possibilidade de refinar a compreensão acerca de algo a partir de experiências vivenciais que o próprio ambiente no qual se está inserido proporciona (GIBSON, 1986). Ou seja, situamos também na interação que temos uns com os outros e com o ambiente, a possibilidade de fazer e sentir ciência.

Fiel à compreensão extensiva que há no "sentir ciência", o UCA/Lepec se projeta em teorias que amplificam o potencial criativo do ser que se disponibiliza ao lúdico. Por isso, ao falarmos em apreender a ciência por meio da interação, pensamos na relação intersubjetiva que temos uns com os outros e com o meio. Daí dedicarmo-nos ao estudo da corporeidade e sua configuração com o mundo. Fazemos isso à luz da teoria educacional já citada anteriormente, a *Pedagogia da Corporeidade* (PC), de Gomes-da-Silva (2011), na qual "o jogo é considerado uma situação de movimento privilegiada para a aprendizagem existencial do *Tornar-se Brincante*". Esse ser, concreto e específico, compreende um modo de existir, segundo Gomes-da-Silva (2016, p. 157), acessível a qualquer idade, classe social, cultura ou gênero, por corresponder a uma maneira criativa de interagir com o mundo desde a primeira infância.

Na PC, o jogo caracteriza-se como um lócus educativo privilegiado, pois consiste numa ocupação do tempo que absorve o jogador, mantendo-o num modo de interação criativo com o contexto ao qual está implicado. *Tornar-se Brincante*, portanto, esclarece Gomes-da-Silva (2016), trata-se de um modo de presença, de habitar o espaço/tempo estando imerso, atento, perceptivo e ativo na circunstância. Logo, a conduta lúdica nem é do controle, nem da submissão, mas da unidade experimentada na absorção do jogar.

Brincamos no UCA o Jogo da Capoeira, jogo antigo, fruto de maturações longitudinais de mais para a compreensão de um tempo linear. Um jogo tão absorvente que imprimiu suas múltiplas interfaces na corporalidade de seus jogadores e na *Zona de Corporeidade* gerada por estes quando brincando em roda. Uma roda que, de tão rica, tão expressiva, desperta rapidamente a notoriedade e o respeito daqueles que a percebem em suas subjacências. Não por acaso a *Roda da Capoeira* fora reconhecida como *Patrimônio Cultural Imaterial da Humanidade*, pela Organização das Nações Unidas.

Por integrar o precioso rol da Cultura Popular Brasileira, a roda da capoeira traz consigo também a representatividade da resistência e luta pela libertação. Os que antes lutaram, rompendo as correntes no derramar de sangue, após muito resistirem, ao chicote e à dor, deixaram um legado importante, com base na não rendição, não opressão. Assim, jogar capoeira toma proporções para além do momento presente, onde aquele que joga pode acessar um bojo de historicidade, de conhecimento, de saberes tradicionais que agem diretamente em sua corporeidade, na roda e na vida. Isso implica o desafio de aprimorar o modo de reação ao mundo a partir das provocações circunstanciais, do tempo e do espaço. Faz-se isso pelo e com o movimento, compreendendo-o como linguagem, portanto, forma de expressão sígnica (PEIRCE, 1995; GOMES-DA-SILVA, 2011). Movimentar-se, nesse sentido, significa comunicar-se com uma ancestralidade eloquente.

Em particular, nós, que semeamos o jogo como momento privilegiado de assimilação do vivido, pensamos a roda da capoeira como uma ambiência favorável ao aprendizado (WINNICOTT, 1975). E o que se pode aprender na roda, aprende-se para a vida, já dizia Vicente Ferreira Pastinha, mestre de capoeira e um dos ícones mais importante dessa manifestação cultural.

O jogo da capoeira é manuseado no UCA/Gepec como um brinquedo, que guarda em si uma potência infinita de criação. Com ele nos aventuramos a compreender a nós mesmo, aos outros e como a partir dessa relação podemos aprender a reagir melhor às provocações do mundo. Nisso reside nossa curiosidade em pensar situações de interação e movimento presentes na roda, ousando entrelaçar impressões a partir de nossa própria experiência e das ações propositivas que temos em campo. Consideramos essencial podermos discutir, estudar, pesquisar, criar, por meio da experimentação vívida, ou seja, de ações nas quais estejamos perceptivos, implicados e absorvidos. Porém não distantes da realidade factível.

11.3 Em quais rodas jogamos: campos de experimentação, extensão e produção

O UCA/Lepec vem se configurando num movimento contínuo, empregando esforços em estudos e pesquisas que abordam temáticas envolvendo corporeidade, cultura e educação. Em termos mais específicos, abrange temas que tocam o lúdico, o movimento enquanto linguagem, a dança como forma de expressão e o sentido integral de ser com a natureza e suas circunstâncias. Funciona a partir de uma concepção construtivista, reconhecendo que os estudos, pesquisas e intervenções devam acontecer numa relação recíproca de compartilhamento de saberes. A Pesquisa-Ação então é nossa aliada, amparando nossos anseios, sobretudo naquilo que se refere à atuação direta que temos em campo. Encaramos esta como uma das muitas diferentes formas de investigação-ação que guarda em si uma "tentativa continuada, sistemática e empiricamente fundamentada de aprimorar a prática" (TRIPP, 2005, s.p.).

Pensando num formato dinâmico, aberto e flutuante, no UCA/Lepec três iniciativas centrais de atuação são estruturadas impulsionando um processo de rede em codependência. Isso significa que tais iniciativas não são isoladas, mas relacionadas dentro de uma propositiva integralidade. Cada iniciativa, portanto, resulta em ações que agregam sentido ao todo. São elas: (i) sessões de experimentação criativa; (ii) extensão universitária e parcerias com instituições socioeducativas, formais e não formais; e (iii) produção e difusão de conhecimento.

11.3.1 Sessões de experimentação criativa

No UCA/Gepec, duas vezes por semana, "aulas laboratórios" são realizadas aproveitando a ambiência mágica do crepúsculo. Sessões de experimentação criativa são eclodidas a partir do movimento enquanto linguagem, forma de expressão e representação existencial (GOMES-DA-SILVA, 2003/2011). Isso significa que a comunicação é estabelecida no corpo em movimento, considerando sua capacidade de expandir-se em gestualidade, postura e ocupação tempo-espacial (ANTÉRIO, 2011).

Cada um desses constituintes, gestos, posturas e tempo/espaço, configuram um corpo comunicativo que se estabelece no mundo. Ademais, emoções, desejos e impulsos atuam sobre um corpo inquieto à estagnação (DELEUZE; GUATTARI, 1995), repleto de qualidades possíveis de serem desveladas nos traçados de movimento (LABAN, 1978). É do próprio corpo a vontade de expressar-se, de materializar-se em suas ações comunicativas com outros corpos e o ambiente entorno no qual está contextualizado. Pensando assim, a capacidade consciente de comunicar-se pelos gestos; pelas posturas diante às circunstâncias; pelo modo que optamos em nos relacionar no tempo e espaço, acaba tornando-se um importante saber (ANTÉRIO; GOMES-DA-SILVA, 2015).

Nas sessões de experimentação, ousamos compreender a corporeidade a partir das situações de movimento inerentes à roda da capoeira angola. O lúdico então é eleito fonte de informações úteis ao processo de assimilação do experimentado. Brincamos construindo diálogos corporais, situações que nos levem ao aguçamento de sensibilidade. Bem por isso, os canais sensoriais, como a visão, o tato, a audição e a cinestesia, são explorados em dinâmicas corporais seja envolvendo movimentações típicas da capoeira, de esquivas a cabeçadas, seja pela pesquisa corporal de princípios de movimentos tanto da capoeira angola e de suas matrizes de movimento.

O aguçar das percepções, sejam elas corporais/ambientais/energéticas, é um ponto importante para melhor nos percebermos, bem como melhor intervir no ambiente em que estamos. Nesse caso a roda de capoeira é o espaço onde fazemos as sessões de experimentações. Pensando em aprimorar a consciência corporal e fazer um melhor uso de si mesmos, utilizamos jogos e exercícios de técnicas somáticas, bioenergética e outros dinâmicas focadas na sensibilidade corporal. A vertigem e a euforia, por exemplo, são fatores propositados em nossas atividades (CAILLOIS, 1990; LOWEN, 1985). Para exploração e expansão das possibilidades de criação, utilizamos técnicas de improvisação, usando tanto os princípios de movimento da capoeira quanto brincadeiras populares. Intuímos proposições de movimentos, brincando com o peso, tempo e espaço. Notamos que tais movimentos acabam gerando não apenas composições artísticas, mas também reflexões sobre a vida e as relações que estabelecemos com o mundo.

Preocupa-se em estabelecer nesses encontros uma *zona de corporeidade* em que os corpos envolvidos sintam-se convidados a expressar-se criativamente pelo movimento (GOMES-DA-SILVA, 2014; WINNICOTT, 1990). A atmosfera que se pretende é sempre sensibilizante, aflorando interações que atinjam a consciência corporal e o modo de reagir às circunstâncias diversas. Na roda de capoeira, por exemplo, é preciso cautela, tranquilidade, atenção às sensações. Uma postura um pouco mais desatenta, eufórica, pode levar o corpo que dança abruptamente ao chão. Trata-se, no fim, de buscar uma consciência de si-mesmo, do lugar que ocupamos, mas sobretudo do modo com que nos relacionamos com as realidades básicas de nossos existências (LOWEN, 1985; GOMES-DA-SILVA, 2014; HEIDEGGER, 2000).

Dessas sessões saem muitas de nossas ideias estruturantes, que auxiliam na composição e feitura de oficinas envolvendo práticas corporais (jogos, danças, formações continuadas), bem como projetos de intervenção em parceria com instituições socioeducativas, formais e não formais. Falaremos disso no subtópico a seguir.

11.3.2 Extensão universitária e parcerias

É uma das interfaces do UCA/Gepec a extensão universitária. Um extensão que funciona de modo orgânico, atento a responsabilidade e compromisso que deve ter um laboratório científico acadêmico para com a sociedade, em curto, médio e longo prazo. Nesse sentido, encontramos em nossa caminhada parceiros que topam brincar juntos na mesma roda. O compartilhamento de saberes é praticado em sua essência, onde as partes que se relacionam usufruem de um bem comum.

Atualmente as ações do UCA/Gepec vêm se desdobrando em intervenções educativas, seja na formação de professores ou no processo pedagógico propriamente dito, em escolas. Como exemplos citamos o vínculo com a *Escola Viva Olho do Tempo* e a *Escola de Educação Básica* da UFPB. Em ambas instituições estamos desenvolvendo, de forma colaborativa, uma espécie de programa de aulas, cuja capoeira e dança funcionam como dispositivos de aprendizagem e formação integral. Vale salientar nossa incursão no âmbito da cultura popular por intermédio do *Grupo de Capoeira Angola Comunidade,* que tem em seu representante, Inaldo Ferreira de Lima, o Mestre Naldinho, seu ícone de liderança e guardião *griô*.

Muitas são as iniciativas que fecundam a capoeira em âmbito escolar, de projetos voluntários, na "força e na guerra" de grupos legítimos da cultura popular, até projetos formais advindos de ações governamentais, como é o caso do *Programa Mais Educação*[27]. Contudo, é preciso ainda muita "volta ao mundo" para que manifestações como essas se consolidem em condições ideais para um processo educativo eficaz e de bom aproveitamento. Segundo Abib (2007), o aprendizado sociocultural proporcionado, por exemplo, pela capoeira, revela-se ainda distante da validação por parte da educação formal. O estranhamento por parte dos sujeitos envolvidos na prática sugere uma certa rejeição em relação aos processos de aprendizagem desenvolvidos nessas instâncias, ainda muito reféns de atividades modelantes advindas da cultura europeia e norte-americana.

---

[27] Estratégia do Ministério da Educação (MEC) para indução da construção da agenda de educação integral nas redes estaduais e municipais de ensino, que amplia a jornada escolar nas escolas públicas para no mínimo 7 horas diárias, por meio de atividades optativas, dentre elas a prática da capoeira.

Considerando o universo de saberes tradicionais presentes na capoeira e sua implementação em âmbito escolar, somos desafiados a manusear alguns desses saberes, a ponto de explorá-los pedagogicamente. Fazemos isso priorizando a comunicação corporal e o movimento enquanto linguagem e possibilidade de expressão; a interação improvisada e criativa nas situações de movimento; o modo de ser mais disciplinado, autônomo e altruísta; e a relação mais integrada do homem com a natureza. Para cada item destes, revestimos a compreensão de saber enquanto conhecimento adquirido e direcionado a determinado fim:

1. *Saber comunicar-se corporalmente*: significa brincar na roda ciente que os gestos são produtores de significação. Assim, do aperto de mão inicial, antes de começar a jogar, até as interseções corporais na projeção dos movimentos compartilhados, tudo acaba resultando possibilidades de aprendizado, do si-mesmo, do outro e do mundo;

2. *Saber improvisar*: a partir das situações de movimento da roda, esse saber corresponde à capacidade criativa de o jogador improvisar sua movimentação estabelecendo relação com a movimentação do outro. A improvisação, nesse sentido, indica um procedimento de composição corporal, onde o corpo reage às sensações advindas das situações lúdicas. Tal saber exige certo grau de equidade por parte do jogador, fazendo com que suas reações passem por percepções de avaliação cada vez mais aguçadas, capazes de melhor balizar suas respostas gesto posturais no espaço de jogo compartilhado;

3. *Saber integrar-se a natureza*: esse saber engloba aspectos referentes ao modo de agir disciplinado, autônomo e altruísta. Sua conceituação atinge uma compreensão que vai de encontro ao pensamento que fragmenta o ser homem da natureza. Destarte, o homem é a própria natureza, necessitando ele aflorar em sua corporeidade um modo mais integrado de ser. Na roda da capoeira tal perspectiva é por nós compreendida como a corporeidade de ser disponível ao outro, como numa

zona de interatividade. Assim, a movimentação na roda deve ser disciplinada ao "jogar a dois", vigiando a vontade natural que há no ego em querer suplantar o que não é (d)ele próprio. Nesse movimento, o altruísmo revela-se chave, no sentido de expandir a consciência do jogador em ceder espaço ao outro para que também no jogo este configure-se partícipe, ator, construtor.

Essas e outras experiências vêm nos proporcionando um aprender a partir do vivido, do sentido, do reagido por sensações. Logo, a produção resultante do UCA/Lepec atinge um grau de reflexão que atravessa a experiência do ser em movimento, dialogando com o mundo a partir das percepções captadas, ativas de informação significantes que especifica as possibilidades comportamentais do ambiente (GIBSON, 1986; GOMES-DA-SILVA, 2014). Bem por isso, projetamos nosso modo de pesquisar considerando a curiosidade, os interesses, as inquietações, enfim, o desejo e a disponibilidade do fazer por impulso (WINNICOTT, 1990). Adiante comentaremos como funciona a dinâmica de produção e difusão de conhecimento no UCA/Gepec e o que temos de mais atual no que se refere a pesquisa científica.

11.3.3 Produção e difusão de conhecimento

A produção do UCA/Gepec acontece por intermédio das sessões de experimentação, com composições e sistematizações de aulas onde possam ser exprimidas práticas corporais lúdicas e de cunho artístico. Daí pensarmos na formação de um "artista docente". Há também o viés que projeta aquele que conduz o jogo, a brincadeira, como um pesquisador da própria prática artístico-pedagógica, envolvendo a capoeira e a dança em diferentes perspectivas, tocantes no desenvolvimento pessoal e profissional.

Atendendo o propósito científico acadêmico, buscamos melhor compreender a *zona de corporeidade* configurada na relação de ensino--aprendizagem entre os corpos que se movimentam. Fazemos isso tanto pela construção comunicativa que há nas intersecções de movimento como por meio das qualidades impressas neste e por meio deste. Pensamos, portanto, o movimento em seu caráter mais subjetivo, diluindo as noções mais superficiais onde o corpo é tido como um canal, um invólucro, um objeto mecânico fragmentado a partir de suas operações motoras.

Pelo fato de o corpo ser fonte expressiva de significados, sentidos e sensações, nos interessa, por assim dizer, lançar nossas impressões acerca do que vivenciamos no UCA/Gepec a partir da experiência vivida nas diferentes ações e iniciativas realizadas. A produção, nesse sentido, é estimulada por meio de um conjunto de ações continuadas, na teoria e na prática, na ação e reação, na sensibilidade e percepção.

11.4 Considerações finais

Pensar capoeira, na perspectiva fenomenológica existencial a qual intuímos, representa considerar o corpo no tempo e no espaço a partir de suas emoções, percepções, anseios e desejos. Na roda da capoeira, por mais que se contenha tudo isso, o ímpeto do lúdico desperta o ser em sua intencionalidade mais natural. A timidez revela o medo, a ansiedade reflete a insegurança. O querer ser impede e dificulta a vibração do ser em processo de expansão, de modo que não se percebe que, para ser, é preciso ir sendo...

É evidente o universo que se mostra quando abrimos os poros para a percepção das subjacências que existem na capoeira. Buscamos no UCA/Gepec decifrar os signos que reverberaram compreensões profundas do ser em movimento. Miramo-nos em rodas que potencializam em nós o viver criativo. Pensamos que assim inclinamo-nos à corporeidade brincante, sensível e mais integrada com a natureza.

CAPÍTULO 12

AULAS-PASSEIO DA PEDAGOGIA DA CORPOREIDADE

Pierre Normando Gomes-da-Silva

Alana Simões Bezerra

Micaela Ferreira dos Santos Silva

12.1 Introdução

Este capítulo apresenta as "Aulas-passeio" como uma proposição didática da Pedagogia da Corporeidade. De modo panorâmico são descritas 13 aulas-passeio que ocorreram entre os anos de 2009 a 2015. A aula-passeio consiste numa situação de movimento realizada num ambiente extraclasse, com a finalidade de despertar um sentimento aventureiro e uma ressignificação sobre si mesmo em meio às circunstâncias e ao convívio do grupo. O objetivo dessa vivência coletiva é despertar o interesse por novos caminhos, novas experiências, novos olhares... sair da familiaridade, das respostas prontas, do modo de pensar e movimentar-se convencionado. Mais do que uma atividade de campo em que os alunos são levados a uma visita técnica sobre um determinado conhecimento de sala, a finalidade dessas aulas-passeio é criar uma disposição para abrir-se a compreensões inéditas sobre si e sobre o mundo ao redor. Almeja-se que essas experiências, vividas por um grupo de pessoas que estudam ou trabalham juntas, marquem a vida dos participantes, constituindo-se num ponto de inspiração à descobertas.

Essas são as Aulas-Passeio da Pedagogia da Corporeidade, que passaremos a denominar de APPC, nas quais os educandos são convidados a deixar os lugares comuns e familiares (casa, escola, bairro) para, num passeio, conhecerem outras paisagens naturais e culturais. O fim é que o descortinar de uma paisagem nova favoreça o surgimento de um novo olhar sobre si e sobre o mundo.

Há o conceito de aula-passeio ou aula-descoberta, que nos aproximamos, criado por Elize Freinet (1896-1966), idealizando uma atividade com o objetivo de trazer motivação, ação e vida para a escola. Tratava-se de mais uma das técnicas nascidas da observação de que as crianças, para quem lecionava, que se comportavam tão vividamente ao ar livre, pareciam desinteressadas dentro da escola.

Consistia em passeios, quase que diários, para conectar as crianças ao meio social e natural onde estudavam. Com o objetivo de desenvolver o universo cultural e social do aluno, saía da sala de aula com as crianças e explorava o espaço externo constantemente. Passeavam pelos campos e bosques que existiam próximos à sala e nesses passeios permitia aos alunos observarem e refletirem sobre o que chamou atenção. O que mais havia chamado a atenção das crianças Freinet solicitava um texto coletivo sobre o acontecido. Após a elaboração do texto, se realizava a autocorreção, e assim aprendia-se a elaborar textos de forma criativa e significativa para as crianças.

Observa Freinet (1977, p. 24):

> As saídas ao ar livre readquirem seus direitos, se fazem cada vez mais numerosas e se transformam, pouco a pouco, em aulas-passeio. Saía-se alegremente e aparentemente sem problemas, mas agora já havia a preocupação de fazer um relatório de todos os acontecimentos que, ao longo dos caminhos, atraíam o olhar daqueles que estavam habituados a ver as coisas mais de perto: uma busca permanente dos olhos, ouvidos, de todos os sentidos abertos à magia do mundo, fazia surgir todas essas paisagens, agora vistas como novas, uma incessante descoberta, imediatamente comunicada e que se tornava coletiva. E, captada em pleno voo por um professor atento, era a liberação das almas infantis, uma coesão lentamente construída e mais íntima da comunidade escolar.

12.2 Aulas-passeio: proposição didática na Pedagogia da Corporeidade

As aulas-passeio na PC foram organizadas com o fim, inicialmente, de propiciar uma maior interação do grupo de professores-pesquisadores, membros do laboratório. A cada final de semestre realizávamos um passeio para que as relações estabelecidas não fossem caracterizadas apenas pelo viés funcional, laboral e acadêmico. Era preciso uma vivência fora do contexto da universidade, da escola, de preferência uma incursão no meio natural que favorecesse uma ampliação da interação com a natureza e cultura da região a que pertence as pessoas que compõem o laboratório. As aulas desenvolveram-se na Paraíba desde trilhas em falésias no litoral, cachoeiras no brejo e escaladas no sertão, com suas respectivas visitas culturais. Porém, com o passar dos anos e dos muitos depoimentos do encantamento, impacto emocional, que essas vivências proporcionaram, a aula-passeio passou a se constituir em mais uma das proposições didáticas da Pedagogia da Corporeidade (APPC).

As aulas-passeio se consolidam como um componente metodológico dessa teoria pedagógica, na medida em que foi possibilitado aos participantes experimentar uma consciência ecológica mais integrativa. A compreensão integrativa ocorre ao passo que a aula-passeio cria uma situação educativa que articula ciência e vivência, conhecimento e emoção coletiva. Possibilitando a cada um e cada uma assumirem uma maior integração com o grupo, na vivência com a natureza e com a cultura local. Nessa convivência grupal não é exigida uma tarefa acadêmica, do tipo faça um relato associando tal assunto a tal contato; tampouco são estimuladas conversas no passeio sobre trabalho escolar. Além do mais, não há hierarquia entre os participantes, e é possibilitada a agregação de membros da família ao passeio, contanto que não ultrapasse dois, a ponto de dispersar o membro da relação com os demais colegas do laboratório.

As APPC não são regidas pela intenção de dominação ou apropriação do conhecimento, não são organizadas com um roteiro de observação definido ou com tarefas a serem executadas. A vivência é mais livre por entender que essa agregação dos participantes em um meio natural, dantes escolhido pelo grupo, irá produzir, devido às próprias circunstâncias, uma sensibilização para conhecer o mundo e a si mesmo. Conhecimento aqui é da ordem do experiencial, surge como uma carícia, mediado pela intencionalidade de todos em gozar o instante com cuidado de si, do outro e do entorno.

Esse conhecimento experiencial compõe-se da interação do grupo de participantes em partilha e envolvimento de cada um para com todos, interagindo com responsabilidade para com o meio: ouvindo-o, vendo-o, tocando-o, cheirando-o, saboreando-o, enfim movendo-se com percepção-ação, numa atitude de gratidão para com todos e para com o entrono. Sempre contamos com a condução por guias locais. Uma experiência sensorial e ambiental. "É na relação com o entorno que afetamos o meio ao tempo que somos afetados por ele" (GOMES--DA-SILVA, 2014, p.21), é a frase que abre as caminhadas. Por isso, ao perceber o outro externo em alguma medida também percebemos a nós mesmos; basta que se experiencie esse perceber e perceber-se. Ao final do passeio, uma semana depois, em reunião do laboratório, as imagens (fotografias e pequenos vídeos) são repassados e fala-se livremente das impressões sentidas, das percepções e ações desencadeadas, portanto, interpretamos os sentidos (emocional, energético e lógico) da aula, já que "partimos do pressuposto que toda interpretação é uma busca de sentidos" (GOMES-DA-SILVA, 2012, p. 140).

12.3 Metodologia da aula-passeio: descrição das experiências

As ALPC, por estarem orientadas por essa teoria pedagógica, faz parte de um complexo arranjo de conceitos que fornece um novo vocabulário, por ser resultante de uma nova abordagem para a Educação Física. Na PC o foco está na relação do homem com as circunstâncias, pois o ser aprende com os outros, sendo os outros humanos e inumanos. Estamos todos implicados um no outro: este é um dos objetivos da APPC, que se perceba essa implicação e integre-se a ela. O propósito está em analisar os efeitos das situações de movimento no conhecimento do mundo e no autoconhecimento. Nessa perspectiva não há centro. Nem professor nem aluno ocupam a cena principal, mas a relação destes com a circunstância. O método semiótico é dialógico, captando o diálogo do sujeito com seu ambiente (GOMES-DA-SILVA, 2012).

A APPC surge como metodologia no Gepec, depois de muitos anos de experiência consolidada. Tal como os demais métodos e técnicas de ensino. Até porque o foco da investigação desse laboratório não está sobre as intensões dos sujeitos que se movem (fenomenologia do corpo percebido), nem sobre a reflexão sociohistórica da cultura corporal. Mas envolve ambos e os ultrapassa, quando parte da experiência de movimentação e conclui com a interpretação dos impactos dessa experiência. Na APPC, Gomes-da-Silva (2011) compreende que a movimentação vivida pelos praticantes, em dada circunstância natural-cultural, de modo regular, terá desdobramentos cognitivos. A vivência na natureza, que também é um centro cultural, possibilita uma aprendizagem de signos indiciais e simbólicos, e, ao correlacioná-los "cria uma nova organização representativa e assim sucedendo fortalece o self de cada um" (GOMES-DA-SILVA, 2011, p. 40).

Por entender que as situações de movimento podem produzir experiências afetivas, motoras e intelectuais, e que a corporeidade compreende possíveis modos do existir humano com o mundo, na APPC o objetivo é favorecer situações que rompam com o habitual, indizindo o aprendiz a livrar-se do olhar viciado das crenças fixas. Porque ao sair das paisagens corriqueiras, com horizonte reduzidos, para paisagens de perder de vista, o olhar sai do aprisionamento. A finalidade é provocar descobertas e gerar comunhão com as paisagens novas, geralmente envolvendo caminhadas coletivas. A experiência de estar a caminho em percepção-ação-interpretação é o processo de ensino-aprendizagem na ampliação de conhecimento e na busca do "ser mais", diz o mestre Paulo Freire (1994). A cada destino, o saber construído é a condição histórica e social dos membros do laboratório, podendo, cada um e cada uma, recontar e repensar a própria história, comportamento e o conhecimento produzido.

A educação na PC é vista como um processo perene de (re)construção de conhecimento e autoconhecimento. E para que esse processo seja efetivado, a relação com o outro e com o entorno é fundamental, como destaca Paulo Freire (1997, p. 79): "o homem é um ser programado para aprender, inacabado, mas consciente de seu inacabamento, por isso permanece na busca, indagador, ansioso em torno de si e de si no e com o mundo e com os outros".

Os cenários das aulas-passeio permitem o encontro com a natureza interna de cada um e com o outro, de modo atencioso e cuidadoso. A estética do local, suas tradições e particularidades passam a ser signos despertando a atenção do grupo. Menezes (2004) afirma que, no processo de conhecimento de novos lugares e espaços, a curiosidade pode gerar o entendimento, a compreensão contextualizada e a descoberta de novas formas de aprendizagem.

As APPC possibilitam o envolvimento dos membros e a construção do conhecimento acontece em meio as vivências. Desde a fase que antecede o passeio, momento em que os sujeitos participam apresentando possíveis destinos e escolhendo, no coletivo, um determinado local. Não utilizamos votação no grupo, a escolha acontece pelo consenso da atratividade. Daí parte-se para a organização do roteiro, previsão dos gastos, indicação das vestimentas adequadas, alimentação coletiva, transporte e hospedagem, quando necessário. Como a APPC é uma atividade extraclasse, não extracurricular, solicitamos, mediante documento, o transporte da instituição, para que essa atividade torne-se visível, formal, responsável, acadêmica, como qualquer outra, portanto, auxiliada pela instituição de origem.

Na APPC o translado já é aula, já é passeio. O lema é "Tudo é passeio!", inclusive os machucões e outros incidentes de percurso, portanto, nenhuma reclamação, indisposição ou irritação. Iniciamos assim no ônibus; geralmente alguns levam instrumentos musicais, com cantigas em comum, ou contos de causos e histórias engraçadas. Toda essa parte, na APPC, pode ser denominada do momento de SENTIR, numa espécie de despertamento do desejo para com o local do passeio.

Figura 7 – Alongamento coletivo na 3ª APPC

Fonte: arquivo fotográfico do Lepec

Quando chegamos ao local previsto iniciamos o segundo momento da aula, o REAGIR, instante em que nos preparamos para responder aos desafios das circunstâncias, com alongamentos, exercícios respiratórios, conhecimento mais específico sobre o percurso, seja para caminhada natural ou visitação institucional. Nesse instante, são ativados os sistemas de percepção-ação-interpretação para realizar o que foi planejado, cada olhar, cada silêncio, cada passo, cada conversa são apreensões do mundo. O contentamento em contemplar as paisagens dispostas no caminhar, o estar na e com a natureza, a partilha de experiências culturais, tudo isso é potencial para a construção de conhecimento e formação pessoal e profissional.

Ao final da APPC, no próprio local da atividade, no trajeto de retorno no ônibus e na próxima reunião do laboratório é solicitado avaliação da aula-passeio. Cada participante demonstra seus sentimentos e aprendizagens para com a aula vivida, as fotos que fez, o novo olhar descortinado sobre si e sobre o entorno. As avaliações vão se dando de modo individual e coletivo. É o momento da REFLEXÃO na aula, quando o pensamento sobre o processo educativo é apresentado. Nesse instante o grupo relembra o vivido, por meio da exposição das fotografias selecionadas por cada um e elabora suas considerações, avaliando com o grupo as ações favoráveis e os desafios enfrentados. Essa prática ajuda a transformar em palavras momentos de aprendizado interno com o outro e com o meio. Esse procedimento de livre expressão do que se viveu possibilita que cada sujeito analise de modo particular o caminho percorrido considerando as descobertas, medos, desfrutes, riscos... experiências pessoais e do grupo. Geralmente produzimos um vídeo coletivo sobre a vivência, com os resultados discutidos e representantes de todos.

A metodologia da APPC vem sendo acumulada desde dezembro de 2009, quando resolvemos encerrar aquele ano letivo com uma aventura na natureza. Como foi tão impactante resolvemos colocar uma por semestre, não apenas uma por ano. Num aprimoramento semestral, cada aula-passeio ganha novo desafio, nova descoberta, nova paisagem e a experiência do viver "junto" vai se consolidando.

Nessas 13 APPC sua metodologia vem sendo vivida e reconstruída, sempre no objetivo de favorecer a interação, implicação e integração de cada um para consigo mesmo e para com os outros no entorno. A proposição é de passeio, portanto uma vivência mais fluida, descontraída, sem obrigatoriedade nem tarefas preestabelecidas. Contudo, tudo é feito com muita percepção e sensibilidade, pois o fim é encontrar a comunhão consigo, com o outro e com o meio, criando assim uma experiência do brincar, porque repetida, verdadeira, alegre e prazerosa.

Apresentaremos as 13 APPC descrevendo o valor que essas aulas agregam à aprendizagem interativa para com o meio (educação ambiental), para com o outro (solidariedade no grupo) e para consigo mesmo (contemplação). A relação professor e aprendiz, em interação com o meio ambiente, faz com que se aprenda o movimento mais importante do ser humano, que é o *estar com*, sentindo-se parte daquele lugar ao tempo que reage a ele, respeitando-o, e interpretando todo o processo.

As APPC tem acontecido em diversas paisagens naturais e histórico-culturais, passamos a nomeá-las no quadro a seguir.

Quadro 10 – Relação das aulas-passeio da pedagogia da corporeidade

ORDEM	PERÍODO	ATIVIDADES
1ª APPC	2009.2	Trilha 12 km, da Baia da Traição à Camaratuba/PB
2ª APPC	2010.1	Trilha 10 km e banho na Cachoeira do Roncador – Pirpirituba/PB
3ª APPC	2010.2	Trilhas: 1ª, 6 km – noturna; 2ª, 600mt escalada em rocha e rapel – 60 mt, no Parque Estadual Pedra da Boca, Araruna/PB
4ª APPC	2011.1	Trilha 2 km e banho na Cachoeira de Ouricuri, Pilões/PB & Visita ao Engenho Triunfo, Areia/PB
5ª APPC	2011.2	Visita ao Vale dos Dinossauros, Sousa/PB & Trilha-subida ao Pico do Jabre, Matureia/PB
6ª APPC	2012.1	Trilha 8 km falésias na Praia de Tabatinga – Conde/PB
7ª APPC	2012.2	Convivência (remo e jogos tradicionais) na praia de Camboinha – Cabedelo/PB
8ª APPC	2013.1	Trilha noturna 12 km – da Praia de Intermares à Fortaleza de Santa Catarina, Cabedelo/PB
9ª APPC	2013.2	Convivência cultural no pôr do sol no Centro Histórico em João Pessoa/PB
10ª APPC	2014.1	Trilha 6 km no Vale do Gramame & Visita à Escola Viva Olho do Tempo, João Pessoa/PB
11ª APPC	2015.1	Visita às casas-museu: Jackson do Pandeiro e Margarida Alves, Alagoa Grande/PB
12ª APPC	2015.2	Trilha nas cachoeiras de Taquaruçu, Palmas/TO
13ª APPC	2015.2	Vista ao Museu do Brinquedo Popular & Trilha 5 km no Parque das Dunas, Natal/RN

Fonte: relatórios do Lepec

A primeira APPC aconteceu no segundo semestre de 2009, trilha realizada na Baía da Traição (Rio Tinto) até Barra de Camaratuba (Mataraca), no estado da Paraíba. Por a área pertencer a reserva indígena, em meio aos resquícios de Mata Atlântica, visitamos praias desertas, riachos e lagoas, como área de proteção ambiental. Os membros do laboratório nessa trilha estiveram visitando vilarejos indígenas, e na aldeia "Galego" dos índios Potiguaras, conheceram sua cultura e brincaram com seus artesanatos. Depois do banho de riacho, travessia de balsa pelo Rio da Barra para a praia Barra de Camaratuba. Foi a primeira APPC com uma trilha de subida, descida de falésias, passagens por pedregais, num percurso de 14 km, foi uma atividade que exigiu esforço, compartilhamento de mantimentos e gerou muita reflexão do vivido.

No primeiro semestre de 2010 realizamos a trilha da Cachoeira do Roncador, localizada no município de Pirpirituba/PB. O nome "roncador" se deve ao som produzido pela queda d'água com os ventos que passam pelas pedras, semelhante a um ronco. A caminhada teve início na cidade de Pirpirituba até chegar à queda d'água, atravessando uma flora e fauna nativas, e em meio a blocos de pedra o banho nas águas claras e frias da cachoeira, reconectaram o espanto e assombro desse planeta assombrosamente maravilhoso.

Ao final do período letivo de 2010 organizamos a terceira APPC, e o lugar escolhido dessa vez foi o Parque Estadual Pedra da Boca. Localizado na porção norte do município de Araruna no estado da Paraíba, fazendo divisa com a cidade de Passa-e-Fica, já Rio Grande do Norte, por onde é a entrada ao Parque. O nome "pedra da boca" surgiu em razão da existência de uma imensa formação rochosa, que apresenta uma enorme cavidade provocada pelos ventos, chuvas e outras intempéries, cuja figura se assemelha a uma boca aberta. Essa aula-passeio teve duração de dois dias. No primeiro dia, à noite, os integrantes do laboratório realizaram uma caminhada noturna passando pela "Pedra da Caveira", pela "Pedra da Santa" e por outros pontos e mirantes. No dia seguinte, após dormida em rede, e café da manhã reforçado, na casa do "Seu Tico", os participantes realizaram a escalada na Pedra da Boca, chegando até a "boca" e finalizando o passeio com a descida de rapel num paredão de 60 metros. Todas as atividades foram conduzidas por guias locais.

No ano de 2011, primeiro semestre, a aula-passeio foi organizada para a Cachoeira de Ouricuri, localizada no município de Pilões, brejo paraíbano. Para se chegar à cachoeira, os integrantes tiveram que percorrer uma trilha autointerpretativa. O grupo foi distribuído em equipes de três pessoas e a cada dez minutos saia uma equipe. Cada grupo estava de posse do croqui do local e orientado por placas de sinalização e frases de Rubem Alves sobre o ensinar, distribuídas ao longo do percurso. A trilha seguia em boa parte por água, sendo necessário fazer a travessia do rio, utilizando a técnica do cabo horizontal, no espaço onde ele era mais largo. Além de realizarem também uma pequena escalada, 5 metros com o uso do cabo, que estava ancorado numa árvore, até chegar à piscina formada pela queda d'água da cachoeira.

No segundo semestre de 2011, aconteceu outra aula-passeio com duração de dois dias. No primeiro dia, os participantes visitaram o Parque Vale dos Dinossauros, localizado no sertão paraibano, no município de Sousa/PB. Um dos mais importantes sítios paleontológicos do Brasil, por conter o maior registro de pegadas de dinossauros do período Cretáceo (110 milhões de anos). Após a visitação guiada, seguimos viagem para outro parque Estadual do Pico do Jabre. Uma outra unidade de conservação localizada no município de Matureia na Paraíba. A chegada foi ao anoitecer, recepcionados por um grupo de forró pé de serra onde passamos a noite nesse museu-hotel, denominado "Casarão do Jabre", onde são exibidas relíquias da história do povo dessa região, além do restaurante com comidas típicas. Na manhã seguinte fizemos a subida ao pico do Jabre, o ponto mais alto da Paraíba, com 1.197 metros de altitude, que conta com um rico ecossistema. Os integrantes realizaram a subida pela trilha Pai Dantas para manter maior contato com o meio ambiente, sentindo o clima e contemplando na subida uma rica fauna e flora até a chegada ao pico. O pico é conhecido como o "mirante do sertão", porque de lá se avistam os sertões da Paraíba, Pernambuco e Rio Grande.

Em 2012.1 a aula-passeio se deu com a trilha nas falésias da praia de *Tabatinga* (nome indígena que significa, barro branco), litoral sul da Paraíba, pertencente ao município do Conde. Foi realizada uma trilha autointerpretativa, os participantes se dividiram em equipes de cinco pessoas; cada grupo sob orientação de um croqui do local deveria encontrar o "tesouro" escondido. Para encontrar o tesouro era preciso seguir as placas de sinalizações e reflexões, frases de Edgar Morin. Foi uma trilha molhada, num córrego de um maceió até o ponto "X", onde se descobria o maior tesouro da região, o barro branco. E no tesouro estava o convite para banhar-se com aquela argila medicinal. Em seguida, o tesouro também orientava a trilha seguinte, subindo a falésia de tabatinga, com uso de escaladas, e no percurso as sinalizações que apontavam os mirantes em que deveria parar para tomar fotos e contemplar a paisagem do mar aberto. Por entre a vegetação local chegava-se até o topo, chamado de "dedo de Deus".

A sétima aula-passeio aconteceu no segundo semestre do ano de 2012 na Praia de Camboinha, município de Cabedelo-PB. Num formato diferente, essa aula manteve o grupo junto por um período de um dia. Estivemos na praia realizando jogos tradicionais e passeios de caiaque e mergulhos, com o apoio da casa de veraneio de um dos membros do laboratório. Nessa ocasião, foi avaliado o ano de 2012 para o laboratório e feita a troca de presentes do "amigo livro", prática que ficou consagrada no laboratório. Com antecedência, cada membro apresenta um livro de poesia ou romance que gostaria de receber e após o sorteio o amigo secreto compra o livro desejado e na oportunidade faz-se a troca dos presentes.

No ano de 2013, a oitava APPC foi realizada com a trilha noturna da Praia de Intermares, ao forte de Santa Catarina, localizada na cidade de Cabedelo-PB. A caminhada tinha como objetivo aperfeiçoar a percepção noturna, interação do grupo (partilha/envolvimento/doação), interação com o meio (conhecer a foz interrompida do rio Jaguaribe, identificar as especificidades das diferentes praias Ponta de Campina, Poço, Camboinha, Areia Dourada, Formosa, Monte Castelo, Ponta de Matos e Praia do Forte e a chegada ao rio Paraíba). A caminhada teve 12 km, com duração de 4 horas. A finalização no estuário do Rio Paraíba, a trilha pelos pedregais do dique e com encerramento com uma ceia no jardim da Fortaleza de Santa Catarina.

No segundo semestre de 2013, o Gepec fez sua nona APPC, também numa formatação diferente, observando o pôr do sol no centro histórico da cidade de João Pessoa-PB, no Ateliê Multicultural de Eleonay, mantendo interação com essa instituição, que desenvolve ações multiculturais centradas no processo de humanização da população do bairro do

Varadouro. Além da interação em grupo, contato com a arte e literatura promovida pelo ateliê, os membros do laboratório realizaram o "amigo xícara", em que foram trocadas xícaras, presente para realização do ritual do chá, que acontece ao final de cada reunião do Gepec.

Em 2014.1 aconteceu a décima APPC. O laboratório realizou a trilha no Vale do Gramame e visitou a ONG Escola Viva Olho do Tempo (Evot). Os gepequianos fizeram a "trilha das piscinas", com guia local, conhecemos a história dos Falcones, antigos proprietários da região e as ruínas dos engenhos e balneários que integram a história do começo da cidade de João Pessoa. Após a trilha conhecemos a Escola Viva Olho do Tempo, suas práticas educativas, história da professora fundadora, Mestra D'Oci, que descreveu sua trajetória de vida e a construção da Evot como instituição preocupada com as crianças e os adolescentes da região. Essa aula constituiu-se numa experiência para viver mais intensamente o outro, fazer reflexões coletivas acerca de nossas interações para com o meio ambiente e o compromisso com uma prática de educação transformadora, como acontece na Evot.

Em 2015.1, por ocasião do encerramento do I Simpósio Internacional Educação, Cultura e Movimento Humano, os membros do Gepec realizaram sua aula-passeio em conjunto com os membros do Laboratório de Estudos sobre Corpo, Estética e Sociedade, responsáveis pelo evento científico. Foi a 11ª APPC, realizada na cidade de Alagoa Grande, visitando os museus de Jackson do Pandeiro e Margarida Alves. Conhecer a obra musical (30 álbuns, no formato LP) do maior ritmista da história da música popular brasileira, aquele reconhecido nacionalmente como o rei do ritmo, pois tocava forró e samba em seus diferentes subgêneros: baião, xote, xaxado, coco, arrasta-pé, quadrilha, marcha, frevo, samba, samba-rock, dentre outros estilos. Nessa oportunidade também conhecemos a luta destemida da sindicalista e defensora dos direitos humanos dos camponeses, durante a ditadura militar, Margarida Alves. Ela foi a primeira mulher a lutar pelos direitos trabalhistas da Paraíba; foi assassinada em 12 de agosto 1983 por um matador de aluguel a mando, a que tudo indica, do proprietário da maior usina de açúcar local (Usina Tanques), senhor de engenho líder do chamado «Grupo da Várzea". O tiro da arma de escopeta calibre 12 atingiu o rosto de Margarida Alves, que estava em frente à sua casa, na presença do marido e do filho. O crime foi considerado político e comoveu não só a opinião pública local e estadual, mas a nacional e internacional, com ampla repercussão em organismos políticos de defesa dos direitos humanos. As visitações foram uma experiência cultural e política que provocou o grupo a fazerem do seu trabalho educativo mais artístico e ético-político, porque comprometido com a musicalidade e a justiça social na região.

Em 2015.2 tiveram lugar duas aulas-passeio; a primeira, 12ª APPC, por ocasião do III Encontro Pan-Americano de Jogos Autóctones e Tradicionais, coincidindo com o I Jogos Mundiais dos Povos Indígenas, realizados em Palmas-TO. O Gepec participou como um dos grupos de pesquisadores convidados ao III Pan, um evento que congregou representação de quase toda América Latina e 21 estados brasileiros.

A aula-passeio foi realizada com os dois membros do Gepec e com mais três participantes do evento. Fizemos a "trilha das cachoeiras de Taquaruçu", recanto ecológico de Palmas-TO, um dos principais santuários ecológico do estado, possuindo mais de 80 cachoeiras e regatos de águas límpidas. Fizemos a visita a duas cachoeiras ("escorrega macaco" e "roncadeira"), numa trilha de 3 km ida e volta, marcada por descidas de degraus, subidas em pedras e vegetação de cerrado.

Ainda no semestre 2015.2, agora com todo o Gepec, realizamos a 13ª APPC, ainda decorrente dos contatos realizados no Encontro do III Pan-Americano. O Gepec fez a visita ao Museu do Brinquedo Popular, localizado em Natal/RN e coordenado pelo Núcleo de Estudos Culturais da Ludicidade Infantil (Necli). O Museu abriga um acervo de cerca de 300 brinquedos e brincadeiras inventariados em mais de 60 municípios norte-rio-grandenses. Inicialmente estivemos reunidos com a equipe de pesquisadores do Curso de Tecnologia em Lazer e Qualidade de Vida do IFRN para iniciarmos a possibilidade de criar o museu do brinquedo na Paraíba. Em seguida, foi feita a "trilha peroba" no Parque das Dunas, reserva de 1.172 hectares de metro quadrados Mata Atlântica, situada no coração da cidade, administrado pelo Instituto de Desenvolvimento Econômico e Meio Ambiente (Idema). Ao final da trilha, como encerramento do ano e confraternização, foi feita a troca do "amigo-jogo", no qual cada participante levou seu brinquedo e, ainda dentro do parque, sorteamos e trocamos jogos.

12.4 Considerações finais

As Aulas-Passeio da Pedagogia da Corporeidade, que ocorreram entre os membros do Gepec, além de constituírem-se numa experiência rara no mundo dos laboratórios científicos, dentro das universidades, são uma estratégia didática que pode ser implementada, com suas adaptações temáticas, pelos professores de educação física na escola. Pois essas aulas revelaram que são eficientes em promover maior interação entre os sujeitos e destes com o entorno. Caminhar juntos, responder aos desafios propostos, alegrar-se no convívio natural, vencer obstáculos, reconhecer-se em seu pertencimento cultural, tem se constituído num desfrutar da vida, com ampliação da consciência ecológica e integração do grupo, potencializando as percepções-ações e gerando um modo de ver e conviver não habitual.

Constatamos pelos depoimentos após cada uma das aulas-passeio que essas aulas contribuem para a formação de uma sensibilidade para consigo, para com os outros e para com o entorno, na perspectiva de renovação de seus hábitos pessoais, relacionais e existenciais. As APPC têm demonstrado que a maior aprendizagem dessas múltiplas experiências é a de *estar junto*. Um estar junto existencial, portanto, mais do que estar próximo: é reconhecer-se um estar vivo grupal e ambiental. Mais do que muitas sensações ou pensamentos, a consciência de ser o que é em meio ao grupo e ao entorno. Participar do mesmo ritmo do grupo e do ritmo do ambiente, por isso a insistência das caminhadas no meio natural. A aprendizagem é formação, de identificação, ao perceber que somos o que somos junto com os outros. O caminhar é símbolo do percurso, do ritmo comum. Ninguém pode ficar para trás. E assim temos visto pessoas irem se desidentificando com seus fazeres e saberes citadinos para se identificarem com a presença caminhante, com a alegria da vida.

É impossível sair de uma aula-passeio sem o sentimento de expansão e ao mesmo tempo de recolhimento. Expansão da relação estabelecida para com um meio desconhecido, para com o outro, para com seus próprios limites e potencialidades. Expansão da consciência ambiental, a partir dessa vivência no meio natural, que passa a adquirir um valor afetivo. E recolhimento quando nos relacionamos com nossos medos e anseios mais profundos. Recolhimento ao repensar o modo de estabelecer relação para com o mundo e para consigo mesmo, tornando-nos capazes de silêncio e atenção.

O Gepec vem se fortalecendo a cada aula-passeio, regenerando os laços de amizade e colocando ordem nos pensamentos e sentimentos de cada um e do grupo. Portanto, as APPC oferecem uma possibilidade pedagógica para tematizar diferentes assuntos: educação ambiental, amizade, contemplação, colaboração, portanto, aprendizagem integrativa, corporeidade. Para possibilitar a visualização dos efeitos dessas vivências colocamos essas ALPC disponíveis em pequenos vídeos disponibilizados no Youtube, na conta Gepec Aula-Passeio.

CAPÍTULO 13

VÍDEO COMO FERRAMENTA PEDAGÓGICA: INICIAÇÃO AO CONCEITO DE VÍDEO DIDÁTICO

Tiago Penna

13.1 Introdução

O presente ensaio pretende desenvolver, ainda que em linhas gerais, conteúdos filosófico-pedagógicos relacionados ao cinema, por um lado, e concepções artísticas[28], por outro, que visam a fundamentar a abordagem da linguagem audiovisual por parte de professores, de diferentes áreas, como possibilidade de concepção, elaboração e/ou exibição daquilo que chamaremos de vídeo didático. Nesse sentido, buscamos conciliar nossa formação e atuação acadêmica com nossas experiências vivenciadas com o fazer cinematográfico, a fim de que torne viável a possibilidade do uso do vídeo didático em sala de aula, em uma dimensão para além da mera exposição de conteúdos escolares – e subsequente debate, orientado pelo professor ou pela professora, em sala de aula, com o alunado –, mas criando uma abertura de possibilidades de abordagens no fazer e interpretar filmes, tendo em vista a aplicabilidade do vídeo didático como ferramenta facilitadora do processo ensino-aprendizagem.

Portanto, nossa proposta tem duplo viés: teórico, de fundamentação filosófico-pedagógica da apreciação do conjunto de imagens-mo-

---

[28] De forma a conciliarmos nossa experiência como cineasta, com nossa formação e atuação acadêmica.

vimento[29] que compõem uma unidade fílmica, e a troca de experiências transmissíveis daquilo que é se tornar artista e aventurar-se no fazer próprio da realização cinematográfica, que se identifica com a concepção de uma elaboração fílmica, por meio da feitura coletiva de um vídeo didático, de curta-metragem, composta por uma equipe de cinco a dez pessoas, com as vantagens peculiares da recente democratização do acesso à cultura a partir da facilidade com que temos acesso, na atualidade, a meios de produção culturais, propiciada pelos avanços tecnológicos (como é evidente, por exemplo, com a facilidade de termos "às mãos" uma câmera de vídeo acoplada aos nossos smartphones, ou do acesso a softwares de edição de imagem). Portanto, a pergunta de nossa geração é: por que não fazer um filme?

Nossa orientação ou abordagem pedagógica do vídeo didático em sala de aula se dá por meio de um arcabouço teórico que irá justificar e balizar a exibição de filmes, em sala de aula, como atividade docente, por um lado, e por outro, na possibilidade de que os professores possam vir a orientar o alunado, para que os alunos possam vir a realizar seu próprios vídeos, a partir de uma perspectiva pedagógica.

13.2 O que é um vídeo didático?

De maneira geral, qualquer vídeo pode ser encarado como possuindo um papel pedagógico, pois os filmes têm o potencial de transmitir características dos seres (animados ou inanimados), sentimentos, ideologias, experiências ou informações concatenadas, isto é, conhecimento. Pois nos colocamos de acordo com a tese de Walter Benjamin de que "nenhuma obra de arte é neutra ideologicamente", isto é, que toda obra de arte (os filmes, inclusive) tem um viés "político", entendido no sentido mais abrangente de que todas as atividades humanas realizadas em locais públicos (como uma sala de cinema, ou uma sala de aula) são consideradas políticas: a arte também possui o potencial pedagógico de transmitir conteúdos diversos,

---

[29] Conceito caro ao filósofo, francês, pós-moderno Gilles Deleuze, como a designação daquilo que é a forma de expressão, e de pensamento, do cineasta, "através de imagens" (e não, por exemplo, "através de conceitos", como no caso dos filósofos). A imagem-movimento, peculiar da linguagem cinematográfica, é – a um só tempo – imagem-tempo, como a imagem indireta do tempo por meio dos filmes, e imagem-conceito, como forma peculiar de pensar e perceber a realidade por meio das imagens fílmicas.

de uma maneira versátil. De fato, é crença comum que a arte possui, como cerne de sua linguagem, uma polissemia de significados e conteúdos, inserida na linguagem particular de cada forma de arte, de modo que nossa sugestão de aplicabilidade político-pedagógica das obras de arte, um filme por exemplo, não irá sacrificar a expressividade e caráter sugestivo da arte. Em outras palavras, em nosso intuito de nos "apropriarmos" da arte em geral, ou do cinema, em particular, com o compromisso de utilizarmos os filmes como ferramenta facilitadora do processo ensino-aprendizagem, não irá comprometer o potencial estético, próprio das manifestações artísticas.

No entanto, de maneira específica, o vídeo didático é aquele que se propõe a adequar seus temas aos conteúdos escolares, tendo em vista os Parâmetros e Diretrizes Curriculares. Gostaríamos de ressaltar que quando falamos em estabelecer uma finalidade pedagógica (ou política), para a arte ou o cinema, isso não implica uma redução de seu potencial criativo e expressivo, por meio das possibilidade semânticas ou de relações entre a forma e o conteúdo em suas concepções essencialmente estéticas.

Nesse sentido, todo e qualquer filme pode ser abordado a partir de uma perspectiva político-pedagógica. Pois a linguagem audiovisual, inerente ao cinema, tem o potencial de prover os espectadores de um arcabouço intelectual, um repertório emotivo, experiências concatenadas, ou até mesmo percepções pessoais acerca de uma certa realidade abordada pelo filme. Além de que, obviamente, e dado o seu potencial expressivo, o filme também transmite informações concatenadas (isto é, conhecimento), acerca dos conteúdos escolares abordados pelo professor em sala de aula.

Sendo assim, o vídeo pode transmitir informações, ideias e/ou emoções por meio da linguagem audiovisual com uma grande versatilidade, pois o cinema funcionaria como um "simulacro do sonho" (expressão cara a Luis Buñuel), isto é, uma espécie de teatro da consciência humana. Atualmente, com o advento da Internet, o vídeo serve de ferramenta de transmissão dos mais variados temas, com inúmeras finalidades. Criar um vídeo significa elaborar uma ideia em uma linguagem audiovisual com um determinado propósito (transmitir sentimentos, ideias, concepções de mundo, expressões da vida humana, informações científicas, conteúdos escolares, e muito mais).

Mas, afinal, é o cinema capaz de tal propósito? Será que podemos preservar o caráter estético, e portanto artístico, propriamente dito, em uma proposta na qual o cinema possa ser utilizado como ferramenta pedagógica em sala de aula?

13.3 O vídeo didático e os Parâmetros e Diretrizes Curriculares

Em primeiro lugar, gostaríamos de relembrar as áreas e temas transversais do Parâmetros e Diretrizes Curriculares. ÁREAS: Filosofia, Geografia, História, Sociologia, Biologia, Física, Química, Matemática, Língua Portuguesa, Língua Estrangeira, Educação Física, Informática e Arte. TEMAS TRANSVERSAIS: Ética, Meio Ambiente, Saúde, Pluralidade Cultural, Educação e Trabalho, Orientação Sexual e Temas Locais.

Portanto, se levarmos em conta a amplitude de tais Diretrizes, podemos facilmente usar a nossa imaginação para criar formas de relacionar os temas abordados em diversos filmes de nosso conhecimento, com a possibilidade epistêmica de tratá-los adequada e posteriormente por meio de debates, trabalhos individuais ou coletivos (desde resenhas críticas direcionadas, até encenações por parte dos alunos), de forma, sempre, a transformar essa experiência em uma prática natural de elaboração de análises críticas, e de superação do senso comum.

Segundo Deleuze (1999), assim como os filósofos criam, pensam e se expressam por meio de conceitos, os artistas criam, pensam, e se expressam mediante imagens. Além do que, para Deleuze qualquer um que goste bastante de cinema pode falar sobre cinema, ou pensar o cinema, e não apenas os cinéfilos, os cineastas ou os críticos de arte. Por isso, parece que as fronteiras do conhecimento se expandem quanto à possibilidade de pensar, se expressar ou criar conceitos e imagens, ao relacioná-los aos conteúdos pedagógicos, e com isso, ampliar nossas concepções acerca do que seja conhecimento. Assim, tanto professores quanto alunos têm o potencial não somente de relacionar cinema e educação por meio da assistência de vídeos, mas também têm em suas mãos as possibilidades de criar e se arriscar nesta que se tornou a Sétima Arte.

A informação é definida por Deleuze como um conjunto de "palavras de ordem", ou seja, espécies de "comunicados" que são tomados como assentes e verdadeiros de antemão, de forma tal que devemos acreditar nelas e tomá-las como verdadeiras, ou – ao menos – agir como se acreditássemos em tais informações. O problema é que nenhum dado informacional é absolutamente objetivo; pois sempre haverá uma interpretação (geralmente regida pelos editoriais de imprensa), para que tais dados informacionais possam ser narrados, e portanto, transmitidos. Por isso, o dogma da "imparcialidade da imprensa" soa como uma falsa panaceia, que beneficia tão somente os mesmos detentores das grandes corporações de bens de consumo culturais.

Já as ideias, ou modos de conhecer, são frutos da ordenação, conexão, ou concatenação coerente e consecutiva, com consequências, desfechos, e articulações entre as informações reinterpretadas pelo espectador a partir de seu repertório emotivo, suas experiências, e seu arcabouço intelectual. Portanto, é a partir do contexto vivenciado pelo espectador que este poderá interpretar as informações e imagens constituintes de um filme, de modo a ressignificar a si mesmo e o mundo a seu redor.

Acreditamos que o conhecimento se dá justamente nesse processo de interpretação das informações (ou imagens), a partir de um certo contexto: ao interpretarmos essas imagens, vamos constituir nossa consciência crítica acerca de nós mesmos e do mundo a nosso redor.

13.4 Como elaborar nosso próprio vídeo didático

Felizmente, o avanço da tecnologia em nossa época foi capaz de democratizar o acesso à cultura e aos bens culturais, de forma que hoje quase todo cidadão possui uma câmera de vídeo (geralmente acoplada a seu celular). Sendo assim, potencialmente, qualquer pessoa é capaz de produzir um filme, isto é, fazer cinema. Além disso, a arte é definida como a mímesis (imitação ou representação) da realidade de forma criativa, e que busca a beleza e o aprazível, por meio de suas obras. Por isso, é interessante que o vídeo didático também gere uma espécie de "fruição espiritual" em seus espectadores, isto é, além de representar a realidade, a arte deve ser gerar prazer aos seres humanos, e isso ocorre justamente pela junção do "belo" na linguagem artística. Mesmo que concordemos com a tese esboçada por Platão e reiterada por Adorno de que – diferentemente da mera diversão, cujo único propósito é o prazer – a arte é caracterizada crucialmente por prover conhecimento (mesmo se considerado de uma maneira mais abrangente, do que meramente a transmissão de conteúdos escolares, como dito anteriormente).

Uma maneira de aprofundar os conhecimentos em Cinema e aperfeiçoar a prática da realização é sempre buscar novos conhecimentos, ideias e trocas de experiências, sejam elas efetuadas através de contínuas avaliações teóricas e práticas, individual e coletivamente, buscando novos conceitos, possibilidades e experiências na prática do vídeo, seja mediante pesquisas bibliográficas ou cursos de curta duração, como oficinas, ou mesmo uma graduação em cinema.

Um grupo coeso, de pelo menos cinco pessoas, se motivado pelos sentimentos de cooperação, união e trabalho em equipe, é capaz de realizar grandes feitos, e realizar seus próprios filmes, com apuro técnico e requinte estético. Para fazer o seu próprio Vídeo Didático, é necessário respeitar e prestar atenção a todas as etapas envolvidas na feitura de um vídeo, bem como na estrutura e hierarquia de uma Equipe de Filmagem.

A primeira etapa para a confecção de um filme é a concepção da (i) Ideia ou Temática que deverá ser desenvolvida; em seguida, faça uma (ii) Sinopse, isto é, desenvolva sua ideia em poucas linhas, no máximo um parágrafo. Após essa etapa, construa seu (iii) Argumento, ou seja, a concepção temática[30], ou a trama que irá constituir o fio condutor de sua estória[31]; ou do (iv) Conflito que irá constituir o enredo do seu filme; elabore seu (v) Roteiro de Produção, desenvolvendo os temas e personagens[32] do seu filme (biografias, pesquisa etc.); em seguida, construa seu (vi) Roteiro Literário, o que inclui os diálogos das personagens e/ou as perguntas a serem feitas a alguém, ou ainda o objeto de estudo a ser investigado. Finalmente, <u>após as filmagens</u>, e com o material bruto nas mãos ("na lata"), faça seu (vii) Roteiro de Montagem, que definirá de que modo o material será composto, e de que modo será concebida a relação entre a forma e o conteúdo do seu filme; em outras palavras, dar

---

[30] No caso de vídeos documentários, por exemplo.
[31] No caso de filmes de ficção.
[32] O termo "personagem" também é utilizado no caso de filmes documentários para indicar os atores sociais aos quais o diretor irá se debruçar, ou seja, as pessoas a seres entrevistadas.

a "cara final" do seu filme, por meio da relação entre forma e conteúdo que irá compor a forma expressiva do filme como um todo, isto é, tomado enquanto uma unidade fílmica.

Dedique um bom tempo para definir e estabelecer o Conflito, que deverá sempre existir em todo filme, para que mantenha o espectador interessado em assistir a seu filme até o final. É o conflito o elemento crucial que dará dinâmica a seu filme, e dar razão de ser às ideias transmitidas. Na narrativa, o Conflito tem a função de "enganchar" as cenas umas nas outras, transmitindo a motivação das personagens ao buscar alcançar um objetivo, e mantendo a atenção dos espectadores. No filme documentário, é o conflito oriundo do debate de ideias que irá fazer com que haja uma dinâmica em seu documentário[33].

Por fim, estruture bem sua equipe mínima de produção de cinema, que pode ser constituída por pessoas que assumam as seguintes funções, enfatizando as habilidades inerentes de cada pessoa que irá assumir determinada função, e respeitando a hierarquia necessária para a perfeita conformidade da equipe:

- Direção (gestão de pessoas e gerência dos recursos); o diretor será o responsável por liderar e conduzir a equipe com vistas à realização do projeto fílmico; a direção é indicada para pessoas que se expressam com clareza, com domínio da concepção de conjunto, e com resistência ao estresse;
- Produção (execução prática e financeira, responsável por colocar o filme "de pé"); o produtor será responsável por viabilizar todas as condições materiais para a feitura do filme; também é um líder; a produção é indicada para pessoas com fortes habilidades no trato social, bem como com análises de dispêndios financeiros;

---

[33] Um documentário sem conflito, isto é, que não "ouve os dois lados da história", que não apresenta um contraponto ao que está sendo dito pelos "personagens", não funciona como narrativa. Um filme documentário com uma única e restrita visão de mundo é um vídeo institucional (que apresenta uma empresa ou instituição), que na verdade funciona como propaganda de uma determinada função ou visão de mundo.

- Câmera/Direção de Fotografia (composição das imagens, da "marca" do filme, e do primor plástico do filme); o diretor de fotografia será responsável pela composição imagética do filme, juntamente com o diretor de arte (responsável pela concepção e elaboração estética do filme, desde a escolha de locações, figurinos, e biotipos dos atores); e com o produtor de elenco (responsável pela escolha e organização do elenco, no caso de filmes ficcionais); o diretor de fotografia será responsável pela escolha das tomadas, lentes, filtros, e demais requisitos técnicos da câmera, e portanto, da elaboração da "plástica imagética" do filme;

- Edição/Montagem (organização e seleção do material bruto, composição da "cara final" do filme); o montador deverá se deter pacientemente ante o material bruto, e selecionar, organizar, e editar o filme, de acordo com as orientações do roteirista e do diretor;

- Elenco/Entrevistador (a "alma" do filme, quem dá o rosto à tapa, e empresta sua imagem para o filme). Deve-se dar o máximo respeito a essas pessoas, pois, afinal, sem elas o filme não existiria. Além do mais, são elas que permitem que suas imagens sejam registradas pela câmera e projetadas na tela.

Portanto, esperamos que tais reflexões possam aproximar professores e alunos para a prática do vídeo didático e de suas potencialidades pedagógicas e políticas; desde a assistência crítica de filmes até a possibilidade de professores e/ou alunos realizarem seus próprios vídeos com tais propósitos didáticos.

Lembre-se: "O Cinema é uma arte coletiva". Ou seja, o espírito de equipe e união faz milagres!

PARTE IV

DIVERSIDADE E PLURALIDADE CULTURAL

CAPÍTULO 14

REINVENÇÃO CORPO: DO DETERMINISMO BIOLÓGICO AOS GÊNEROS PLURAIS

Berenice Bento

14.1 Introdução: um raio num céu azul?

O objetivo deste capítulo é discutir as disputas em torno da categoria gênero. Tentarei apontar os limites que ainda se notam em torno da desnaturalização das masculinidades e feminilidades. Esses limites podem ser observados se compararmos as estruturas argumentativas em torno das políticas afirmativas para as mulheres e para as pessoas negras. O artigo está estruturado em três partes: na primeira, faço uma apresentação de exemplos conjunturais do que estou chamando de disputas de gênero. Em seguida, apresento uma análise histórica da invenção do dimorfismo, nos termos propostos por Thomas Laquer. Na terceira e última parte, retomo a discussão conjuntural sobre o caráter político da categoria gênero e das dificuldades em se romper como o discurso do dimorfismo. Ainda que haja uma multiplicidade de políticas públicas para equidade de gênero, elas acontecem sem a problematização da naturalização das identidades de gênero, ao contrário do que se observa nas disputas em torno das políticas afirmativas para a população negra.

Parecia que estávamos assistindo a uma performance de nado sincronizado. Vozes que gritavam contra a chamada "ideologia de gênero" em várias casas parlamentares brasileiras. Em sintonia, a CNBB[34], líderes

---
[34] Para ler a nota da CNBB acessar: www.cnbb.org.br/.../16673-a-ideologia-de-genero. Acesso em: 25 ago. 2015.

de igrejas evangélicas, alguns vereadores, deputados estaduais e federais incorporaram em suas agendas de luta contra os direitos humanos mais um (e fundamental) ponto: a exclusão das expressões "gênero", "identidade de gênero" e "orientação sexual" dos Planos de Educação (municipais, estaduais e nacional). Muitos leram essa reação sincronizada com surpresa, como se um "raio tivesse cortado o céu em um dia de sol", para lembrar a expressão de K. Marx no livro *Os Dezoito Brumários*[35].

Aqueles que se negaram a aprovar a inclusão da categoria gênero nos Planos de Educação também têm uma teoria de gênero. Acreditam que somos obra exclusiva do trabalho dos hormônios, dos cromossomos, dos formatos das genitálias e de outras estruturas biológicas. E, claro, todo processo criador dos corpos-homem e corpos-mulher seria coordenado pela vontade divina. Seriam essas estruturas as responsáveis por definir nossas identidades. Portanto, caberia às instituições sociais ouvir com atenção os reclames dos corpos. Estaria esta teoria de gênero biologizante em contradição com a votação da lei do feminicídio em março passado[36]? Não. Nada se pode fazer contra a natureza dos gêneros (passividade=feminina e agressividade=masculino). Caberia ao legislador impor limites penais ao bicho-homem-masculino.

Esta teoria de gênero traz no seu interior uma teoria da sexualidade, segundo a qual a verdadeira e única possibilidade de vivermos nossos desejos seria mediante a completaridade dos sexos. Qualquer deslocamento (por exemplo: homens femininos heterossexuais ou homens masculinos gays; mulheres femininas lésbicas ou mulheres masculinas heterossexuais) seria inaceitável.

Podemos creditar a reação desses grupos a dois acontecimentos históricos. Primeiro: as lutas das pessoas trans (travestis, transexuais, cross-dressing, drag queens, drag kings, transgêneros, queers) pelo reconhecimento de suas identidades de gênero. Segundo: o número de

---

[35] Vários grupos de mulheres, pesquisadores e ativistas dos direitos humanos publicaram notas se posicionando pela manutenção dos termos em disputa. Ver: BENTO, 2015b e de-olho-2/manifesto-publico-do-cndm-contra-a-retirada-da-palavra-genero-dos-planos-de-educacao/ manifesto. Acesso em: 25 ago. 2015).

[36] Para a consulta da lei, acessar http://www.planalto.gov.br/ccivil_03/_Ato2015-2018/2015/Lei/L13104.htm.

pesquisas nas universidades brasileiras que apontam que as categorias gênero e sexualidade devem ser analisadas de forma autônoma. Estas pesquisas também conferem uma autonomia analítica e empírica às categorias sexualidade e gênero.

O meu objetivo neste capítulo não será discutir os planos de educação, mas diria que, onde muitos veem surpresa e retrocesso, eu vejo um desdobramento inevitável e esperado de uma mudança que está acontecendo teórica e empiricamente nas relações de gênero há algumas décadas. O combate que está sendo realizado por esses setores é contra uma forma específica de interpretar o que seja gênero: aquela que desnaturaliza as identidades de gênero e que, como efeitos práticos, se soma à luta das pessoas trans por direitos em todos os âmbitos da vida social (a usar o banheiro de acordo com o gênero com o qual se identificam, o direito a terem seus nomes respeitados na vida escolar, direito às cirurgias de transgenitação sem um protocolo patologizante). E analiticamente representa uma problematização radical da suposta diferença natural dos gêneros. A categoria gênero é histórica, social e política, daí sua centralidade (em consonância com a sexualidade e raça) para a fundação e reprodução da biopolítica, base de sustentação do Estado-Nação.

Esse episódio dos planos de educação soma-se às disputas em torno dos significados do que seja o masculino e o feminino que acontecem a todo momento. Certamente os/as estudantes e profissionais da educação física vivem essa disputa e debate a todo momento. O COI (Comitê Olímpico Internacional) aprovou uma resolução, em dezembro de 2014 na qual, entre os 40 pontos que irão alterar consideravelmente a estrutura das futuras olimpíadas, pode-se ler no item 11: "promover a igualdade de gênero"[37].

Não encontrei nenhum documento produzido pelo COI sobre o que o organismo entende por gênero. Sabemos, contudo, que há uma considerável lista de casos de atletas que mudaram de gênero e passaram a competir na categoria diferente daquela que os seus cromossomos determinariam. Essas mudanças sempre produzem uma avalanche de discussões.

---

[37] Ver: http://esporte.uol.com.br/ultimas-noticias/2014/12/08/coi-aprova-recomendacoes-e-deixa-olimpiada-mais-limpa-leve-e-barata.htm. Acesso em: 29 ago. 2015.

É o caso da ex-atleta Caitlyn Jenner, que antes da mudança de gênero era conhecida como Bruce Jenner. Um grupo de dez mil pessoas criou uma petição para que sua medalha de ouro, conquistada em 1976, fosse revogada. O pedido foi negado pelo COI, que não viu nenhum problema com a mudança de gênero dela. É possível fazer uma rápida pesquisa no Google com os descritores "transexualidade" (ou "transexualismo") e atleta. Aparecerão centenas de páginas com histórias de atletas de várias partes do mundo com histórias sobre suas mudanças de gênero.

Pela rápida pesquisa que fiz na Internet, parece que as decisões COI caminham no sentido do reconhecimento da autodeterminação de gênero. A matéria-prima do trabalho dos atletas é o próprio corpo. Historicamente a organização desses corpos nos espaços competitivos se deu pelo gênero (em alguns casos, a raça também foi acionada para distribuir e separar os corpos em competições esportivas). As decisões do COI parecem sugerir que estamos diante de mudanças estruturais nas leituras que fazem dos corpos. E isso trará mudanças práticas substanciais, aliás já as estamos assistindo.

A Federação Internacional de Natação (Fina) oficializou a presença de atletas masculinos em competições de nado sincronizado. Até então, a modalidade era exclusiva para mulheres[38]. Segundo as novas regras, ratificadas pelos 155 países que estiveram presentes no congresso, os homens competirão nos duetos mistos (ao lado de uma atleta do sexo feminino) nas rotinas técnica e livre. A tendência de pôr fim a determinadas restrições de gêneros nos esportes, contudo, ainda precisa ser pesquisada. Seria interessante entender melhor as motivações e os argumentos utilizados pelos dirigentes para justificar mudanças tão importantes e que podem ter como motivações novas interpretações sobre os significados das identidades de gênero.

Começo este texto com essas questões apenas para chamar atenção para o caráter político, histórico e social da categoria gênero. Portanto, os enunciados que definem as verdades estruturantes para as masculinidades e as feminilidades estão em constante disputa e uma das principais lutas foi o fim das segregações de gênero.

---

[38] Sobre as novas regras da Fina ver: va+inclusao+e+homens+vao+poder+participar+das+competicoes+da+modalidade.html. Acesso em: 24 ago. 2015.

14.2 Século XX: luta contra as segregações de gênero

Ao longo do século XX observamos um movimento contínuo de problematização do *apartheid* de gênero. As escolas não são mais divididas por gênero. Homens e mulheres podem sentar-se lado a lado na mesma sala de aula. Embora ainda existam espaços segregados, a exemplo dos banheiros e algumas atividades de educação física, a escola deu passos importantes para pôr fim ao segregacionismo por gênero. Essa é uma tendência observada de forma difusa em nossos cotidianos. O direito do homem a ocupar os espaços femininos cresce consideravelmente (cozinhar, cuidar de crianças, fazer as compras no supermercado...). As mulheres exercem posições de poder antes tidas como exclusivamente masculinas. Essas transformações nos apontam que a suposta natureza masculina e feminina que vinculava às tarefas a determinados corpos é insustentável.

Acredito que o fim da segregação por gênero representa o primeiro momento de uma luta pela desnaturalização dos gêneros. No entanto, o que se observou ao longo da história das lutas pela equidade de gênero foi um debate tímido sobre a relação entre corpo/identidade de gênero/subjetividade/sexualidade. O fato de se lutar contra as desigualdades de gênero não pode ser lido como uma problematização imediata dos significados socialmente construídos para os femininos e os masculinos, ou mesmo uma luta contra as supostas diferenças naturais entre o masculino e feminino. Este primeiro momento de problematização conseguiu questionar o caráter hierárquico das posições dos gêneros na ordem social. Contudo, nem chegou a arranhar a noção binária de gênero.

Os cromossomos foram, por décadas, os grandes responsáveis por determinar a verdade última de nós mesmos. Agora é a neurociência que tem assumido o protagonismo explicativo sobre as origens (do desejo, da inteligência, da irritação...). Temos escutado com frequência pesquisadores que apontam que os comportamentos de homens e mulheres são naturalmente diferentes devido aos hormônios e a certas estruturais cerebrais[39]. A pergunta que devemos fazer é: como encaixar,

---

[39] Para uma aproximação de textos que defendem a proeminência de explicações biológicas para as identidades de gênero e sexualidade, ver: http://www.sciencemag.org/content/253/5023/1034.abstract. Acesso em: 25 ago. 2015.

nesse modelo explicativo naturalizante para os gêneros, a existência de sujeitos que têm todos os indicadores biológicos (cariótipo, taxa de hormônios, genital sem ambiguidade) considerados normais para seus gêneros, mas que migram de um gênero para outro?

Ao contrário do que aconteceu com a categoria raça, na qual a luta pelos direitos das pessoas negras trouxe, em grande medida, a própria negação da categoria raça, o mesmo não aconteceu com o gênero. Farei esta discussão fazendo referência a políticas públicas, especificamente às políticas afirmativas para mulheres e para as pessoas negras. Como o objetivo deste texto é discutir as disputas em torno das definições do que seja gênero, considero importante apresentar uma rápida discussão sobre o caráter histórico da passagem do isomorfismo para dimorfismo.

14.3 A construção do dimorfismo ou a genitalização da subjetividade

Laqueur (2001), em levantamento bibliográfico realizado sobre a produção de textos que utilizavam como fundamento argumentativo o império da biologia para explicar a ordem moral e determinar as diferenças entre homens e mulheres, revelou que nenhum livro foi escrito antes do século XVII com títulos *De la femme sous ses rapports physiologiques, morals et littéraires ou De la puberté... chez la femme, au point de vue physiologue, hygiénique et medical*. Textos que fizessem referência à moral dos gêneros, baseados nas diferenças anatômicas e biológicas, só começaram a ser publicados no século XVII. Ao longo dos séculos XVIII e XIX, esse quadro mudará substancialmente, quando "surgiram centenas, se não milhares, desses trabalhos, nos quais as diferenças sexuais foram articuladas nos séculos que se seguiram" (LAQUEUR, 2001, p.192).

Para Foucault (1985), entre os anos de 1860-1870 há uma considerável proliferação de discursos médicos que buscam provar que os comportamentos de todas as ordens, e principalmente os sexuais, têm sua origem na biologia. A busca do sexo verdadeiro e da correção de possíveis "disfarces" da natureza também está em curso, embora se tivesse de esperar até meados do século XX para isso se tornar realidade, com as cirurgias de "correção" das genitálias dos "hermafroditas". Assim, a identificação das perversões e do verdadeiro sexo dos "hermafroditas" seria uma tarefa para o olhar do especialista, que conseguiria pôr um fim às dúvidas sobre as ambiguidades das genitálias, apontando o sexo predominante.

O médico Achille Chereau afirmou, em 1844, que "só devido ao ovário é que a mulher é o que é" (apud LAQUEUR, 2001, p. 213), antes mesmo de qualquer evidência científica "comprovasse" a importância desse órgão na vida da mulher, o que só iria acontecer quatro décadas depois, caindo por terra a tese de que a descoberta do dimorfismo sexual teria sido fruto da evolução da ciência. Como disse Laqueur, quase tudo que se queira dizer sobre sexo já continha em si uma reivindicação sobre o gênero.

Muito antes, numa época de redefinições políticas, sociais e econômicas para a mulher francesa, em 1750, o filósofo francês Diderot antecipou Chereau ao afirmar que

> [...] a mulher traz dentro de si um órgão susceptível de terríveis espasmos, que dispõe dela e que suscita em sua imaginação fantasmas de todo tipo. É no delírio histérico que ela retorna ao passado, que se lança no futuro, e que todas as épocas lhe são presentes. É do órgão próprio do seu sexo que partem todas as suas ideias extraordinárias (DIDEROT, 1991, p. 123).

O fundamento que justificava a exclusão das mulheres da vida pública baseava-se numa suposta fragilidade física e na forte emotividade de seu caráter. Para que o novo contrato social fosse efetivado, foi necessário estabelecer um outro: o sexual. Será este contrato, segundo Pateman (1993), que irá encontrar na ciência os fundamentos para justificar tal exclusão, embora muitas das descobertas sobre o funcionamento dos corpos, inclusive a dinâmica reprodutiva, fossem aparecer apenas no final do século XIX.

Os dois sexos foram inventados como um novo fundamento para o gênero. Conforme Laqueur:

Em alguma época do século XVIII, o sexo que nós conhecemos foi inventado. Os órgãos reprodutivos passaram de pontos paradigmáticos para mostrar hierarquias ressonantes através do cosmo, ao fundamento da diferença incomensurável. Aristóteles e Galeno estavam errados ao afirmarem que os órgãos femininos eram uma forma menor dos órgãos masculinos e, consequentemente, que a mulher era um homem menos perfeito (LAQUEUR, 2001, p. 189).

Os discursos científicos sobre as diferenças biológicas entre homens e mulheres, construídos como verdades irrefutáveis ao longo dos séculos XVIII e XIX, foram antecedidos pela rediscussão do novo estatuto social da mulher. Por volta da segunda metade do século XVIII, as diferenças anatômicas e fisiológicas visíveis entre os sexos não eram consideradas, até que se tornou politicamente importante diferenciar biologicamente homens e mulheres, mediante o uso do discurso científico. Conforme sugeriu Costa,

> [...] a ciência veio avalizar o que a ideologia já estabelecera. O sexo de filósofos e moralistas havia decretado a diferença e a desigualdade entre homens e mulheres; a ciência médica vai confirmar o bem-fundado da pretensão política. A diferença dos sexos vai estampar-se nos corpos femininos sobretudo a) na diferença dos ossos; b) na diferença dos nervos e c) na diferença do prazer sexual. O sexo vai investir os corpos diversificando-os segundo interesses culturais (COSTA, 1996, p. 84).

No isomorfismo (COSTA, 1996; NUNES, 2000; MARTENSEN, 1994), existia um único corpo. O corpo da mulher era igual ao do homem, sendo a vagina um pênis invertido. A ideia central aqui é de continuidade, e não de oposição. O útero era o escroto feminino; os ovários, os testículos; a vulva, um prepúcio; e a vagina, um pênis invertido. No lugar desse modelo, foi construído o dimorfismo. Os corpos justificariam as desigualdades supostamente naturais entre homens e mulheres.

Era necessário criar uma linguagem dicotomizada para batizar os órgãos masculinos e femininos. Até meados do século XVII utilizavam-se nomes associados para designar os ovários e os testículos. A "vagina", definida como "a bainha ou órgão côncavo no qual o pênis se encaixa durante a relação sexual e por onde os bebês nascem" (LAQUEUR, 2001, p. 199), entrará na linguagem médica europeia por volta de 1700. Nessa definição de "vagina", os dois atributos que dão inteligibilidade ao feminino estão presentes: a heterossexualidade, "a bainha ou órgão côncavo no qual o pênis se encaixa durante a relação sexual", e a maternidade, "e por onde os bebês nascem".

A linguagem científica é uma das mais refinadas tecnologias de produção de corpos-sexuados, na medida em que realiza o ato de nomear, de batizar, de dar vida, como se estivesse realizando uma tarefa descritiva, neutra, naturalizando-se (BENTO, 2015).

O ventre da mulher, que era uma espécie de falo negativo no isomorfismo, passou, em meados do século XVIII, a ser nomeado por útero – um órgão cujas fibras, nervos e vascularização ofereciam uma explicação e uma justificativa naturalista para a condição social da mulher. O ovário, durante dois milênios, não teve um nome específico. Galeno referia-se a ele com a mesma palavra que usava para os testículos masculinos, *orcheis*, deixando que o contexto esclarecesse o sexo ao qual ele se referia (LAQUEUR, 2001).

Aos poucos a linguagem tornou-se dimórfica. Os significantes cristalizaram-se, fixaram os significados. Já não era possível entender o corpo como um significado flutuante, como poderia ocorrer no isomorfismo. As estruturas que eram consideradas comuns ao homem e à mulher – o esqueleto e o sistema nervoso – foram diferenciadas.

> Conforme apontou Costa (1996), em meados do século XIX os manequins científicos do homem e da mulher já estavam prontos. De homem invertido, a mulher passou a ser o inverso do homem. E aqui se opera uma inversão: os corpos-sexuados que foram inventados pelos interesses de gênero ganharam o estatuto de fato originário. A luta para a construção de uma leitura dos corpos baseada na diferenciação radical entre os corpos-sexuados se impõe hegemonicamente no século XIX, propiciando a emergência de novas subjetividades e de novas identidades coletivas.

O antigo modelo, segundo o qual homens e mulheres eram classificados conforme um grau de perfeição metafísica, seu calor vital, ao longo de um eixo cuja causa final era o masculino, deu lugar, no final do século XVIII, a um novo modelo de dimorfismo radical, de divergência biológica. Uma anatomia e fisiologia de incomensurabilidade substituíram uma metafísica de hierarquia na representação da mulher em relação ao homem.

No isomorfismo o homem é o referente, pois possui a energia necessária para gerar a vida, enquanto a mulher, por ser menos quente ou um homem imperfeito, guardaria a semente produzida pelo calor masculino. No isomorfismo, o corpo é representado em termos de continuidade, e a diferença, em termos de graus.

Os estudos históricos de Laqueur tiveram como objetivo apontar que o sexo no isomorfismo era um fundamento inseguro para posicionar os sujeitos na ordem social e que as mudanças corpóreas podiam fazer o corpo passar facilmente de uma categoria jurídica (feminina) para outra (masculina).

Na Renascença, a questão dos hermafroditas, por exemplo, era juridicamente analisada segundo a perspectiva de gênero. Não se tratava de saber a qual sexo se pertencia realmente. Segundo Laqueur, "os magistrados estavam mais preocupados com a manutenção das claras fronteiras sociais, o que hoje chamamos de gênero, do que com uma realidade corpórea" (2001, p. 86).

Para Foucault (1985; 2001), o dever dos hermafroditas de ter um único sexo, sendo obrigados a assumir todas as obrigações vinculados a este, é um fato recente, pois durante séculos se admitiu que tinham dois. O sexo que se atribuía no nascimento era decidido pelo pai ou pelo padrinho. Na idade adulta, quando se aproximava o momento de casar-se, o hermafrodita poderia decidir por si mesmo se queria continuar no sexo que lhe haviam atribuído ou se preferia o outro. A única condição era que não mudasse mais, pois poderia ser penalizado sob acusação de sodomia. Foram essas mudanças que acarretaram a maioria das condenações dos hermafroditas durante a Idade Média e o Renascimento. A posição jurídica dos hermafroditas mudará radicalmente com o estabelecimento de que a verdade das condutas deve ser buscada no sexo, sem ambiguidades ou confusões.

Para Laqueur, a interpretação de Foucault sobre a mobilidade dos gêneros na Renascença é excessivamente idealizada. No entanto, reconhece que as mudanças de gênero eram muito mais comuns do que se pode imaginar nos dias atuais. Histórias como as de Marie-Germaine, a menina que virou menino, eram comuns na Renascença. O médico francês Ambroise Paré (1509-1590), cirurgião de vários reis, julgava que não havia nada de extraordinário no fato de uma menina virar um menino, e relatou vários casos, entre eles o de Marie-quevirou-Germain. Segundo Pare, Germain Garnier serviu no séquito do rei quando ele o conheceu. Até os 15 anos viveu como menina. Na puberdade, a menina fez um movimento rápido e violento ao saltar por uma vala quando corria atrás de porcos e, nesse mesmo instante, a genitália masculina rompeu os ligamentos que até então a prendiam. O caso mobilizou a cidade e as autoridades locais, que em assembleia decidiram que Marie passaria a se chamar Germain e que estava apto a desenvolver as atividades masculinas.

Essa mudança era natural, segundo Paré, uma vez que "as mulheres têm tanta coisa oculta dentro do corpo quanto os homens têm do lado de fora; a única diferença é que elas não têm tanto calor, nem capacidade de empurrar para fora o que a frieza de seu temperamento mantém preso no seu interior. (PARÉ apud LAQUEUR, 2001, p. 126).

O anatomista Estienne, seguidor de Galeno, afirmará:

> O que está dentro da mulher está para fora nos homens; o que é o prepúcio nos homens é a parte pudenda da mulher. Pois, diz Galeno, o que se vê como uma espécie de abertura na entrada da vulva nas mulheres, na verdade encontra-se no prepúcio da parte pudenda masculina... Nós chamamos de garganta do ventre o que é a fenda do pênis masculino; é quase como... a pequena cobertura da vulva, que aparece como um excrescência circular na genitália masculina. (GALENO apud, LAQUEUR, 2001, p. 168-169).

Para os médicos da Renascença, havia um sexo único e pelo menos dois sexos sociais com direitos e obrigações distintas. O sexo biológico, que se usa como base e referência para a construção dos gêneros contemporaneamente, inexistia. O pênis, por exemplo, era um símbolo de status, e não um sinal de alguma outra essência ontológica profundamente arraigada, ou seja, o sexo real.

Os estudos históricos de Laqueur tiveram como objetivo apontar que o sexo deve ser compreendido como epifenômeno no pensamento pré-Iluminista, enquanto o gênero, que consideramos como categoria cultural, era o primário ou o "real". Friedli (1999) delimitou seus estudos no século XVIII e resgatou inúmeros casos de mulheres que se passavam por homens, fato interpretado pela autora como uma resistência aos novos papéis de mãe e de esposa que lhes estavam sendo imputados. É interessante observar que, no caso de Marie, os verbos são "tornar-se", "virar"; já nos casos relatados por Friedli, fala-se em "passar por", ou seja, em uma clara influência do discurso do sexo verdadeiro.

14.4 Os seios lactantes

O corpo feminino, principalmente os seios, foi alvo de uma intensa ressignificação no século XVIII. Tradicionalmente, os seios ocuparam uma posição destacada na representação do feminino no mundo moderno, seja como ícone da beleza feminina no mundo grego (pequenos, firmes e hemisféricos) ou como símbolo da luxúria das bruxas (murchos e alongados).

Em 1758, Lineu, cientista que criou a taxonomia moderna de classificação das espécies, introduziu o termo *"Mammalia"* para distinguir a classe de animais que englobava humanos, chipanzés, ungulados, preguiças, peixes-boi, elefantes, morcegos e todos os outros seres dotados de pêlos, três ossos no ouvido e um coração de quatro câmaras. Ao eleger o termo *"Mammalia"* para classificação dos seres humanos, Lineu se contraporá à classificação de Aristóteles, que posicionava os humanos na classe dos "quadrúpedes". Mas por que os seios? Quais as motivações que levaram Lineu a eleger "Mammalia", destacando uma característica associada principalmente à fêmea e aos órgãos reprodutivos, no estabelecimento do lugar dos seres humanos na natureza?

Para a historiadora Schiebinger (1997), é necessário contar o outro lado da história ou recontar a história com um olhar generificado.

A nomenclatura é igualmente histórica, surgindo a partir de circunstâncias, contextos e conflitos específicos e se deve perguntar o porquê de certo termo ter sido cunhado, estabelecido e naturalizado.

Lineu não foi exclusivamente um cientista consagrado à tarefa das classificações infindáveis; esteve envolvido pessoalmente nas campanhas realizadas pelo Estado francês contra as amas de leite e em defesa do aleitamento materno. Essas campanhas articulavam-se com os realinhamentos políticos que redefiniriam o lugar apropriado para mulher, o mundo doméstico, utilizando como eixo argumentativo a estrutura natural do seu corpo. Já não se trata do seio da virgem ou o da bruxa, mas o da mulher lactante, em um momento histórico em que os médicos e os políticos começavam a enaltecer as qualidades do leite materno.

A visão científica de Lineu surgiu sintonizada com importantes correntes políticas do século XVIII – a reestruturação da assistência às crianças e às vidas das mulheres como mães e esposas[40] e a fascinação dos europeus pelo seio feminino forneceram as condições para a inovação de Lineu.

Simultaneamente ao termo *Mammalia*, Lineu introduziu o termo *Homo sapiens*. Para Schiebinger (1997), a escolha do termo *sapiens* é significativa. O homem tradicionalmente é diferenciado dos animais por sua razão, sendo, inclusive, classificado no mundo medieval como *animal rationale*. Assim, na terminologia de Lineu, uma característica feminina (as mamas lactantes) liga os humanos aos seres brutos, enquanto uma característica tradicionalmente masculina (a razão) distancia-os deles.

A discussão sobre o aleitamento materno pode ser inserida dentro de um movimento mais amplo que, segundo Foucault (1985), seria notado ao longo do século XVIII e que se consubstanciaria em um qua-

---

[40] Em um pronunciamento realizado em 1793, por ocasião do primeiro aniversário da República Francesa, Pierre-Gaspard Chaumette, um importante líder, afirma: "Desde quando é decente que as mulheres desertem dos zelosos cuidados de seus lares e da alimentação de seus filhos, vindo aos lugares públicos para ouvir discursos nas galerias e no senado? Foi aos homens que a natureza confiou os cuidados domésticos? Deu-nos ela seios para nutrir nossas crianças?" (apud SHIEBINGER, 1997, p. 225).

dro de grandes conjuntos estratégicos que desenvolveram dispositivos específicos de saber e de poder: a histerização do corpo da mulher, a pedagogização do sexo da criança, a socialização das condutas de procriação e a psiquiatrização do prazer perverso.

Os discursos de Lineu eram voltados para denunciar os males que o leite estranho causaria à criança, transmitindo doenças, e mais: o caráter da criança de classe alta poderia facilmente ser corrompido pelo leite das amas de classe inferior. Em 1752, Lineu fez um pronunciamento contra a barbárie das mulheres que não amamentavam seus filhos, afirmando que elas deveriam guiar-se pelo exemplo dos animais que, espontaneamente, oferecem suas mamas a seus filhotes.

A proliferação de textos sobre a importância dos seios lactantes como identificadores da condição feminina desloca-se do tema população e passa a ter autonomia. Se no século XVIII os seios lactantes motivam um conjunto de discursos que tentam legitimar-se nas subjetividades enquanto verdades, o século XIX já o lerá como mais uma prova do dimorfismo dos corpos. Os seios, como símbolo da maternidade; a maternidade, como destino de todas as mulheres.

Uma complexa rede de argumentos (morais e científicos) e interesses (de Estado, de gênero, de classes e religiosos) embaralha-se para reforçar um movimento mais amplo: ser mulher é ser mãe, e é a partir dessa atribuição natural que a sociedade deverá atribuir-lhe suas funções, ou seja, os seios serão uma das provas incontestes de que uma mulher é diferente de um homem, e os seios (lactantes) são símbolos da pureza materna. Esses discursos têm um efeito protético: produzem os seios-maternos dentro de um projeto mais amplo de fabricação dos corpos-sexuados (corpo-homem/corpo-mulher). É necessário pensar a construção dos corpos-sexuados como produto de uma tecnologia biopolítica, como um sistema complexo de estruturas reguladoras que controlam a relação entre os corpos, as subjetividades e os desejos.

A história da amamentação e da valorização do seio lactante é mais um capítulo da luta pela hegemonia do modelo dos dois sexos. Embora tenha ocorrido um esquadrinhamento científico dos corpos com o objetivo de provar que não há nada que ligue a mulher e o homem, enfatizei aqui as mudanças dos olhares sobre os órgãos reprodutivos, uma vez que serão principalmente essas partes do corpo que marcarão os conflitos daqueles que vivem a experiência transexual.

Os efeitos dessas verdades interiorizadas fazem com que se tente agir de acordo com aquilo que se supõe natural. É a pressuposição de uma natureza agindo sobre as condutas que irá organizar as subjetividades, de forma que se tenta reproduzir ações que sejam as mais "naturais". No entanto, a existência de sujeitos que não agem de acordo com as expectativas do dimorfismo nos leva a pensar nas fissuras das normas de gênero e que suas verdades não conseguem uma eficácia total.

Um dos desdobramentos foi a emergência de subjetividades que não se reconhecem como pertencentes ao gênero que suas genitálias lhes posicionam: as pessoas trans. Para os homens trans masculinos, a parte do seu corpo que mais lhes causa problemas são os seios, pois os denunciam como uma "farsa" de homem. A mesma preocupação têm as mulheres trans em relação ao pênis.

Os discursos das pessoas trans revelam, entre outros aspectos, a eficácia do processo de interiorização de um discurso assumido enquanto verdade, o que lhes provoca sofrimentos uma vez que interpretam suas dores como problema individual. No entanto, e contraditoriamente, esses sentimentos também revelam os limites discursivos do modelo dimórfico. Para as pessoas trans, esses conflitos são inexplicáveis e muitos/as dizem que alimentam a esperança de que algum dia se descobrirá uma causa biológica para explicar suas condutas. Quais as práticas que levam o sujeito a se perceber e a se pensar como um "anormal", uma "aberração", não tendo o direito à existência?

"Eu só queria ser uma pessoa normal", *"já me senti uma aberração"*, *"quero andar na rua de mãos dadas com minha mulher, como uma pessoa normal"*. Essas são narrativas de sujeitos que interiorizaram essas verdades. Não se trata de construir as pessoas trans com vítimas, mas de se perguntar o que significa ser "uma pessoa normal", o que é "ser normal", quais os mecanismos e os critérios para se definir, classificar, catalogar alguém como normal ou anormal?

Portanto, a construção assimétrica e hierárquica dos corpos na ordem binária do gênero compõe o dispositivo discursivo do chamado "determinismo biológico". A tríade que sustenta esse dispositivo é a raça, o gênero e a sexualidade. As relações entre gênero/sexualidade e sexualidade/raça têm pontos semelhantes com a discussão que farei aqui, mas têm especificidades que merecem uma reflexão que ficarão para outro momento.

14.5 Raça e gênero: nas teias das políticas públicas

Um dos efeitos das políticas de cotas para as pessoas negras nas universidades foi a produção de discursos sobre raça e exclusão social, como poucas vezes se observou em nossa história. Em uma conversa com uma amiga antropóloga que se negava a concordar com políticas públicas baseadas na noção de raça, eu lhe perguntei: *então, você também é contra as políticas para as mulheres?* E ela, como feminista combativa que é, me respondeu: *claro que não*. Quais as relações entre gênero e raça? Não seria uma contradição negar políticas públicas para os/as negros/negros e concordar com políticas para as mulheres?

Um raciocínio corriqueiro: *é claro que a mulher é diferente do homem, e por conta dessa diferença foi excluída. Daí ser necessário fazer políticas reparadoras e específicas para as mulheres.* Esses argumentos esquecem que a invenção do dimorfismo e a produção do feminino como portador de uma diferença inferiorizada em relação ao homem estiveram assentadas no pressuposto (dito de base científica) de que mulheres e homens são naturalmente diferentes.

Podemos recuperar o argumento que diz que as cotas para negros/negras teriam como efeito reificar a raça, num movimento tautológico. Eu pergunto: políticas afirmativas para as mulheres não seria também uma forma de perpetuar a suposta diferença inferiorizada da mulher? Uma das respostas possíveis seria pensar que, embora não exista a diferença natural entre homens e mulheres, a construção social dessas diferenças tem uma eficácia na produção de subjetividades fazendo que as mulheres e os homens sintam-se felizes ou frustrados quando não cumprem as expectativas sociais. Este argumento pode ser inteiramente aproveitado para o debate sobre a questão racial.

Há, contudo, uma tensão nas políticas públicas construídas a partir de determinado "marcador biológico": ao reconhecer a existência de sujeitos que foram e são vulnerabilizados e excluídos por um determinado "marcador biológico", possivelmente pode-se reforçar a ideia de identidades essencializadas. Esse dilema não pode ser desprezado. Da mesma forma que não se pode olhar os dados socioeconômicos, observar os níveis de exclusão histórico de mulheres e negros e não se demandar políticas específicas, como o movimento feminista faz há décadas. Quando, por exemplo, se cruzam esses dois marcadores (gênero e raça), encontramos as mulheres negras como as ocupantes dos níveis mais inferiores da estratificação social brasileira. Os "marcadores biológicos" transformam-se em marcadores sociais da desigualdade.

A solução para sairmos dessa saia justa (políticas afirmativas/reificação das identidades) seria pensarmos no âmbito de políticas universais, onde todos teriam os mesmos direitos. Sem dúvida, esse é o melhor projeto estratégico para o momento em que todos os corpos tenham os mesmos valores na sociedade. No entanto, considerando que o Brasil é o país onde mais se mata pessoas trans no mundo e que a violência contra as mulheres não diminui, ainda temos um longo caminho pela frente (para ficar na dimensão de gênero).

Embora não exista raça sabemos que ela opera na vida social, destruindo castigos e privilégios. A raça não existe, mas existe. Sempre que se vir um jovem negro vindo na direção oposta e se supõe que ele é um ladrão; na hora que policiais param preferencialmente carros conduzidos por negros, é a ideia de um comportamento inato dos negros que orientam essas ações. A dimensão de gênero não é exatamente a mesma?

A existência de políticas públicas diversas para a proteção e promoção da mulher não teve a mesma intensidade de resistência quando comparada ao debate das cotas raciais. Ao contrário, as vozes sempre foram no sentido de pedir mais e mais políticas para corpos específicos: as mulheres. Daí podemos inferir que a crítica ao determinismo biológico tenha conseguido avançar mais na dimensão racial, despindo publicamente o racismo secular da sociedade brasileira. O mesmo não acontece para a questão dos gêneros. A perspectiva naturalizante nunca esteve tão fortalecida, apesar dos esforços de múltiplos ativismos e de uma pujante produção teórica no campo dos "estudos transviados" (tradução idiossincrática que faço para "estudos *queer*").

Os desafios mais duros talvez sejam: 1) reconhecer a necessidade de políticas afirmativas específicos e 2) produzir discursos que neguem o primado biológico. No primeiro caso, as demandas devem ser encaminhadas ao Estado. No segundo, a disputa deveria acontecer em todos os níveis sociais, sem um centro único: movimentos sociais, nas salas de aula, na educação não segregacionista dos filhos (fim das chamadas "coisas de menina", "coisas de menino"), na moda, no cinema etc. Essa distinção é importante porque não se pode esperar que o Estado, instituição que se nutre da biopolítica, assumirá para si a tarefa de desnaturalização do gênero.

14.6 Homens-femininos, mulheres-masculinas

A nossa presidenta desconstrói, felizmente, todos os estereótipos da dita feminilidade. Assim como ela, milhões de mulheres e homens não se encaixam no padrão hegemônico para os gêneros. Embora a diversidade de masculinidades e feminilidades negue quaisquer possibilidades de se supor que sejam as estruturas biológicas os demiurgos de nossos desejos, pesquisas que tentam isolar as características celebrais das mulheres e dos homens não cessam. Os novos porta-vozes do determinismo biológico dos gêneros definem que agora não são mais os cromossomos que definem nossas supostas identidades de gêneros, mas as estruturas neurais. E se você não se encaixa, possivelmente encontrará alguma categoria diagnóstica no DSM-5 (*Diagnostic and Statistical Manual of ental Disorders*) ou CID-10 (Código Internacional de Doenças) nos capítulos dedicados aos gêneros disfóricos. Por mais estranho que isso posso parecer, o gênero transformou-se em uma categoria diagnóstica há mais de 30 anos, sem que houvesse nenhuma resistência.

Talvez tenhamos que pensar em termos de uma abolição do gênero, negando o primado dos cromossomas, dos neurônios e dos hormonais na definição de quem somos. Os desdobramentos de uma visão que desvincule o gênero da biologia teriam efeitos práticos, como por exemplo reconhecer imediatamente o direito de as pessoas trans acionarem todas as políticas públicas que tenham o selo "gênero", sem a exigência da presença de uma vagina ou de pênis. Outro desdobramento dessa abolição seria demandar o fim de todos os espaços generificados, portanto, segregacionistas, a exemplo dos banheiros.

Presenciamos nos últimos oito anos um crescimento como nunca visto de pesquisas aplicadas que têm como objetivo encontrar a causa biológica da existência trans. Um fracasso atrás do outro. Nenhuma pesquisa conseguiu isolar o "genes" do gênero. Os ovários dos homens trans foram revirados, os restos celebrais (hipotálamos) das pessoas trans falecidas medidos e toda uma parafernália de hipóteses e pesquisas foram formuladas. Não se chegou a nenhum resultado aceito pela comunidade científica. Essas pesquisas são uma citação histórica das pesquisas realizadas por Cesare Lombroso, médico italiano que tinha como meta determinar o "criminoso nato" por meio da análise de características somáticas. Da mesma forma, os estudos para determinar a biologia dos gêneros são expressões das convenções culturais dominantes que supõem que a verdade de nós mesmos estaria em algum lugar do corpo.

14.7 Identidade de gênero como expressão do determinismo biológico

Se o gênero não é da ordem natural, como defini-lo? Existe identidade de gênero? Podemos pensar essas questões em dois momentos:

1) a dimensão invisível: a subjetividade e a 2) visível: a forma de apresentar-se ao mundo como membro de um determinado gênero.

A primeira dimensão é aquela que se refere à forma como se sente e se organiza (ou se desorganiza) as emoções. É comum escutarmos que as mulheres são frágeis, sensíveis e até que existe uma forma feminina e masculina de sentir o mundo. Em nossos cotidianos sabemos que isso não passa de historinhas. Hoje, segundo o IBGE, quase 39% dos lares brasileiros são chefiados exclusivamente por mulheres[41]. A ideia de subjetividades

---

[41] Ver: http://www.brasil.gov.br/economia-e-emprego/2014/10/mais-mulheres-assumem-a-chefia-das-familias-revela-pesquisa-do-ibge. Acesso em: 26 ago. 2015.

polarizadas é insustentável. Portanto, não há estabilidade suficiente para se afirmar que há uma subjetividade típica para cada gênero.

Em nosso dia a dia conseguimos reconhecer (quase sempre) quem é homem e quem é mulher porque socialmente se definiu modos de homem e modos de mulher. Mas, quando eu olho para alguém e penso "*É um homem.*", isso não significa que ele tenha pênis. O fato de o meu olhar reconhecê-lo como homem é porque ele e eu compartilhamos os mesmos significados construídos socialmente para definir quem é homem ou mulher. O reconhecimento social, a visibilidade, não está condicionada à existência de determinada genitália.

Muitas vezes escutamos "*Nossa, mas é igualzinha a uma mulher?!*" para se referir a uma mulher trans. Ela não é "igualzinha". Ela é uma mulher, porque é assim que ela vive seu gênero. Esses deslocamentos acontecem diariamente com pessoas não trans que fazem gênero desfazendo gênero, ou seja, atualizam em suas práticas determinadas estilísticas que fogem do binarismo.

Qual o sentido de continuarmos dividindo a humanidade em dois gêneros, com duas identidades opostas? O mundo que nos cerca é feito por combinações diversas daquilo nomeado como masculino e feminino. Não soa estranho falar que "Fulano age daquele jeito porque é negro"? No seu corpo estaria a resposta para suas condutas? A crença nessas possibilidades é um caminho certo para se reconhecer um racista. E com os gêneros? Por que não temos o mesmo estranhamento quando escutamos pérolas como: "homem não chora", "só podia ser coisa de mulher", "sente-se como uma menina"? Se fosse natural, ninguém precisaria ensinar. O gênero é como a língua. Em determinado momento, por tantas repetições, parecerá que você nasceu sabendo falar. Toda a historicidade é apagada pela incorporação.

E para concluir a conversa com a minha amiga, ela disse: *Nós mulheres temos útero, e os homens, não.* Ela acabou citando, talvez sem querer, o filósofo Diderot, que afirmava que as mulheres eram seus úteros. Uma parte do corpo definiria toda a complexidade de um ser. E as mulheres que não podem ter filhos/filhas? E as mulheres que não querem ser mães? Não são mulheres? Mais uma vez, as armadilhas do determinismo biológico que pensávamos estar em algum lugar do passado apresenta-se.

CAPÍTULO 15

HORIZONTES CULTURAIS E SIMBÓLICOS DAS DANÇAS POPULARES

Rosie Marie Nascimento de Medeiros

15.1 Introdução

A reflexão sobre a pluralidade cultural e o respeito às diferenças remete meu olhar contemplativo ao universo da arte da dança e, mais especificamente, das danças populares, haja vista que suas origens são marcadas pela diversidade de povos que aqui estiveram e que criaram suas formas expressivas plásticas dançantes. Assim visualizarmos nessas danças elementos culturais e simbólicos significativos que são tecidos nos corpos e revelados em suas diferentes manifestações, evidenciando nas gestualidades, nos personagens, nas músicas, saberes, por vezes, pouco considerados no processo educativo.

Acreditamos que uma das tarefas da educação é a inserção dos indivíduos no universo da arte, da cultura, das simbologias, consideradas como fontes significativas de conhecimento e saberes diversos, como podemos visualizar nas danças populares.

As danças populares, de acordo com Nóbrega (2000), são textos corpóreos que transcrevem marcas da cultura. Assim, em cada gesto, em cada movimento, essas danças apresentam histórias do povo, suas constituições, crenças e valores, dentre tantos outros aspectos que evidenciam cultura.

Em suas reflexões sobre a cultura, Zumthor (1993) afirma como a faculdade, entre todos os membros do grupo social, de produzir signos, de identificá-los e interpretá-los da mesma maneira; ela constitui o fator de unificação das atividades sociais e individuais, o lugar possível para que os interessados tomem as rédeas do seu destino coletivo.

As danças populares surgem a partir da construção simbólica de representações dançantes dos povos, de seus modos de viver e de conviver, representando aspectos de suas vidas, podendo ser identificadas, portanto, por uma coletividade.

Langer (1980, p. 101), em suas reflexões sobre arte e cultura, afirma:

> Uma cultura é formada, efetivamente, pelas atividades de seres humanos; é um sistema de ações entrecruzadas e intersectantes, um padrão funcional contínuo. Como tal ela é evidentemente, intangível e invisível. Ela tem ingredientes físicos – artefatos, e também sistemas físicos – os efeitos étnicos que são estampados na face humana, conhecidos como sua expressão e a influência da condição social no desenvolvimento da postura e movimento do corpo humano. Mas, todos esses itens são fragmentos que significam o padrão total de vida apenas para aqueles que estão familiarizados com ele e que podem ser relembrados de sua existência.

Nesse contexto, acreditamos que as danças populares, revelam a cultura do povo, suas expressões, apresentadas por meio de seus movimentos e gestos. De acordo com Lara (2011), essas danças expressam as necessidades de suas comunidades originárias, de seus sentidos estéticos, das lutas e afirmações diante da vida que se apresentam como identificadores da pluralidade cultural existente.

Nesse contexto, podemos citar a alegria apresentada pelas pastorinhas belas, ao festejarem com seus cânticos e danças a chegada do menino Jesus, representando a estreita ligação com a cultura ibérica; as pisadas fortes na terra, evidenciando a estreita relação do corpo com a natureza, o respeito à terra, de onde surgimos e para onde iremos, nas danças da cultura indígena; os cantos de excelência, apresentados na dança da puxada de rede, homenageando aqueles que foram mortos em suas buscas pesqueiras e que tornaram-se excelências, na passagem para o novo mundo, e ainda nesse contexto, evidenciamos as cirandas, que revelam a união dos povos nas comunidades litorâneas, ao celebrarem a vida daqueles que retornaram a terra após dias e semanas pescando em alto mar, cujos gestos remetem às ondas e aos movimentos do mar; podemos citar ainda o xaxado e sua estreita relação com a cultura sertaneja, representando principalmente as lutas e as vitórias entre os cangaceiros.

Todos esses elementos, dentre tantos outros existentes, ratificam a estreita relação das danças com a vida do povo que as criou e, sobretudo, as dançou, para contar e preservar suas estórias e sua cultura, evidenciadas nos diferentes personagens das danças da tradição.

Atrelado ao horizonte cultural, apresentamos o universo simbólico que também permeia as danças populares, na escritura das diferentes histórias, revelando elementos educativos que também são tecidos nos corpos dançantes.

Em suas reflexões sobre o universo simbólico, Eliade (1991) afirma que os símbolos revelam aspectos da realidade, os mais profundos: são consubstanciais ao ser humano, precedem a linguagem e a razão discursiva, e seu estudo, portanto, nos permite conhecer melhor os homens.

Diante dessa reflexão, podemos perceber que conhecer os símbolos é também conhecer aspectos dos diferentes povos e seus modos de ser e de conviver. Pois, de acordo com Chevalier (2006, p. 24), "um símbolo só existe em função de uma determinada pessoa, ou de uma coletividade, cujos membros se identifiquem de modo tal que constituam um único centro".

Diante dessa reflexão sobre a construção coletiva das diferentes simbologias, podemos refletir sobre a construção das significações culturais e simbólicas do Boi, animal inserido no contexto cultural do Brasil, personagem central de inúmeros folguedos folclóricos, canções, literatura de cordel e tantas outras manifestações, sendo conhecido por diferentes nomes.

Nesse sentido, afirmamos que o boi é simbólico. Esse animal, representado na dança, possui a característica simbólica de ser oferecido a nossa percepção e ser reconhecido de diversas maneiras. Seja pelas histórias contadas durante nossas vidas, como a de Caterina, personagem que desejou a língua do boi, que ao ser retirada lhe causou a morte. Mas, por seu caráter fantástico e mágico, ressuscitou e dançou; seja na literatura de cordel, em especial no Nordeste, onde as terras não eram cercadas, os bois eram criados soltos, livres nos campos sem fim, ratificando sua fama de ser ágil, valente e bravo; seja por meio dos cantadores do Nordeste que se encarregavam de celebrar as manhas, a velocidade e o poderio dos bois, por meio de seus cânticos, espalhando seus versos para outras regiões do Brasil e dissipando a celebridade do boi (CASCUDO, 2002).

Na cultura maranhense, o caráter simbólico pode ser evidenciado no ritual de batismo do boi, como evidencia Viana (2013). Segundo o autor, o Bumba-Meu-Boi no Maranhão faz parte do ciclo das festas juninas; assim no dia 23 de junho acontece o batismo do boi, que apresenta como simbolismo a purificação, a vivificação e renovação desse ente, dando-lhe status de cristão, como acontece nos ritos católicos do batismo. Após ser batizado, o boi passa a dançar nesse ciclo das festas juninas, a partir do ritual de passagem de pagão para o ser cristão, sob a proteção de São João.

Esse ritual de batismo, que acontece no Maranhão, ratifica o fato de a percepção dos símbolos depender da cultura, das interpretações dos sujeitos que vivem aquele momento. Desse modo, outros significados podem ser atribuídos de acordo com as diferentes vivências com esses símbolos dançantes.

Por essa ou por várias outras histórias com as quais convivemos sobre esse animal e seus significados, nosso encontro com ele não é fechado, dogmatizado em sentidos determinados, mas depende das diversas possibilidades de interpretações, pois o símbolo "permanece indefinidamente sugestivo, nele cada um vê aquilo que sua potência visual lhe permite perceber" (CHEVALIER, 2006, p. 26).

Além do Boi, destacamos o Cazumbá, personagem do bumba--meu-boi maranhense, que se apresenta com o boi e com as índias, as Tapuias. Esse é um personagem indefinido. De acordo com Medeiros (2010, p. 57-58), "não é considerado nem homem nem mulher, simboliza os espíritos que estão presentes aos redores dos homens e também dos animais. Esse personagem é vestido com uma máscara que também não define suas características, qual tipo de bicho, de onde vem".

Em algumas apresentações o Cazumbá aparece interagindo com o boi, com movimentos rápidos e ao mesmo tempo agressivos, assim como, por vezes, apresenta movimentos mais brandos e amistosos em sua relação com o boi. Para Manhães (2007, p. 93), "Dizem que o Cazumbá ajuda o vaqueiro e o Pai Francisco a prenderem o boi para matá-lo, mas dizem também, que ele atrapalha o mesmo vaqueiro na hora de prendê-lo no mourão, lugar onde seria crucificado e morto".

Essa contradição é característica dos símbolos, pois os mesmos podem conter riquezas contraditórias, já que os sentidos podem ser diferentes conforme o momento, a situação, a coletividade (CHEVALIER, 2006).

Essa contradição, apresentada pelos símbolos, confirmam a bipolaridade simbólica, como apresentada pelo autor supracitado. O Cazumbá, enquanto símbolo bipolar, apresenta o duplo aspecto: noturno e diurno. Pensado no aspecto noturno, pode ser encarado como assustador, o monstro que aparece para assustar o boi e as tapuias. Já no aspecto diurno, o cazumbá pode ser percebido como o ser brincalhão e até guardião das florestas em que vivem os bois e as tapuias (MEDEIROS, 2010).

Nesse universo simbólico, apresentado a partir do conhecimento do boi e do cazumbá, podemos refletir também sobre algumas manifestações dançantes da cultura afro-brasileira. Pensar sobre a cultura afro-brasileira é remeter necessariamente à energia, aos tambores, aos pés no chão em contato com a terra-mãe, aos cânticos que revelam a relação com a religiosidade expressa nas danças. É pensar, sobretudo, na vibração dos corpos que não só se entregaram aos malefícios, à violência e à intolerância, mas que produziram sentidos e significados que foram tecendo os corpos dos descendentes que tornaram a vibrar e a incluir novos significados à vida.

Dentro desse contexto, podemos citar a dança dos Orixás, presente nos rituais religiosos do Candomblé. Religião que por muito tempo vem sendo perseguida, deturpada e desrespeitada, por vezes por falta de conhecimento.

O Candomblé, em seu significado mais antigo, trata-se de uma festa, um culto da religião negra que se sucedia nos terreiros para celebração e valorização dos seus Deuses, seus orixás. Esses Orixás representam a essência do candomblé, pois constituem exemplos de vida a serem seguidos por seus membros, por meio de seus mitos, sabedoria, bravura e atitude heroica, como afirma Lara (2008).

Lara (2008) evidencia ainda que as lendas sobre os orixás apresentam, além da bravura, heroísmo e ambição, os erros que os teriam levado a sacrificar suas vidas, transformando-se em forças da natureza, passando a servir de modelo a várias pessoas que confiavam seus destinos a esses deuses.

As danças dos orixás, como percebemos, estão relacionadas a suas características que são apresentadas em suas gestualidades. Percebemos, portanto, na leitura da dança dos orixás, uma forte relação com o elemento simbólico, mais precisamente com o simbolismo dos quatro elementos: fogo, terra, água e ar.

A dança de Iansã, mãe dos Eguns (espíritos dos mortos), deusa das tempestades e dos ventos, exalta movimentos e giros rápidos, como se liberassem a fúria dos elementos presentes nas tempestades, os raios e os ventos. Sua espada é de cobre e simboliza o aspecto agressivo, sedutor desse orixá. Utiliza um emblema feito com pelos de rabo de animais para afastar eguns. A postura guerreira, corajosa, de Iansã está aliada à sensualidade feminina na dança (LARA, 2008).

De acordo com Chevalier (2006), o simbolismo do vento apresenta várias significações, tais como, vaidade, instabilidade, inconstância, tudo isso devido a sua agitação. Essas características simbólicas são perceptíveis na dança de Iansã, que aparece desbravadora, agitada, espalhando tudo que está a sua frente, realmente como uma verdadeira tempestade, um forte vento que chega e domina. Por outro lado, percebemos também no simbolismo do vento a concepção do sopro da origem celeste, da criação divina, extrapolando sua significação destruidora, dando abertura à criação.

Já Iemanjá é considerada a rainha das águas salgadas, sendo considerada a mãe dos outros orixás; e dança interpretando os movimentos das águas agitadas. Esse orixá é muito popular na cultura brasileira: as pessoas, em seu dia, costumam oferecer flores ao mar para a rainha, no dia 2 de fevereiro (LARA, 2008).

Oxum, a rainha das águas doces, dança com o espelho de cobre (aberê) em uma das mãos e apresenta-se com gestos de uma mulher vaidosa que vai se lavar nos rios, que se penteia e se olha no espelho. Suas águas são ora aprazíveis e calmas, ora turbulentas e cheias de correnteza. Movimenta colares e braceletes (LARA, 2008)

De acordo com Chevalier (2006, p. 15), "as significações simbólicas da água podem reduzir-se a três temas dominantes: fonte de vida, meio de purificação, centro de regenerescência. Esses três temas se encontram nas mais antigas tradições".

Além dessas significações, percebemos também em Chevalier (2006) o sentido destruidor e maléfico da água, pois esta tem o poder de engolir. Nesse sentido, na dança de Oxum, podemos perceber, além da vaidade, esse sentido mais agressivo e violento, onde ela pode engolir com seu bailado os outros orixás para ganhar a atenção de Xangô.

Esses elementos simbólicos apresentados na dança dos orixás nos apresentam as várias significações que são atribuídas a cada gestualidade, que traduzem marcas da cultura e de uma história que está sempre sendo contata, apresentando-se, portanto, viva e rica de sentidos.

A dança dos orixás está presente em outras manifestações de origem afro-brasileira, como o Maracatú. Trata-se de uma dança que representa a coroação do rei e da rainha do congo, dançada em forma de cortejo, com seus diferentes personagens, Rei, Rainha, baianas, Dama de Paço, caboclos de lança, caboclos de pena, dentre outros.

Nesse contexto destacamos a dama de paço, personagem que carrega a calunga, uma boneca, que apresenta diferentes significações, dentre elas a união dos santos da cultura afro-brasileira, ou seja, os orixás, que de acordo com Mattos (2014) são seres sobrenaturais que orientam o mundo dos vivos e regem as forças da natureza.

Assim, a calunga apresenta-se como um símbolo sagrado, podendo ser considerada, portanto, uma hierofania, ou seja, um objeto em que algo de sagrado se revela, como afirma Eliade (1992), em suas reflexões sobre as simbologias sagradas e o profanas.

A calunga, enquanto um símbolo sagrado, é carregada pela dama de paço que tem a função de dançar evidenciando esse símbolo carregado de significações sagradas, que nas mãos da dama de paço, também parece dançar. É perceptível que para os Africanos, a dança e a música possuem relação direta com o sagrado, inclusive são utilizados como meio de comunicação com o mundo espiritual (MATTOS, 2014).

Destarte, estamos de acordo com Alves (2006), quando evidencia que dançar, na cultura negra, não significa apenas executar movimentos. Significa momentos de sabedoria sobre a sua própria cultura, encontro com sua história – não apenas a história de submissão, de escravos, mas principalmente a história dos seus Deuses, de seus Reis e Rainhas, do seu povo, dos seus ancestrais. Por isso a importância da busca e do estudo desses saberes marcantes da cultura afro-brasileira, com seus significados, valores, crenças e práticas.

Essa reflexão se estende a outras manifestações, não discutidas aqui, com suas diferentes origens, indígenas, europeias, dentre outras, pois o estudo, a vivência dessas danças, permite a compreensão das inúmeras significações que lhes são atribuídas, de acordo com o universo cultural em que estão inseridas.

Visualizamos, portanto, nas danças populares, horizontes culturais, estéticos e simbólicos que estão presentes em suas diversas manifestações, movimentos, personagens, músicas, adereços e símbolos. Acreditamos que a compreensão e interpretação desses horizontes, embora não esgotem seus sentidos e significados, amplificam o conhecimento, revelando educação, desmistificando crenças, pensamentos deturpadores, atitudes violentas, que desrespeitam e desconsideram a diversidade cultural, presente em inúmeras manifestações de nosso país.

Essa educação se dá por meio da imaginação produzida pela arte, que cria novas paisagens estéticas e pelo jogo corpóreo dos diversos personagens significantes em sua relação com os espectadores. Essa educação tecida no corpo ocorre também por meio da percepção estética, do espaço imaginário e do tempo simbólico, na atribuição de sentidos culturais, entre outros aspectos que podem ser visualizados nas danças apreciadas nessas páginas.

Acreditamos também que a Educação Física, área que se debruça sobre as atividades rítmicas e expressivas, deve estar cada vez mais atenta a essas questões, ratificando a importância do conhecimento cultural, simbólico, estético das danças populares, por ora refletidas, e demais manifestações, que denotam histórias, modos de ser e de conviver de um povo que criou dança, dançou, celebrou a vida, se aproximou do divino, a partir de suas diferentes crenças e escreveu páginas dançantes de conhecimentos.

CAPÍTULO 16

DANÇAS URBANAS: TRAJETO HISTÓRICO

Vanessa Bernardo

16.1 Introdução

Este capítulo reflete sobre as origens e evolução das danças urbanas. A dança, como conteúdo da educação física, é aqui compreendida como ferramenta para o desenvolvimento psicoemocional da pessoa, fortalecendo a autoestima e beneficiando a vida social daqueles que a praticam. As danças urbanas podem ser oferecidas a todos os públicos, desde crianças até adultos, desde que tenham vontade de se divertir e vivenciar experiências novas.

O objetivo pedagógico ao se trabalhar com a dança é promover aos participantes um conhecimento a respeito de um dos pilares da cultura Hip Hop – a Dança de Rua. Especificamente, foi caracterizar e identificar os diferentes tipos de Danças Urbanas (Locking, Wacking/ Punking, Up Rocking, Popping (Waving, Scare Crow, Animation, King Tut, Sacramento etc.), Boogalooing, Boying, Hip Hop Dance e House Dance, Dancehall, Ragga Jam, Krump, Breaking, Funk e outras), bem como definir qual a sua contribuição para o crescimento da Dança de Rua. Ainda tratamos de como ela se desenvolveu mundialmente enquanto expressão da cultura Hip Hop.

16.2 A cultura Hip-Hop

A cultura Hip Hop é um movimento que engloba dança, poesia, música, moda e pintura. O trabalho com danças urbanas exige a presença marcante da dança e da música, consideradas manifestações culturais bem conhecidas no Brasil. Apresentamos a base teórica e prática de seus passos e estilos musicais.

A dança, em geral, como uma atividade que prioriza uma educação motora consciente e global, não é só uma ação pedagógica, mas também possui uma natureza psicológica, que se direciona para trabalhar o amadurecimento da vida emocional de seus praticantes. Ela possibilita mudanças de comportamentos sociais, além de proporcionar o resgate de valores culturais, o aprimoramento do senso estético e o prazer da atividade lúdica para o desenvolvimento físico, emocional e intelectual.

Nanni (1995) confirma a importância dessa prática ao explicar que o movimento corporal é de vital importância para o desenvolvimento da criança, pois, por meio de suas habilidades motoras, ela expande seus conhecimentos. Essa autora ainda mostra o valor psicológico do movimento a partir do momento em que a criança toma consciência de si, de suas capacidades e de suas relações com as outras pessoas, possibilitando uma melhor satisfação com a imagem corporal, medidas do corpo, autoconceito, autoestima e autoconfiança.

A dança proporciona muitos benefícios, tais como: desenvolver os aspectos físico, cognitivo, social e afetivo. Estimula o trabalho das funções psicomotoras: esquema e imagem corporal, tônus, equilíbrio, lateralidade, dissociação do movimento, estruturação espaço-temporal e coordenação motora (global e fina) associada ao ritmo e ao relaxamento. A dança permite desenvolver as possibilidades musicais e rítmicas, auxiliando o trabalho com os movimentos do ponto de vista do espaço, tempo e intensidade. Ela ainda desenvolve a expressividade corporal e a dramatização, considerando a percepção visual e auditiva. A dança desempenha um papel importante na socialização, possibilitando conviver harmoniosamente em grupo e desenvolver a criatividade como elemento de autoexpressão. Ela possibilita aguçar o gosto pela arte e a aquisição de um corpo ágil, alongado e sadio.

A cultura Hip Hop constitui-se pelo cruzamento de quatro elementos: O DJ[42], o MC[43], o Grafiti[44] e o Break[45] (ROSE, 1997). É possível

---

[42] **DJ** é um artista profissional que seleciona e "toca" as mais diferentes composições, previamente gravadas ou produzidas na hora para um determinado público-alvo.

[43] **MC** – pronuncia-se "eme ci"; ele faz o trabalho do DJ, pois enquanto este "passa" a música o MC interage com o público, criando um ambiente mais envolvente.

[44] **Grafiti** jovens provenientes do bairro do Bronx começaram a espalhar suas marcas nas paredes da cidade utilizando tinta em spray, desenhos e imagens de protesto contra a ordem social.

[45] **Break** uma forma de arte em que jovens chamados B-boys e/ou B-girls realizavam movimentos, acrobáticos, rápidos, vigorosos, que requerem força e equilíbrio, de forma plástica e harmônica.

também considerar que o último elemento (Break) foi mudado para denominação B-Boying. Porém, com as várias influências corporais, passou a ser chamado de Danças de Rua. Essa nomenclatura conseguiu abranger o que se tinha de mais antigo e o que se tem de mais atual sem excluir nenhuma expressão corporal.

A Dança de Rua possui várias vertentes. Ela surge com os movimentos nos *guetos* por meio das músicas *soul* e *blues*; divulgadas por James Brown, na década 60 (cantor, dançarino, coreógrafo e pesquisador das danças urbanas). Com ele, iniciou-se, também a era da música funk, em que as letras falavam de festa, divertimento etc. A partir desse momento destaca-se o bailarino Don Campbell, que foi o precursor do *Locking*. Desde então, iniciou-se a construção da dança que daria a base e o início de toda a história da Dança de Rua.

O *Locking* é uma dança clássica catalogada como a primeira dança urbana, caracterizada por movimentação rápida dos braços em música funk, assim como movimentos de "travar" os joelhos, produzindo a impressão de uma ruptura, congelando em certas posições e depois continuando rápido como de início.

Boogaloo Sam foi o criador da dança *Popping*. Ele tinha um grupo, chamado *Electronic Boogaloo* Lockers, que dançava locking inspirado no "The Lockers" (bailarinos de locking), com a música mais cadenciada e a caixa mais evidente. Toda vez que Boogaloo contraia seus músculos ao realizar suas performances, pronunciava a palavra pop, com o objetivo de dar a noção de explosão, como se fosse uma pipoca. Por isso que o grupo passou a chamar-se Electric Boogaloo. A dança Popping acabou por influenciar outros tipos de danças que incorporam seus movimentos como a dança Waving, que são ondas pelo corpo e se enquadra no perfil Popping, assim como os movimentos robóticos e slides (deslizar em várias direções).

À medida que o tempo foi passando, a batida da música hip hop foi ficando mais marcada, vieram outros recursos, houve aumento na qualidade dos produtores musicais e ritmos diferentes foram surgindo. As danças sociais começaram a fazer parte de vídeos clips, dando um novo vocabulário aos dançarinos, que começaram a quebrar os passos e os movimentos. Receberam influência do Locking, do Popping, do break e principalmente das danças sociais, e começaram a dar forma livre para o corpo, criando a dança *hip hop freestyle*. Com o passar do tempo essas danças começaram a ser chamadas de *video dance*.

As danças sociais são caracterizadas por realizarem passos de acordo com a música que tocava no momento. Esses passos recebiam nomes, e as pessoas que estavam presente na pista de dança começavam a dançar de maneira igual, em uma só sintonia.

O grupo pioneiro de video dance foi o *Elite Force Crew* (Budda Stretch). O grupo iniciou suas atividades participando de vídeos clips de Mariah Carey e Michael Jackson.

Apesar de essas danças anteriores não deixarem de se chamar danças urbanas, esse nome ficou ainda mais forte com o surgimento das novas danças e suas histórias. O termo *street dance* (dança de rua) é usado para apresentar as diferentes danças, da seguinte forma cronológica: Funk, Locking, Popping, Breaking, Hip Hop Freestyle (video dance) e as atuais danças urbanas.

Em 1992, Frank Ejara iniciou pesquisas sobre danças urbanas. Também fez parte do primeiro grupo profissional de Street Dance no Brasil, projeto que envolvia dançarinos, MC's, DJ's e designers de moda. Começou então a desenvolver um estudo sobre as origens e fundamentos das danças Breaking, Popping e Locking.

As Danças Urbanas receberam essa nomenclatura pelo fato de ser um gênero de dança que não veio do meio acadêmico, ou seja, de escola ou academias de danças, mas sim surgiu em meio ao povo, nas festas dos bairros americanos (COLOMBERO, 2011). Exemplo das atuais danças urbanas: House Dance, Krump, Dance hall, Wacking dance, Stiletto dance.

O wacking dance surgiu nos *clubs* gays. É uma dança dos anos 70, porém considerada nova, pois vem sendo estudada nos últimos anos. Traz referência do locking, com aspecto feminino.

Na dança house o movimento é executado para cima, enquanto o corpo está descendo, trabalha com muita movimentação de pernas. Não tem a história de um criador, surgiu em *clubs*, cada um dançava de um jeito. Foram surgindo passos e vieram os improvisos assim como nas danças sociais. Edson Guiu, com a sua Cia. de dança, trouxe o house e o hip hop para o Brasil e começou a desenvolver um trabalho de pesquisa.

Dance Hall originou-se da expressão Ragga Jam, que é afro-jamaicano. Surgiu do desejo de democratizar e trazer essa cultura muito rica, por meio da dança, para um grande público. Chegou ao Brasil por intermédio da bailarina e coreógrafa Laure Courtellemont.

O Krump, conhecido inicialmente como Clown Dancing ou Clowing (dança do palhaço), é marcado por movimentos expressivos, fortes, de intensa energia, em um tom de agressividade, como se simulasse uma briga corporal, desafiando o oponente, para a dança/batalha. Às vezes pode haver contato físico entre os dançarinos.

Stiletto Dance iniciou-se com a bailarina e coreógrafa Dana Foglia. Foi percebida a necessidade de dançar nos vídeos e shows com calçados de salto alto. A partir daí começou a surgir essa nova expressão corporal que tem como foco trabalhar o equilíbrio, a sensualidade e a postura.

As Danças Urbanas atuais estão em constante mudança, mais bem enraizadas pelo movimento de danças urbanas que surgiu na década de 1960 e 1970. Ou seja, as danças urbanas continuam em transformação, porém acredita-se que a sua essência não se perdeu e nem se perderá.

Pode-se perceber que os alunos presentes ampliaram o seu conhecimento sobre um pilar da cultura Hip Hop, melhorando e compreendendo o seu desempenho individual. A técnica da dança de rua foi desenvolvida com o foco na organização corporal e nas qualidades tônicas motoras específicas.

CAPÍTULO 17

CAPOEIRA ANGOLA COMUNIDADE: ENCRUZILHADAS NA RODA E NA VIDA

Inaldo Ferreira de Lima (Mestre Naldinho)

Djavan Antério

17.1 Apresentação

Este capítulo traz um universo por detrás de palavras em movimento. A história contada é a de um menino que fora absorvido por um jogo, e por tanto brincar e nele acreditar deixou-se encantar em definitivo. O menino, que hoje é mestre *griô* de capoeira, compartilha conosco um pouco de sua história, narrando o modo como o *Jogo da Capoeira* surgiu em sua vida e como, desde então, o orienta em corporeidade e na forma de liderar o grupo de aprendizes que o acompanha.

Convidamos os leitores a imaginar e a sentir os detalhes, as entrelinhas das experiências relatadas. O texto segue em poucas palavras mas em muitos significados. Pedimos disponibilidade nas interpretações para que os causos e contos possam despertar não só a curiosidade mas a reflexão sobre o valor multifacetado que tem a capoeira, sobretudo no que se refere a sua potência de formação educativa, social e cultural. Sem mais, a roda agora segue sob os cuidados de Inaldo Ferreira de Lima, Mestre Naldinho.

17.2 Capoeira Angola: manha de mandingueiro

Em ânsia de liberdade, criou-se uma luta onde cada parte do corpo é uma arma. Cabeçadas, pernadas, cutilas, escalas, rasteiras e saltos para todos os lados deixavam o feitor e o capitão de mato desorientados.

Depois veio a polícia ordenada a fazer valer a lei que enquadrava a prática da Capoeira como crime no código penal. Isso quer dizer que na luta já não bastavam os golpes, uma vez que contra armas de fogo era preciso malícia, mandinga e oração. É aí que essa magnifica luta se difere de todas as outras. Capoeira é brincadeira que não deve desconsiderar o medo. É saber dosar a coragem e enfrentar a situação. Muitos capoeiras, como são conhecidos os praticantes dessa arte, enfrentaram a força armada no passado e, assim como nossos ancestrais, derramaram o sangue pela sobrevivência. Tomar ciência disto é um primeiro passo para assimilar a representatividade dos significados que margeiam esse jogo tradicional.

A capoeira é uma forte luta sem sombra de dúvida, mas é também "manha" de mandingueiro, suave como o vento no veleiro. É poesia que rememora o lamento do negro na senzala. É música, é berimbau afinado e bem tocado. É sentimento que arrepia o corpo, simples e sincero como o sorriso de uma criança. Ela tanto é leve, tal qual um pássaro que voa, quanto traiçoeira, como o bote de uma cobra coral. A capoeira é sentir o gosto do perigo na boca, sorrindo para todos, amigos e desafetos, no apertar firme das mãos. Capoeira é escorregadia, por isso mesmo astuta, fazendo levantar da rasteira antes de chegar ao chão. É ódio e amor. É esperança que renasce a cada dia nas oportunidades de crescimento que a roda nos dá. É aceitar o desafio pronto para (re)agir, lançando-se como um barco pequeno nas ondas do mar.

A associação de força e ritmo, agilidade, fluidez e movimentos improvisados, somam-se a energia dos cantadores e tocadores, entoando ladainhas e corridos, produzindo uma mistura centrada na própria roda e naqueles que brincam em seu centro. Torna-se difícil descrever tal energia e a fonte de toda sua projeção. Farei uma tentativa narrando um pouco de minha história e a do grupo sob o qual tenho investido tempo e energia.

17.3 Capoeira Angola comunidade: trajetória, histórias e saberes compartilhados

Sob sombras de jaqueiras e mangueiras, por vezes debaixo do sol a pino, praticava-se uma luta em forma de dança denominada capoeira.

Velhos agricultores, em momentos de folga da lida, descansavam suas enxadas, gadanhos e facões para praticar movimentos alternados, combinados, que chamavam atenção das crianças no roçado. Jundiá e Seu Suçu, velhos praticantes não mestres, eram conhecidos como grandes lutadores. Em momentos de vadiação, brincadeira, curiosidades eram despertadas nas crianças que sempre paravam para olhar.

José Ferreira de Lima, mais conhecido como Seu Zé de Jundiá, se dispôs em paciência para poder compartilhar o que sabia sobre o balanço sagaz da capoeira com a criançada. Dentre elas estava eu, um de seus filhos, Inaldo Ferreira de Lima, que com 7 anos de idade iniciava as primeiras movimentações de frente a um tamborete de madeira. Lá fiquei por mais de uma hora passando a perna sobre o banco. Impaciente, sempre perguntava quando iria de fato começar a aprender a capoeira. Seu Jundiá, sorridente, apenas dizia: "um dia". Foi quando num dia desses qualquer, inesperadamente, levei de meu pai a primeira rasteira de dá lição, marcando-me o corpo para sempre. Ainda no chão, sem compreender o que se sucedera, disse-me o tabaréu Jundiá: "Agora começa sua vida na capoeira".

Junto de seu parceiro na agricultura e amigo na vida, Seu Suçu, Jundiá dava suas pernadas nas rodas e brincadeiras de capoeira. Foi quando em 3 de fevereiro de 1980, depois de muita insistência das crianças na Rua Marta Pacheco, Bairro dos Novaes, meu pai resolve organizar um grupo para ter treinos periódicos em nossa casa, nº 845. Eu, com uma experiência ainda de iniciante, fiquei incumbido de auxiliá-lo nas aulas. Eis que surge o *Grupo Senzala de Capoeira*.

Recordo-me claramente do primeiro aluno, que todos chamavam de Pidida, criança que se destacou muito rápido entre todos os outros, e com o passar do tempo tornou-se meu parceiro nas rodas de rua, apresentações em escolas, feiras livres e em praças públicas. Assim eram nossos finais de semana, difundindo a capoeira com um número de crianças que só fazia crescer. Foi então que em 1983 outro praticante, conhecido e temido por muitos, pela capoeira que jogava e arruaças que fazia no bairro, surge em minha vida e nas dos meus amigos de grupo: Professor Nego Vando.

Aliado a seus parceiros, Tonho de A e Nego Coca, Nego Vando passou-nos outros conhecimentos de movimentação da capoeira, aflorando o aspecto da luta no jogo. Até que durante uma apresentação em uma escola no bairro do Jardim Planalto, numa tentativa de homicídio contra Nego Vando, eu e meus alunos e amigos conhecemos a verdadeira luta da capoeira. Nosso professor lutou contra dois homens armados de facas. Usando-se daquilo que sabia, basicamente rabo-de-arraia, pizão, benção, cabeçada, rasteira, martelo e o berimbau enquanto arma letal, mandou os dois agressores para o hospital, defendendo naquele momento sua integridade física e a todas as crianças que estavam na capoeira para a apresentação.

Os anos foram passando, e a prática constante da capoeira revelava grandes talentos dentro do bairro, época em que recebemos a visita do capoeirista baiano Valdir Axé, que encantado com o que viu e ouviu soprou aos ouvidos do pai, Norival Moreira de Oliveira, o renomado Mestre Nô. Já em 1990, junto com o *Grupo Mãe África* de capoeira, do professor Aloísio Guerra, realizamos o primeiro encontro de capoeira com a supervisão do Mestre Nô, vindo a Paraíba especialmente para o evento, onde avaliou durante três dias o conhecimento acerca das movimentações da capoeira, de todas as crianças, adolescentes e, principalmente, dos organizadores dos grupos, eu e Aloísio, que fomos graduados contramestres. Daí por diante passamos a representar no estado o *Grupo Palmares de Capoeira*, liderado por Mestre Nô. Nessa ocasião, já a frente do grupo Senzala, alterei o nome do grupo para *Capoeira Senzala de Palmares*.

Com a aparição do Mestre Nô, a metodologia de ensino foi aperfeiçoada e o desenvolvimento dos alunos foi sendo ressaltado. Viagens a vários estados eram constantes, dada a possibilidade de participação em eventos de capoeira, de dança de matrizes africanas e folclóricas. Pouco a pouco grandes mestres da Bahia e de outros estados do Brasil começaram a descobrir que na Paraíba também existiam grandes capoeiristas, mesmo que com pouca idade. Porém nada se deu de uma hora para outra. Fazer com que o corpo de crianças e adolescentes entendessem os movimentos da capoeira para além da luta em si foi um desafio. Foi necessário forte empenho na aplicação de técnicas que não machucassem e não deixassem os praticantes com medo de realizar os movimentos, sobretudo em situação de roda. Neste aspecto, Seu Judiá fez mais uma vez a diferença. Mesmo com técnicas rústicas, voltadas ao fortalecimento da musculatura e ao condicionamento físico, instrumentos eram improvisados por ele nas aulas. Cadeiras, mesas, tamboretes e cordas eram incorporados ao processo de aprendizagem, com o objetivo de nos deixar seguros dos movimentos mais complexos e difíceis que há na capoeira. Com o falecimento de meu pai, abracei a missão de continuar seu legado mantendo seus ensinamentos primeiros, ressaltados ainda hoje em minhas práticas de ensino.

Muita estrada ainda seria percorrida após a partida de Seu Judiá. A parte da capoeira com maior dificuldade de aprendizado são os fundamentos e a musicalidade. Porém, com os ensinos do Mestre Nô e de outros velhos mestres da Bahia, fomos criando um jeito de tocar, cantar e se comportar em qualquer roda de capoeira. Isso fez com que configurássemos nossa própria identidade. Utilizar cantigas da cultura popular para auxiliar as aulas com crianças nas escolas, por exemplo, tornou-se uma prática aprovada por todos os gestores que nos convidavam a realizar oficinas em várias instituições. Dentre as experiências mais marcantes, recordo-me bem de uma oficina que fizemos no Instituto dos Cegos da Paraíba, que inclusive na época teve certa repercussão. Deficientes visuais brincaram capoeira, gingando, tocando e cantando. Foi muito emocionante perceber a capoeira rompendo barreiras e limites. Capoeira é para todos!

Em nossas aulas, usamos de dinâmicas de socialização, fazendo com que crianças e adultos possam interagir uns com os outros, subsidiados pela capacidade integrativa da Capoeira Angola. Com leituras sobre os mestres antigos e histórias de momentos vividos por nossos ancestrais, ensinamos o valor do respeito aos mais experientes. E é na contação de histórias que todos fazem uma viagem no tempo, revivendo o dia a dia dos nossos antepassados, desde a lida na lavoura até as rodas de capoeira, samba e maculelê.

Seguimos aprendendo, dando um passo de cada vez. Muito já fizemos, principalmente pelo nome da capoeira paraibana. Mas sabemos que podemos mais. A participação de nossos professores, contramestres e mestres em seminários, palestras e encontros que envolvam o nome da capoeira é sempre comemorada, uma vez que temos a certeza de que estamos cumprindo com a missão de propagar a essência da capoeira e sua possibilidade de aprimoramento na sensibilidade do ser humano.

Trabalhar a cultura popular, em especial a capoeira angola, tem sido uma satisfação e um desafio. Fazer com que crianças, adolescentes, jovens e adultos possam rir, abraçar, cantar e ser felizes nos abastece a alma. Não à toa, nós, do *Grupo de Capoeira Angola Comunidade,* ocupamos nossas mentes com a resistência dos ancestrais, a persistência dos fortes, a paciência dos humildes e a seriedade dos sábios, empenhando nossos esforços na missão que é transformar o mundo num lugar de igualdade e oportunidades para todos.

CAPÍTULO 18

EDUCAÇÃO E CULTURA: DESAFIOS E ESTRATÉGIAS DO EDUCADOR CONTEMPORÂNEO

Luiz Anselmo Menezes Santos

18.1 Introdução

A cultura, vista como um componente que faz parte do objeto de estudo da antropologia, tem sua definição vinculada à ordem simbólica e ao seu desdobramento no contexto social, revelando diferentes sentidos e significados expressos no comportamento dos indivíduos, os quais são influenciados por determinados valores e princípios. Intervir no mundo exigirá de qualquer educador contemporâneo um posicionamento diante da realidade e de suas conexões internas, bem como a tomada de decisões para solucionar determinadas situações nos lugares historicamente situados e perspectivados por transformações.

Ser um educador consiste em agir no mundo, tomando como ponto de partida a realidade em que se vive, seus problemas, suas particularidades e suas articulações com o todo, para então construir efetivamente as novas possibilidades de alteração da realidade. Não existe processo de mudança sem conflito ou desordem, por isso devemos encarar o momento de desequilíbrio e desestruturação dos padrões preestabelecidos como uma oportunidade ou sinal, para assumir a responsabilidade de restabelecer novos parâmetros e materializar soluções, na intenção de compreender o sentido da vida, a ampliação da percepção e, consequentemente, a conscientização na forma de sentir, pensar e agir. A educação deve tratar de conhecimentos relativos ao contexto macro, ao mundo, à realidade complexa em que se está inserido. Nesse sentido, deve-se rejeitar a educação com ênfase em saberes desunidos, divididos e compartimentados, e enfatizar trabalhos que aludam a problemas de conhecimento cada vez mais multidisciplinares, transversais, multidimensionais e globais.

As discussões realizadas a partir dos Estudos Antropológicos têm possibilitado compreensão da existência de diversas manifestações particulares de cada grupo social, como também, a relação existente entre o produtor de cultura – o homem – e o ambiente em que esta pode ser produzida – a sociedade.

Geertz (1989) explica que é possível observar que, diante de determinados fenômenos, podemos encontrar várias interpretações, pois cada homem pode abstrair diferentes significados de uma mesma situação. Além disso, dependerá também dos códigos e valores do grupo ao qual pertence. Nesse caso, a cultura é entendida como sendo um conjunto de significados que o homem constrói, e sua análise, uma ciência interpretativa à procura de significações. Ela é formada por um conjunto de estruturas de significados estabelecidas pela sociedade, onde, para o autor supracitado, a atitude das pessoas é vista como uma resposta a determinadas intenções que podem estar a favor ou contra as concepções dos indivíduos. Desta forma, compreende-se que este é um processo subjetivo que demarca a relação entre o indivíduo e o mundo.

Por isso, a função do aspecto geral da cultura é ajudar o homem a estar próximo do mundo conceitual onde vivem os seus membros, de modo a poder, num sentido um tanto mais amplo, comunicar-se com eles. Contudo, para se alcançar tal propósito, é necessário levar em consideração alguns aspectos relacionados às representações sociais. Nesse sentido, é possível perceber que existem diversos meios para cada povo manifestar sua cultura, sendo nesse caso os fatos sociais e a representação considerados objetos das ciências sociais.

Entretanto, Rodrigues (1975) esclarece que o convívio social tende a ser visto como um conjunto de elementos no qual o motivo de estes existirem é significante, sendo assim, acredita-se que as relações entre esses componentes são geradoras de significação. Por isso, esse estudioso comenta que a conduta humana e as relações sociais compõem uma linguagem.

Sendo assim, a cultura baseia-se na organização, permitindo que o conjunto de indivíduos sejam tratados como um grupo. Pois a vida social constitui-se de crenças, valores, expectativas e de interações no espaço e no tempo, sendo dotada de sentido e significado. Além disso, a vida em sociedade está relacionada à dominação de uma mentalidade que padronizam o comportamento dos sujeitos, às vezes de forma inconsciente. É por isso que "a cultura, distintivo das sociedades humanas, é como um mapa que orienta o comportamento dos indivíduos em sua vida social" (RODRIGUES, 1975, p. 11).

No entanto, toda cultura está direcionada a superar momentos que desafiam os seus limites internos e externos, bem como a regras e concepções que determinam. "A cultura se constitui como um sistema de representações, uma atividade que consiste em estabelecer as rupturas, os contrastes e as distinções indispensáveis à constituição do sentido do mundo, das coisas e das relações sociais" (RODRIGUES, 1975, p. 19).

Com isso, Rodrigues (1975) esclarece que, para estudar a diversidade das relações sociais, é preciso conhecer a concepção de distância social, para que se entenda que a vida social está voltada para a associação entre o distante e o próximo. A partir daí, percebe-se como o ser humano estabelece diferentes modos ou formas de relacionar com o mundo e com outros seres humanos, ou seja, é ele quem escolhe a sua forma de interagir com o outro, seja mediante afastamento – por exemplo, com o estabelecimento de assuntos distantes e neutros – ou mediante aproximação, mantendo uma relação íntima ou formal baseada na organização social a qual está vinculado.

Essa interação muitas vezes pode levar o indivíduo a aderir normas culturais de comportamento, sem que tenha uma compreensão definida acerca das características e significações dessas normas, o que por sua vez o impede de interpretá-las e descrevê-las a partir de seus reais significados.

As considerações sobre representações sociais são inúmeras, haja vista que cada sociedade possui uma forma própria de expressar a sua cultura, a partir de características, costumes e valores que estão intrínsecos a sua maneira de agir, pensar e estar no mundo. Essas representações são reflexos dos diferentes sentidos e valores encontrados nos inúmeros agrupamentos humanos. Entretanto, é preciso buscar um nível de reflexão e experiências que possibilite o entendimento que estamos vivendo em um mundo orientado por símbolos e representações. Sendo assim, a cultura, por não ser uma mera representação individual, expressa os valores comuns da vida em sociedade de diferentes maneiras.

A sociedade, considerada produtora de cultura, constantemente induz o homem a reproduzi-la, até mesmo porque ela é composta por uma estrutura social que frequentemente determina os valores, crenças, regras, hábitos que o ser humano deve seguir. Dessa forma, o indivíduo é modelado, é influenciado pelos padrões sociais e, normalmente, não se dá conta desse fenômeno, ou seja, não percebe que é capaz de transformar o seu contexto social e de produzir cultura. É preciso ressaltar a influência das forças dominantes na atualidade, que influenciam as características de cada sujeito reforçando os aspectos padronizadores das instituições sociais.

> Quando vista como um conjunto de mecanismos simbólicos para o controle do comportamento, fontes de informação extra-somáticas, a cultura fornece o vínculo entre o que os homens são intrinsecamente capazes de se tornar e o que realmente eles se tornam, um por um. Tornar-se humano é tornar-se individual, e nós nos tornamos individuais sob a direção dos padrões culturais, sistemas de significados criados historicamente em termos dos quais damos forma, ordem, objetivo e direção as nossas vidas. Os padrões culturais envolvidos não são gerais, mas específicos (GEERTZ, 1989, p. 64).

Como vivemos um contexto em que somos identificados por informações relacionadas às características socioculturais, diferenciando um sujeito do outro, o entendimento sobre os padrões sociais passa a ser um fator imprescindível no processo de compreensão e formação das identidades. Sendo assim, é por meio desse processo de descoberta de si e do outro que o ser humano influencia a construção da sociedade e, simultaneamente, é influenciado por ela.

Nesse sentido o ato educativo constitui um processo complexo, dinâmico e evolutivo, que compreende um conjunto variado de aprendizagens, saberes e experiências a serem adquiridas ao longo de diferentes etapas formativas. A formação de professores capazes de articular a teoria e a prática é um fator imprescindível para proporcionar meios de análise do ensino, os quais podem favorecer uma tomada de consciência de suas representações e princípios pedagógicos.

Intervir no mundo exigirá de qualquer educador contemporâneo um posicionamento diante da realidade e de suas conexões internas, bem como a tomada de decisões para solucionar determinadas situações nos lugares historicamente situados e perspectivados por transformações. Ser um educador consiste em agir no mundo tomando como ponto de partida a realidade em que se vive, seus problemas, suas particularidades e suas articulações com o todo, para então construir efetivamente as novas possibilidades de alteração da realidade.

Portanto, é importante que todo professor tenha conhecimento a respeito da construção da linguagem e da construção da diferentes representações sociais, e principalmente tenha consciência de seu papel enquanto educador, sendo capaz de propiciar contribuições para o desenvolvimento humano. Investir no estudo sobre a compreensão desses processos já é um grande passo para o respeito às diferenças culturais. Garantir uma boa educação a todos e propiciar aos educandos um nível de aprendizagem – sem barreiras com etnias, gênero, ou geração – de forma permanente, sem desigualdades, sem exclusão social, a princípio pode parecer uma tarefa improvável, sem dúvida um processo a ser perseguido a longo prazo sem as amarras das perspectivas imediatas.

Devemos considerar também as inovações nos âmbitos sociais, econômicos, tecnológicos, pois a globalização, a todo o momento, impõe novas regras de condutas em relação a sua aceitação, em tudo que fazemos. Nossa sociedade vem passando por diversas alterações econômicas e sociais, principalmente no que concerne à revolução informacional e tecnológica; com isso, a educação, de forma geral, ganha aspectos cada vez mais individuais e competitivos, refletindo diretamente no processo ensino-aprendizagem. Uma das perspectivas da educação básica alude à preparação dos alunos para a vida; o desafio é educar as crianças e os jovens, propiciando-lhes um desenvolvimento humano, cultural, científico e tecnológico, de modo que adquiram condições para enfrentar as exigências do mundo contemporâneo. Isso implica dizer que a educação escolar deverá centrar-se nos seguintes aspectos: formação geral, cultural e científica; preparação tecnológica e desenvolvimento de saberes, habilidades e atitudes básicas; desenvolvimento de capacidades cognitivas e operativas encaminhadas para um pensamento autônomo, crítico e criativo.

Sua importância se deve à exaltação do desenvolvimento da sua percepção para que o aluno descubra suas limitações, desenvolva suas potencialidades, compreenda os sentidos das coisas, e principalmente possua a capacidade de recriar os elementos decorrentes da sua cultura. O mundo atual tem conduzido nossos jovens a experiências cujos propósitos estão centrados no consumo e no modismo exacerbado, o que tem gerado, por sua vez, seres humanos egocêntricos, distantes de valores como ética, verdade, amor, paz e solidariedade.

O mundo tem passado por frequentes e fortes transformações manifestadas de maneira sintomática no seio da dinâmica social. Essas transformações geram relações de mútuas e múltiplas influências entre os indivíduos. Sendo assim, o processo que acontece na escola compreende a base da educação e deve, por isso, acontecer de forma sistemática e intencional, constituindo um processo burocrático, considerada como Educação Básica ou Formal. Deste modo, todo sistema educacional tem como meta proporcionar aos educandos experiências e atividades que reforcem comportamentos capazes de desenvolver um determinado tipo de consciência e compreensão da vida. Portanto, tudo que aparece para o aluno é constituído de sentido e carregado de significado. O discurso, a linguagem, ou a relação com o outro se tornam parte do seu mundo.

> Sou uma estrutura psicológica e histórica. Com a existência recebi uma maneira de existir, um estilo. Todos os meus pensamentos e minhas ações estão em relação com esta

> estrutura, e mesmo o pensamento de um filósofo não é senão uma maneira de explicitar seu poder sobre o mundo, aquilo que ele é. E todavia sou livre, não a despeito ou aquém dessas motivações, mas por seu meio. Pois nesta vida significante, esta certa significação da natureza e da história que sou eu, não limita meu acesso ao mundo, ao contrário, ela é o meu meio de comunicar-me com ele. É sendo sem restrições nem reservas, aquilo que sou presentemente, que tenho oportunidade de progredir, é vivendo meu tempo que posso compreender os outros tempos, é me entranhando no presente e no mundo, assumindo resolutamente aquilo que sou por acaso, querendo aquilo que quero, fazendo aquilo que faço, que posso ir além (MERLEAU-PONTY, 1999, p. 611).

Essa conduta não se restringe apenas a uma situação, antes abrange questões sobre o homem, o mundo, a realidade e o conhecimento; assim, tal conduta sempre estará presente, no momento em que o indivíduo se relacionar consigo mesmo, com os outros e, principalmente, ao estabelecer objetivos. A fenomenologia mostra-se apropriada à educação, pois ela não traz consigo a imposição de uma verdade teórica ou ideológica preestabelecida, mas trabalha no real vivido, buscando a compreensão disso que somos e que fazemos – cada um de nós e todos em conjunto.

> Nosso modo fundamental de ser e de estar-no-mundo, de se relacionar com o Outro e de ele se relacionar comigo, forma uma estrutura cuja complexidade expressa o fenômeno humano com o qual se origina também o fenômeno da aprendizagem, e esta só se permite numa unidade indissociável entre o teórico e o prático proposta aos agentes da educação imbricados no contexto homem-mundo (SILVA FILHO, 2006, p. 5-6).

Podemos afirmar então que o homem é um produto do desenvolvimento histórico[46] e da evolução biológica das espécies, mutável, pertencente a uma determinada sociedade. À medida que ele atinge a sua

---

[46] "Porque estamos no mundo, estamos condenados ao sentido, e não podemos fazer nada nem dizer nada que não adquira um nome na história" (MERLEAU-PONTY, 1999, p. 18).

consciência, passa por um processo de educação, quer dizer, o caminho pelo qual o homem deixa surgir suas possibilidades permite alcançar também um grau de desenvolvimento superior. Necessitamos ter uma visão além da concepção utilitarista, que trata os seres humanos como recursos humanos, como se este fosse um mero meio. Precisamos eliminar esta ideia de que vivemos em um mundo indiferente e sem sentido.

> Por isso, acreditamos que não exista educação desvinculada do mundo. Toda educação pressupõe uma intencionalidade. O educador comprometido com a humanização precisa analisar sua prática, rever a teoria que a oriente para redimensionar sua compreensão de mundo, sua prática pedagógica e a si mesmo. O olhar para o novo, o "olhar inusitado", deve ser o início da busca da infinidade de perspectivas fenomenológicas possíveis para uma educação que permita compreender o vivido e pôr em prática as possibilidades dialógicas existentes no fazer pedagógico (SILVA FILHO, 2003, p. 85).

Em meio a esse contexto, vemos a educação diante de um novo desafio, que é o de estimular indivíduos capazes de viver neste mundo de forma integrada e consciente, indivíduos que construam sua ação de maneira reflexiva, criativa, autônoma, ativa, consciente de si, do outro e de suas relações com o mundo. Em suma, indivíduos capazes de defender seu lugar nesse contexto e impedir as ações que o deixam à margem da dinâmica social emergente.

A educação é, assim, o processo de aprender a aprender por toda a vida. Educar as pessoas para se tornarem sujeitos capazes de interpretar a realidade, e nela interferirem, passa a ser o ponto central para implantar conteúdos e estratégias de aprendizagem que capacitem o ser humano a realizar ações nos três domínios da vida humana: a vida em sociedade, a atividade produtiva e a experiência subjetiva.

> Ao considerar a educação como um fenômeno, devemos começar por reconhecer que se trata de uma experiência profundamente humana. Em sentido forte, é mesmo uma experiência universal e exclusivamente humana: todos os

> homens se educam e só eles o fazem. Isto significa que a experiência da educação se torna uma das manifestações mais primitivas e típicas do fenômeno humano, em relação essencial com as outras características deste último. Tanto os indivíduos como os grupos, a família, a sociedade, a história e o mundo estão implicados na estrutura do fenômeno educacional. (REZENDE, 1990, p. 46).

Dessa forma, o papel da educação escolar, nas sociedades modernas, não pode mais ser somente o de transmissão da cultura, mas também de reflexão, de avaliação e de transformação dos bens e técnicas culturais em favor do bem comum. E, ao se reforçar os signos culturais, a maioria das pessoas não compreende que elas manifestam padrões impostos pela sociedade, acreditando verdadeiramente que suas escolhas não são influenciadas pelo meio externo.

Essa visão limitada impossibilitará a pessoa de se analisar e observar o seu comportamento diante do mundo, acreditando ser essa a expressão mais pura do seu ser. Quando o indivíduo entra num processo de percepção e reconhece a construção do seu comportamento, considerando os padrões externos, ele tem a oportunidade de observar esses símbolos "encarnados" nele.

> Para que a aprendizagem aconteça é preciso criar perturbações, desequilíbrios (situações –problemas) que levem a criança a fazer um esforço de auto-organização, reequilibração, incorporando algo, incorporando algo em suas estruturas, reorganizando-se novamente. A função do educador é criar perturbações, provocar desequilíbrios e, ao mesmo tempo, colocar um certo limite nesse desequilíbrio, propondo situações-problema, desafios a ser vencidos pelos alunos, para que possam construir conhecimento e, portanto, aprender (MORAES, 1997, p. 144).

O paradigma atual, que dominou a cultura ocidental nos últimos séculos, durante os quais modelou a sociedade moderna, influenciando o restante do mundo, alimenta várias concepções e valores, entre os quais: a visão do universo como um sistema mecânico, composto de blocos de construção elementares; a visão da vida em sociedade como uma luta competitiva pela existência; a crença no progresso material ilimitado, a ser obtido por intermédio de crescimento econômico e tecnológico.

Esse modelo de vida tem gerado grandes conflitos no mundo, sob a forma de exploração e violência de homens contra homens. Entretanto, sabemos que a crise, seja de natureza pessoal ou coletiva, é também a mola propulsora de mudanças, já que todos os seres em evolução sofrem transformações. Não existe processo de mudança sem conflito ou desordem, por isso devemos encarar o momento de desequilíbrio e desestruturação dos padrões preestabelecidos como uma oportunidade ou sinal, para assumir a responsabilidade de restabelecer novos parâmetros e materializar soluções, na intenção de compreender o sentido da vida, à ampliação da percepção e, consequentemente, a conscientização na forma de sentir, pensar e agir.

> Assim, a pedagogia atual não poderá se contentar em ser mera transmissora de conteúdos e informações, embora como insumo a informação seja fundamental. Ela deverá ir mais além, pois a emancipação, pessoal e social, requer muito mais do que a mera transmissão e a mera reprodução da informação; ela exige a capacidade de construir e reconstruir conhecimentos, ou seja, o desenvolvimento da autonomia. (MORAES, 1997, p. 146).

O contexto educacional, de uma maneira geral, encontra-se diante de um novo marco referencial, que propõe um redimensionamento da educação de crianças e adolescentes. As ações efetuadas com base na visão ampliada da realidade não são frutos das informações, mas sobretudo da relação mantida com o externo (mediante a observação da própria conduta) da qual se obtém o sentido do lugar que se ocupa na vida. "Podemos dizer que não há método educacional mais eficiente do que o aplicado amorosamente. O verdadeiro educador é o que caminha na nossa frente e nos desafia a fazer o mesmo, conduzindo-nos à vitória sobre a dificuldades e limitações" (MESQUITA, 2003, p. 35).

O principal objetivo é promover o aflorar dos valores humanos como forma de apreensão do mundo, uma vez que a mudança individual influencia na mudança coletiva. Desse modo, todo sistema educacional deve ter como meta proporcionar aos educandos experiências e atividades que reforcem comportamentos positivos, trabalhando um determinado tipo de consciência e compreensão da vida. Este é um ponto que merece destaque, pois está claro que não somos apenas seres que possuem músculos, ossos, nervos. Somos mais complexos, possuímos sentimentos, emoções, que interferem diretamente no nosso corpo e em nossa vida.

> Tudo isso pode ser traduzido em um princípio merleau-pontiano: somos seres-em-situação, estamos mergulhados na cotidianidade do mundo e da cultura que compartilhamos. O modo de educar uma criança, nessa chave, se enriquece e se amplia a partir do olhar adulto para toda riqueza das artes, da literatura, das descobertas científicas, dos fenômenos da natureza. A pedagogia que se aproxima das noções sobre a infância e sobre a criança, tal como vislumbrou Merleau-Ponty, é aquela que enriquece o cotidiano infantil – e o cotidiano da convivência adulto criança – a partir do próprio dia-a-dia. Isto significa que as fontes da ampliação desse saber estão na própria criança que temos diante de nós e no mundo compartilhado; nas redes de saberes e nos objetos da cultura; na história pessoal de cada um contextualizada em uma cultura escolar com normas e procedimentos pré-estabelecidos, mas sobre os quais temos o poder e fazer reflexão e propor mudanças (MACHADO, 2010, p. 103).

> E a educação aparece como aprendizagem da cultura, muito embora essa aprendizagem, nas diversas culturas, não seja uniforme nem tenha a mesma significação. A conscientização das características da educação no contexto de uma determinada cultura faz aparecer a importância da ação cultural como fator de uma revolução cultural permanente. Sem esta, as outras revoluções poderão não constituir modificações significativas da estrutura global, favorecendo tão-somente um aperfeiçoamento do mesmo sistema. Para a fenomenologia, a revolução será total ou não será; deverá ser permanente ou não acontecerá (REZENDE, 1990, p. 95).

O processo de aprender pode acontecer a qualquer momento e em qualquer lugar, de maneira que o conceito de aprendizagem apresenta-se, então, atrelado à vivência geral do indivíduo. Nesse sentido, percebemos que a realidade escolar não é a única instância educativa; entretanto, deve-se ter ciência de que aquela instância educacional não pode renunciar ao seu papel peculiar de criar conscientemente experiências de aprendizagem, reconhecíveis como tais pelos sujeitos envolvidos. Para adquirir essa consciência, a escola deve estar atenta, sobretudo, ao fato de que a experiência vivida é a sua referência básica.

> Aprender significativamente é aprender a estabelecer relações significativas, no reconhecimento de que o sentido se articula e circula no interior da estrutura A este propósito, já tivemos a ocasião de dizer que, sendo a estrutura simbólica uma estrutura de estruturas, a dialética, para a fenomenologia, não é praticada de maneira unidimensional, mas pluridimensional ou polissêmica. Trata-se de estabelecer todas as relações significativas possíveis, não apenas de contradições, mas de contrariedade (REZENDE, 1990, p. 53).

O conhecimento tratado na escola deve servir primeiramente para o aluno se conhecer melhor e todas as suas circunstâncias; deve também servir para conhecer o mundo; para adquirir as habilidades e as competências do mundo do trabalho; para tomar parte nas decisões da vida em geral, social, política, econômica; servir para compreender o passado e projetar o futuro; e, finalmente, servir para a comunicação – para comunicar o que se conhece, para conhecer melhor o que já é conhecido e para continuar aprendendo.

Para fins de apropriação e conscientização do estar no mundo, a educação deve tratar de conhecimentos relativos ao contexto macro, ao mundo, à realidade complexa em que se está inserido. Nesse sentido, deve-se rejeitar a educação com ênfase em saberes desunidos, divididos e compartimentados, e enfatizar trabalhos que aludam a problemas de conhecimento cada vez mais multidisciplinares, transversais, multidimensionais e globais.

REFERÊNCIAS

ABIB, P. R. J.. **Capoeira Angola**: cultura popular e o jogo dos saberes na roda. Campinas, SP: Unicamp/CMU; Salvador: Edufba, 2006.

ABIB, P. R. J.. Cultura Popular e Educação: um estudo sobre a Capoeira Angola. **Revista da Faced**, v. 11, p. 10, 2007.

ACER, A. BALDON, M.. **Interações e brincadeiras na educação infantil.** Campinas/SP: Alínea 2013.

ALEXANDER, F. M.. **A ressurreição do corpo**. São Paulo: Martins Fontes, 1993.

ALTRICHTER, H.; POSCH, P.. **Lehrer erforschen ihren Unterricht. Eine Einführung in die Aktionsforschung.** Bad Heilbrunn: Klinkhardt, 1994

ALVES, R.. **Por uma educação romântica.** Campinas: Papirus, 2002.

ALVES, R.. **Sobre o tempo e a eternidade.** 3. ed. São Paulo: Papirus, 1985.

ALVES, R.. **Entre a ciência e a sapiência:** o dilema da educação. 4. ed. São Paulo: Loyola, 1999.

ALVES, T. A.. **Heranças de corpos brincantes:** Saberes da corporeidade em danças afro-brasileiras. Natal: Editora da UFRN, 2006.

ANDRADE, M.. **REC**: uma iniciação à filmagem. João Pessoa: Ideia, 2013.

ANTÉRIO, D.; GOMES-DA-SILVA, P. N.. A comunicação corporal como saber docente. **Reflexão e Ação**, v. 23, p. 447, 2015.

ANTÉRIO, D.; GOMES-DA-SILVA, P. N. Relação sociocultural dos brinquedos artesanais vendidos em feiras livres. **Educação e Realidade**, v. 37, p. 923-941, 2012.

ARISTÓTELES. **Poética**. Tradução, comentários e índices analítico e onomástico de Eudoro de Souza. São Paulo: Nova Cultural, 1991. (Col.

Os Pensadores.) BAACKE, D.. **Die 13 bis 18jährigen**. 3. ed. Weinheim: Beltz, 1983.

BARTHES, R.. **O prazer do texto**. 5. ed. SP: Perspectiva, 1999.

BÁSSOLI DE OLIVEIRA, A. A.; PERIM, G. L. (Orgs.). **Fundamentos Pedagógicos do Programa Segundo Tempo**: da reflexão à prática. Maringá: Ed. UEM, 2009.

BECKMANN, W.; HILDEBRANDT-STRAMANN, R.. Aprender diante de problemas. In: HILDEBRANDT-STRAMANN, R.. **Educação Física aberta à experiência**. Uma concepção didática em discussão. Rio de Janeiro: Imperial Novo Milênio, 2009. p. 31-44.

BENJAMIN, W.. A obra de arte na era de sua reprodutibilidade técnica. In: ____. **Obra de arte**: técnica, imagem, percepção. Rio de Janeiro: Contraponto, 2012.

BENJAMIN, W.. **Reflexões**: a criança, o brinquedo e a educação. São Paulo: Summus, 1984.

BENTO, B.. Disputas de gênero. **Correio Braziliense**. Brasília: jul. 2015b.

BENTO, B.. **A reinvenção do corpo**: sexualidade e gênero na experiência transexual. Natal: EDUFRN, 2015a.

BERGER, P.; LUCKMANN, T.. **A construção social da realidade**. Petrópolis, 1985. BERNARDINO, L. F.; KAMERS, M.. **A creche e o brincar:** alternativas para a educação no primeiro ano de vida. SP: Estilos da Clínica, 2003.

BETTI, M.. O que a semiótica inspira ao ensino da educação física. **Discorpo**, São Paulo, n. 3, p. 25-45, 1994.

BETTI, M. et al. Fundamentos filosóficos e antropológicos da Teoria do Se-Movimentar e a formação de sujeitos emancipados, autônomos e críticos: o exemplo do Currículo de Educação Física do Estado de São Paulo. **Movimento**, Porto Alegre v. 20, p. 1631-1653, 2014.

BETTI, M. et al. Por uma didática da possibilidade: implicações da fenomenologia de Merleau-Ponty para a educação física. **Rev. Bras. de Ciên. do Esp.**, Campinas, v. 28, n.2, p. 39-53, jan 2007.

BETTI, M.; GOMES-DA-SILVA, E.; GOMES-DA-SILVA, P. N.. Educação física em perspectiva semiótica: a investigação científica para além das dicotomias. In: STIGGER, M. P. (Org.). **Educação física + humanas.** Campinas, SP: Autores Associados, 2015. p. 89-110.

BETTI, M.; GOMES-DA-SILVA, P. N.; GOMES-DA-SILVA, E.. Uma gota de suor e o universo da Educação Física: um olhar semiótico para as práticas corporais. **Kinesis**, v. 31, n. 1, p. 91106, jan./jun. 2013.

BONHOEFFER, D.. **Ética.** 3. ed. São Leopoldo: Sinodal, 1985.

BRACHT, V.. Esporte na escola e esporte de rendimento. **Revista Movimento.** v. 7, n. 12, 2004, p. 15-24.

BRECHT, B.. **Vida de Galileu.** São Paulo: Abril Cultural, 1977.

BRESSANI, M. C.; BOSA, C.; LOPES, R. S.. A responsividade educadora-bebê em um berçário: um estudo exploratório. **Rev. Bras. Cresc. Desenv. Hum.**, 2007; v. 17(3), p. 21-36, 2007.

BRONFENBRENNER, U.. **Bioecologia do desenvolvimento humano.** Porto Alegre: Artmed, 2011.

CAILLOIS, R.. **Os jogos e os homens:** as máscaras e as vertigens. Lisboa: Cotovia, 1990.

CAMINHA, I.. O.. **Escritos diversos no universo do corpo, educação, psicanálise e filosofia.** São Paulo: LiberArs, 2015.

CAMINHA, I. O.. **O distante-próximo e o próximo-distante:** corpo e percepção na filosofia de Merleau-Ponty. João Pessoa: Editora Universitária/UFPB, 2010.

CANDAU, V. M.. **Magistério:** construção cotidiana. Rio de Janeiro: Vozes. 2003.

CARVALHO, L. R. R; OLIVEIRA, F. N.. Quando o jogo na escola é bem mais que jogo: possibilidades de intervenção pedagógica no jogo de regra set game. **Rev. Bras. de Est. Pedag.** Brasília, v. 95, n. 240, p. 431-455, mai./ago. 2014.

CASCUDO, L. C.. **Dicionário do folclore brasileiro**. São Paulo: Global, 2002.

CHEVALIER, J.. **Dicionário de símbolos**: mitos, sonhos, costumes, gestos, formas, figuras, cores, números. Rio de Janeiro: José Olympio, 2006.

COLL C.; MARTÍ, E.. Aprendizagem e desenvolvimento: a concepção genético-cognitiva da aprendizagem. In: PALACIOS, J.; MARCHESI, A. (Orgs.). **Desenvolvimento psicológico e educação**. Psicologia da Educação. Porto Alegre: Artes Médicas, 2004. v. 2.

COLOMBERO, R. M. M. P.. **Danças Urbanas**: uma história a ser narrada. Grupo de Pesquisa em Educação Física Escolar – Feusp, p. 1-13, jul./2011.

CONSELHO FEDERAL DE EDUCAÇÃO FÍSICA (CONFEF). **Resolução 046/2002**. Disponível em: http://www.confef.org.br. Acesso em: 08 mai. 2013.

CONSELHO NACIONAL DE SAÚDE (CNS). **Resolução nº 287 de 08 de outubro de 1998**. Disponível em: http://conselho.saude.gov.br/docs/Reso287.doc. Acesso em: 08 mai. 2013.

CORREIA, S. N.. O jogo da cultura e a cultura do jogo: por uma semiótica da corporeidade. (Resenha). **Ling. Acadêmica,** Batatais, v. 4, n. 2, p. 117-126, jul./dez. 2015.

COSTA, J. F.. O referente da identidade homossexual. In: PARKER, R.; BARBOSA, R. M. (Orgs.) **Sexualidades brasileiras**. Rio de Janeiro: Relume Dumará, 1996.

CZERESNIA, D.; FREITAS, C. M.. **Promoção da saúde**: conceitos, reflexões, tendências. 2. ed. Rio de Janeiro: Fiocruz, 2009

DEBERT, G. G.. **A reinvenção da Velhice:** Socialização e Processos de Reprivatização do Envelhecimento. São Paulo: Ed. USP; Fapesp, 2012.

DELEUZE, G.. **O ato de criação**. São Paulo: Folha de São Paulo, 1999.

DELEUZE, G.; GUATTARI, F.. **O anti-Édipo. Capitalismo e Esquizofrenia**. Lisboa: Assírio & Alvim, 1995.

DERNTL, A. M.; WATANABE, H. A. W. Promoção da saúde. In: LITVOC, J.; BRITO, F. C. (Orgs.) **Envelhecimento**: prevenção e promoção da saúde. São Paulo: Atheneu, 2004.

DIAS, I. S.. **A relação educadora-bebê**: laços possíveis. 2010. 92p. Dissertação (mestrado)Universidade Federal do Rio Grande do Sul. Programa de Pós-graduação em Educação, Porto Alegre.

DIDEROT, D.. Sobre as mulheres. In: THOMAS, A. L; D'EPINAY Madame. (Orgs.) **O que é uma mulher?** Rio de Janeiro: Nova Fronteira, 1991.

DIECKERT, J.; HILDEBRANDT-STRAMANN, R.. Perspectivas para o desenvolvimento da ciência do esporte no Brasil com enfoque na formação de professores de educação física escolar ponto de vista alemão. In: HILDEBRANDT-STRAMANN, R.; KUNZ, E. (Orgs.). **Intercâmbios Científicos Internacionais em Educação Física**. Brasília: Ijui/RS: Editora Unijui, 2004. p. 15-31.

ELIADE, M.. **O sagrado e o profano**. São Paulo: Martins Fontes, 1992.

ELIADE, M.. **Imagens e símbolos**: ensaio sobre o simbolismo mágico-religioso. São Paulo: Martins Fontes, 1991.

FALCÃO, J. L. C.. Capoeira. In: GONZÁLEZ, F. J.; FENSTERSEIFER, P. E. (Orgs.). **Dicionário Crítico de Educação Física**. 3. ed. Ijuí-RS: Unijuí, 2014. p.100-101.

FALCÃO, J. L. C.. **O jogo da capoeira em jogo e a construção da práxis capoeirana**. 2004. 409 f. Tese (Doutorado em Educação) – Universidade Federal da Bahia, Salvador, 2004.

FERNANDES, M.; SANTOS, B.. Estados corporais perceptivos da capoeira na composição improvisada em dança. **Anais do XV Encontro de Extensão da Universidade Federal da Paraíba** (Enex/UFPB), 2014.

FIGUEIREDO JUNIOR, J. M.. **Conhecimento gerontológico e a formação em educação física no estado da Paraíba:** uma análise curricular, UPE/UFPB, Recife. 2011.

FORQUIN, J.-C.. **Escola e cultura:** as bases sociais e epistemológica do conhecimento escolar. Trad. Guacira Lopes Louro, Porto Alegre: Artes Médicas, 1993. 205p.

FOUCAULT, M. (Org.; Apres.). **Herculine Barbin, llamada Alexina B.** Madri: Revolución, 1985.

FOUCAULT, M.. **Os anormais.** São Paulo: Martins Fontes, 2001.

FOUCAULT, M.. **A Hermenêutica do sujeito.** São Paulo: Martins Fontes, 2004. FOUCAULT, M.. **Vigiar e Punir.** Petrópolis: Vozes, 1977.

FRANÇA, A. R. O.. **Programa jogos sensoriais para a Educação Infantil:** percepção e desenvolvimento bioecológico. 2016. 181 fl. (Dissertação) Programa de Pós-Graduação em Educação Universidade Federal da Paraíba, João Pessoa, 2016.

FREINET, É.. **Itinerário de Celestin Freinet.** Rio de Janeiro: Fco. Alves, 1979 FREIRE, J. B.. **O jogo:** entre o riso e o choro. Campinas: Autores Associados, 2002.

FREIRE, P.. **Pedagogia da autonomia:** saberes necessários à prática educativa. 12. ed. São Paulo: Paz e Terra, 1996.

FREIRE, P.. **Pedagogia do oprimido.** 42. ed. Rio de Janeiro: Paz e Terra, 2005.

FREIRE, P.. **Política e Educação Ambiental.** São Paulo: Cortez, 1997.

FREIRE, P.. **Educação como prática da liberdade.** Rio de Janeiro: Paz e Terra, 1994.

FREIRE DOWBOR, F.. **Quem educa marca o corpo do outro.** SP: Cortez, 2008

FREUD, S.. Escritores criativos e devaneios. In: **Obras completas.** Rio de Janeiro: Imago, 1980. v. IX.

FREUD, S.. Recordar, repetir e elaborar: novas recomendações sobre a técnica da psicanálise II. In: **Obras Completas**. Rio de Janeiro: Imago, 1980. v. XII, p.163-171.

FRIEDLI, L.. Mulheres que se faziam passar por homens: um estudo das fronteiras entre os gêneros no século XVIII. In: ROUSSEAU, G. S; PORTER, Roy. (Orgs.) **Submundos do sexo no iluminismo**. Rio de Janeiro: Rocco, 1999.

FRIEDMANN, A.. **Brincar**: crescer e aprender: o resgate do jogo infantil. São Paulo: Moderna, 2002.

FUNKE-WIENEKE, J.. **Bewegungs**und Sportpädagogik. Baltmannsweiler: Schneider, 2010.

FUNKE-WIENEKE, J; HILDEBRANDT-STRAMANN, R.. Uma Pedagogia de Movimento Orientada no Desenvolvimento Humano como Base para a Formação do Professor de Educação Física. In: TAFFAREL, C.; HILDEBRANDT-STRAMANN, R. (Orgs.). **Currículo e Educação Física**. Formação de Professores e Práticas Pedagógicas nas Escolas. Ijui/RS: Editora: Unijui, 2007. p. 59-68.

GARCIA, C. M.. **Formação de professores**: para uma mudança educativa. Portugal: Porto, 1999.

GARGANTA, J.; GUILHERME OLIVEIRA, J.; BARREIRA, D.; BRITO, J.; REBELO, A. Fundamentos e práticas para o ensino e treino do futebol. In: TAVARES, Fernando. (Org.). **Jogos desportivos coletivos:** ensinar a jogar. Porto: Editora Fadeup, 2013.

GEERTZ, C.. **A interpretação das culturas**. Rio de Janeiro: Guanabara Koogan, 1989.

GIBSON, J. J. The theory of affordances. In: SHAW, R.; BRANSFORD, J. (Eds.). **Perceiving, acting end knowing**: toward an ecological. Psycology. Hillsdadle, NJ: Lawrence Erlbaum, 1977. p. 67-82.

GIBSON, J. J. **The ecological approach to the visual perception**. Boston: Houghton Mifflin, (1979/1986).

GOMES-DA-SILVA, E., SANT'AGOSTINO, L. H. F., BETTI, M. Expressão corporal e linguagem na Educação Física: uma perspectiva semiótica. **Revista Mackenzie de Educação Física e Esporte**, São Paulo, v. 4, p. 29-38, 2005.

GOMES-DA-SILVA, P. N. Por uma ontologia do movimento comunicativo. In: GUEDES, O. C. **Atividade física e esportes**: contextos e perspectivas evolutivas. João Pessoa: Unipê, 2001.

GOMES-DA-SILVA, P. N. **O jogo da cultura e a cultura do jogo**: por uma semiótica da corporeidade. 2003. Tese (Doutorado em Educação) Programa de Pós-graduação em Educação /CCSAUFRN, Natal/RN.

GOMES-DA-SILVA, P.N. Jogo, cultura e pulsão: uma semiótica dos brinquedos e dos brincantes. In: VITA, I. B.; ANDRADE; F. C. B.(Orgs.) **(Des) fiando a trama**: a psicanálise nas teias da educação. São Paulo: Casa do Psicólogo, 2005. p. 77-96.

GOMES-DA-SILVA, P. N.; CAVALCANTI; K.; HILDEBRANDT, R. A poética dos gestos dos jogadores. **Rev. Bras. Ciências do Esporte**, v. 27, n. 2, p. 105-120, 2006.

GOMES-DA-SILVA, P. N.. **O jogo da cultura e a cultura do jogo**: por uma semiótica da corporeidade. João Pessoa: Editora Universitária da UFPB, 2011.

GOMES-DA-SILVA, P. N.. **Cultura corporal burguesa**: história e sistematizações pedagógicas. João Pessoa: Ed. Univ. UFPB, 2012a.

GOMES-DA-SILVA, P. N.. A corporeidade do movimento: por uma análise existencial das práticas corporais. In: HERMIDA, J. F; ZÓBOLI, F. **Corporeidade e educação**. João Pessoa: Ed. Universitária UFPB, 2012b. p.139-173.

GOMES-DA-SILVA, P. N.; GOMES, E. S. L. ; COSTA, C.S . As lendas e a imaginação simbólica: uma metodologia para a sala de aula. **Revista de Estudos de Teologia e Ciências da Religião**, v. 10, p. 538-551, 2012.

GOMES-DA-SILVA, P. N. Pedagogia da Corporeidade: o decifrar e o subjetivar em educação. **Rev. Tempos e espaços em educação**, v. 13, p. 15-39, 2014a.

GOMES-DA-SILVA, P. N.; BETTI, M.; GOMES DA SILVA, E.. Semiótica. In: GONZÁLEZ, F. J.; FENSTERSEIFER, P. E. (Orgs.). **Dicionário crítico de educação física**. Ijuí: Ed. Unijuí. 2014b. p. 603-608.

GOMES-DA-SILVA, P. N. et al. Descrevendo a corporeidade: implicações educativas a partir da ginga do brasileiro no futebol e na dança. **Educação**: teoria e prática, v. 24, n. 46, p. 97-119, mai./ago. 2014c.

GOMES-DA-SILVA, P. N. Pedagogia da corporeidade: construindo uma teoria. In: CONGRESSO INTERNACIONAL INTERDISCIPLINAR DE SAÚDE, DESPORTO E PEDAGOGIA DO MOVIMENTO. n. 1, João Pessoa-PB, Brasil, **Anais n. 1,** João Pessoa, 2014d, p.1-8.

GOMES-DA-SILVA, P. N.. Pedagogia da corporeidade e seu epicentro didático. **Rev. Bras. de Educ. Fís. Esc.**, v.1, n.1, p. 136-166, 2015a.

GOMES-DA-SILVA, P. N.. Pedagogia da corporeidade e suas ecologias do ensinar: notações para o trabalho docente. **Rev. Temas em Educação**, v. 24, n. especial, p. 1036, 2015b.

GOMES-DA-SILVA, P. N.. **Semiótica dos jogos infantis**. João Pessoa: Ed. Univ. UFPB, 2015c.

GOMES-DA-SILVA, P. N.. Mundos sem fim do brincar: de Winnicott pra depois. In: BANDEIRA, Graça (Org.). **Viver criativo**: escritos de educação com Winnicott. CuritibaPR: CRV, 2016, p.157-186.

GOMES-DA-SILVA, P. N.. **Educação Física pela pedagogia da corporeidade**: um convite ao brincar. Curitiba-PR: CRV, 2016b.

GONÇALVES, D. M. O.. **O brincar do bebê**: e a constituição do sujeito. 2012. 111 p. Dissertação (mestrado) – Programa Associado de Pós-graduação em Educação Física/UPE-UFPB, Universidade de Pernambuco, Universidade Federal da Paraíba, Recife-PE.

GONÇALVES, D. M. O.; GOMES-DA-SILVA, P. N.. O brincar do bebê: notas winnicottianas para uma prática educativa criativa. In: HERMIDA, J. F; BARRETO, S. J. **Educação Infantil**: temas em debate. João Pessoa: Ed. UFPB, 2013. p. 75-97.

GONÇALVES, M. A. S.. **Sentir, pensar e Agir**: corporeidade e educação. 7. ed. Campinas, SP: Papirus, 2004.

GRUPO DE TRABALHO PEDAGÓGICO Ufpe-UFSM. **Visão didática da educação física**. Rio de Janeiro: Ao Livro Técnico, 1991

GUATTARI, F.. **As três ecologias**. Trad. Maria Cristina F. Bittencourt. Campinas: Papirus, 1990.

GURFINKEL, D.. O viver criativo: saúde e educação em Winnicott. In: BANDEIRA, Graça. (Org.). **Viver criativo**: escritos de educação com Winnicott. Curitiba-PR: CRV, 2016, p.17-32.

HEIDEGGER, M.. **Ser e Tempo**. Parte 1. Petrópolis: Vozes, 2000.

HILDEBRANDT-STRAMANN, R.. **Textos Pedagógicos Sobre o Ensino da Educação Física**. Ijui/RS: Ed. Unijui, 2001.

HILDEBRANDT-STRAMANN, R.. **Bewegte Schulkultur**. Butzbach-Griedel: Afra, 1999a.

HILDEBRANDT-STRAMANN, R.. **Educação Física aberta à experiência**. Uma concepção didática em discussão. Rio de Janeiro: Imperial Novo Milênio, 2009.

HILDEBRANDT-STRAMANN, R.. **Histórias de movimento com crianças**. Ijui/RS: Editora Unijui, 2010

HILDEBRANDT-STRAMANN, R.; KUNZ, E. (Orgs.). **Intercambios Cientificos Internacionais em Educação Física**. Ijui/RS: Editora Unijui, 2004

HILDEBRANDT-STRAMANN, R.; TAFFAREL, C. (Orgs.). **Currículo e Educação Física**. Formação de Professores e Práticas nas Escolas. Brasilien: Ijui/RS: Editora Unijui, 2007

HILDEBRANDT-STRAMANN, R.. Reflexões pedagógicas sobre currículo em educação física. **Revista Kinesis**, v. 1, n. 1, Santa Maria, UFSM, 1985, p. 27-34.

HILDEBRANDT-STRAMANN, R.. Visão pedagógica de movimento. In: VALENTE, M. (Org.). **Pedagogia do Movimento**: Diferentes Concepções. Maceió: edUFAL, 1999. p. 31-36.

HILDEBRANDT-STRAMANN, R.. **Concepções abertas no ensino da educação física**. Rio de Janeiro: Imperial Novo Milênio. 2011

HILDEBRANDT-STRAMANN, R. (Org.). **Histórias de movimento com crianças**. Ijuí: Editora Unijuí, 2010.

HOLYOAK, K. J. Psychology. In: WILSON, R. A.; KEIL, F. C. (Eds.). **The MIT Encyclopedia of the Cognitive Sciences**. Massachussetts Institute of Technology, 1999, p. xl – xlix. CD-ROOM.

HUIZINGA, J.. **Homo ludens**: o jogo como elemento da cultura. São Paulo: Perspectiva, 1992.

JAPIASSU, R. O. V.. Jogos teatrais na escola pública. **Revista da Faculdade de Educação**, São Paulo, v. 24, n. 2, jul./dez. 1998.

JUNG, C. G.. Aion: estudos sobre o simbolismo do si-mesmo. In: **Obras completas**. Petrópolis: Vozes, 1982. V. IX/2.

KNAPP, M.; HALL, J. A.. **Comunicação não-verbal na interação humana**. São Paulo: JSN, 1999.

KONDER, L.. **O futuro da filosofia da práxis**: o pensamento de Marx no Século XXI. 2. ed. Rio de Janeiro: Paz e Terra, 1992.

KOUDELA, I. D.. **Jogos teatrais**. São Paulo: Perspectiva, 1998.

KOUDELA, I. D.. Apresentação do dossiê jogos teatrais no brasil: 30 anos. **Revista de história e estudos culturais**, v. 7, n.1 jan./fev./mar./abr. 2010.

KUNZ, E.. Apresentação. Pedagogia do Esporte, do Movimento Humano ou da Educação Física. In: KUNZ, E; TREBELS, A. H. (Orgs.). **Educação Física Crítico Emancipatória**. Ijui: Unijui. 2006. p. 11-22.

KUNZ, E.. Esporte: uma abordagem com a fenomenologia. **Movimento**. v. 7, n. 12, 1, p. 1-13, 2000.

KUNZ, E.. **Educação física**: ensino & mudanças. Ijuí: Ed. Unijuí,

KUNZ, E.. (1991). **Transformação didático-pedagógica do esporte**. 4. ed. Ijuí: Ed. Unijuí, 2001.

LABAN, R.. **Domínio do movimento**. 3. ed. São Paulo: Summus, 1978.

LANDAU, G.. Das mobile Klassenzimmer. In: LAGING, R.; SCHILLACK, G. (Orgs.). Die Schule kommt. In: BEWEGUNG, Konzepte. **Untersuchungen und praktische Beispiele zur Bewegten Schule**. Hohengehren: Schneider, 2000. p. 110-116.

LANGER, S. K.. **Sentimento e forma**. São Paulo: Perspectiva, 1980.

LAPLANTINE, F.. **Aprender Antropologia**. 4. ed. São Paulo: Brasiliense, 1991.

LAQUEUR, T.. **Inventando o sexo**: corpo e gênero dos gregos a Freud. Rio de Janeiro: Relume Dumará, 2001.

LARA, M. L.. **As Danças do Candomblé**: Corpo, rito e educação. Maringá, 2008.

LARA, M. L.. **Corpo, sentido ético-estético e cultura popular**. Maringá: EdUEM, 2011.

LARAIA, R. B.. **Cultura**: Um conceito Antropológico. Rio de Janeiro: Jorge Zahar, 1986.

LAVEGA, P.. Os jogos tradicionais como patrimônio cultural mundial. In: MARIN, E. C; RIBAS, J. F. M. (Orgs.). **Jogo tradicional e cultura.** Santa Maria: UFSM, 2013.

LELOUP, J.-Y.. **O sentar e o caminhar**. Petrópolis: Vozes, 2013

LENER, R. M.. Urie Bronfenbrenner: contribuições da carreira de um cientista do desenvolvimento humano pleno. In: BRONFENBRENNER, U. **Biologia do desenvolvimento humano.** Tornando os seres humanos mais humanos. Porto Alegre: Artmed, 2011.

LIBÂNEO, J. C.. **Democratização da escola pública a pedagogia crítico-social dos conteúdos.** São Paulo: Loyola, 1985

LISPECTO, C.. **Crônicas para jovens de bichos e pessoas.** Rio de Janeiro: Rocco, 2012.

LOWEN, A.. **Bioenergética.** 5. ed. São Paulo: Summus, 1982

LOWEN, A.. **Medo da vida:** caminhos da realização pessoal pela vitória sobre o medo. São Paulo: Summus Editora, 1980.

LOWEN, A.; LOWEN, L.. **Exercícios de bioenergética:** o caminho para saúde vibrante. São Paulo: Ágora, 1985.

LUCENA, L. C.. **Como fazer documentários**: conceitos, linguagem e prática de produção. São Paulo: Summus, 2012.

MACHADO, M. M.. **Merleau-Ponty & a Educação.** Belo Horizonte: Autêntica, 2010.

MANHÃES, J. B.. Performance do Cazumbá: do Ritual ao Jogo. **Cadernos Virtuais de Pesquisa em Artes Cênicas**, v. 1; n. 1, 2007, p. 92-94.

MARAUN, H. K.. Erfahrung als didaktische Kategorie. In: **Sonderheft sportpädagogik.** Annäherungen, Versuche, Betrachtungen: Bewegung zwischen Erfahrung und Erkenntnisse, 1983. p. 26-31.

MARCHESINI, A. L. S.. **A constituição do si-mesmo:** uma abordagem winnicottiana. Tese de mestrado apresentada à Pontifícia Universidade Católica de São Paulo, São Paulo, 2010.

MARTENSEN, R.. A transformação de Eva: os corpos das mulheres, medicina e cultura no início da Inglaterra moderna. In: PORTER, R; TEICH, M. (Orgs.) **Conhecimento sexual, ciência sexual:** a história das atitudes em relação à sexualidade. São Paulo: Unesp, 1997.

MARX, K.. **O dezoito Brumário de Luiz Bonarpe.** Rio de Janeiro: Boitempo, 2010.

MATTOS, R.A.. **História e cultura afro-brasileira.** São Paulo: Contexto, 2014.

MATURANA, H; NISIS, S.. **Formación humana y capacitación.** Santiago: Dolmen. 1997.

MEDEIROS, R.M.N.. **Uma educação tecida no corpo.** São Paulo: Annablume, 2010.

MEDINA, J. P. S.. **A educação física cuida do corpo... e "mente".** Campinas: Papirus, 1983.

MENEZES, J. N. C.. **História e Turismo Cultural.** Belo Horizonte: Autêntica, 2004. MÈREDIEU, de F.. **O desenho infantil.** São Paulo: Cultrix, 2000.

MERLEAU-PONTY, M.. **Fenomenologia da percepção.** SP: Martins Fontes, 1999.

MERLEAU-PONTY, M.. **O homem e a comunicação:** a prosa do mundo. São Paulo: Cosac e Naify, 2002.

MERLEAU-PONTY, M.. **O visível e o invisível.** São Paulo: Perspectiva, 1984. MESQUITA, M. F. N.. **Valores humanos na educação:** uma nova prática na sala de aula. São Paulo: Gente, 2003.

MINAYO, M. C. S; DESLANDES, S. F.; NETO, O. C.; GOMES, R.. **Pesquisa social:** teoria, método e criatividade. 21. ed. Petrópolis; Vozes, 2002.

MORAES, M. C. B.. **O Paradigma Educacional Emergente.** São Paulo: Papirus, 1997.

MORIN, E.. **A cabeça bem-feita:** repensar a reforma, reformar o pensamento. Rio de Janeiro: Bertrand Brasil, 2010.

MORIN, E.. **Os sete saberes necessários à educação do futuro.** São Paulo: Cortez, 2003.

MORIN. E.; MOGUÉ, J. L.. **Inteligência da complexidade:** epistemologia e pragmática. Lisboa: Inst. Piaget, 2009.

NANNI, D. **Dança Educação** Pré – Escola à Universidade. Rio de Janeiro: Sprint, 1995.

NÓBREGA, T. P.. **Dançar para não esquecer quem somos**: por uma estética da dança popular. Texto apresentado durante mesa-redonda no II Congresso Latino Americano e III Congresso Brasileiro de Educação Motora. Natal/RN, 2000.

NÓVOA, A.. **Desafios do trabalho do professor no mundo contemporâneo** – palestra organizada pelo Sinpro-SP. 2006.

NUNES, S. A.. **O corpo do diabo entre a cruz e a caldeirinha: um estudo sobre mulher, o masoquismo e a feminilidade.** Rio de Janeiro: Civilização Brasileira, 2000.

OLIVEIRA, V. M.. **Educação física humanista.** Rio de Janeiro: Ao Livro Técnico, 1985

PARLEBAS, P.. Jargão e linguagem científica. In: RIBAS, J. F. M. (Org.). **Jogos e Esportes**: fundamentos e reflexões da praxiologia motriz. Santa Maria: Editora UFSM, 2008.

PARLEBAS, P.. **Juegos, deporte y sociedad**: léxico de praxiologia motriz. Barcelona: Paidotribo, 2001.

PARLEBAS, P.. Prefácio. In: MARIN, E. C; RIBAS, J. F. M. (Orgs.). **Jogo tradicional e cultura.** Santa Maria: UFSM, 2013.

PATEMAN, C.. **O contrato sexual.** Rio de Janeiro: Paz e Terra, 1993.

PEIRCE, C. S.. **Escritos coligidos.** São Paulo: Abril Cultural,1974. (Coleção Os Pensadores, XXXVI)

PEIRCE, C. S.. **Semiótica.** São Paulo: Perspectiva, 1995.

PIAGET, J.. **Tratado de lógica y conocimento científico** *(1). Naturaleza y métodos de la epistemologia.* Buenos Aires: Paidós [Publicação original em francés, 1967], 1979.

PIAGET, J.. **A formação do símbolo na criança.** RJ: Zahar, 1975. (3ed. 1978).

PIGNATARI, D. **Semiótica e literatura**: icônico e verbal, Oriente e Ocidente. São Paulo: Cortez & Moraes, 1979.

PORTUGUAL, G. **Ecologia e desenvolvimento humano em Bronfenbrenner.** Aveiro: Cidine, 1992.

RAUSCHENBERGER, H. **Zur Metamorphose des Praktischen in der Schule**. Neue Sammlung, 1993, v. 33, 2, p. 229–240.

RECKZIEGEL, A. C; STIGGER, M. P. Dança de rua: opção pela dignidade e compromisso social. **Revista movimento,** v. 11, n. 2, p. 59-73, mai./ago. 2005.

REZENDE, A. M. de. **Concepção Fenomenológica da Educação**. São Paulo: Cortez: Autores Associados, 1990. (Coleção Polêmicas do Nosso Tempo)

RIBAS, J. F. M.. **Contribuições da Praxiologia Motriz para a Educação Física Escolar** – Ensino Fundamental. 2002. 241 f. Tese (Doutorado) – Faculdade de Educação Física. Universidade de Campinas, Unicamp, 2002.

RIBAS, J. F. M. (Org.). **Jogos e Esportes:** fundamentos e reflexões da praxiologia motriz. Santa Maria-RS: Editora UFSM, 2008.

RIBAS, J. F. M.. Praxiologia Motriz: construção de um novo olhar dos jogos e esportes na escola. **Motriz,** Rio Claro, v. 11, n. 2, p. 103-110, mai./ago., 2005.

RIBEIRO, C. R. F.. **Práticas corporais para idosos**: um estudo de caso. 96f. Dissertação (Mestrado em Educação Física) Programa Associado de Pernambuco e Universidade Federal da Paraíba. UFPB, 2014.

RODRIGUES, J. C.. **O tabu do corpo**. 2. ed. Rio de Janeiro: Achiamé, 1975.

ROSE. T.. Um estilo que ninguém segura: politica, estilo e a cidade pós--industrial no Hip Hop. In: HERSCHMANN, Micael (Org.). **Abalando os anos** 90 – funk e hip hop. Globalização, violência e estilo cultural. Rio de Janeiro: Rocco, 1997. p. 192-212.

RUMPF, H.. Schule der Körperlosigkeit. **Neue Sammlung**, 1980, v. 20, p. 454-463.

SACCANI, R.; BRIZOLA, E.; GIORDANI, A. P.; BACH, S; RESENDE, T. L.; ALMEIDA, C. S. Avaliação do desenvolvimento neuropsicomotor em crianças de um bairro da periferia de Porto Alegre. **Scientia Medica**, Porto Alegre, v. 17, n. 3, p. 130-137, jul./set. 2007.

SANTAELLA. L.. **Corpo e comunicação:** sintoma da cultura. São Paulo: Paulus, 2004.

SANTAELLA, L.. **O que é semiótica**. São Paulo: Brasiliense, 1983. (Coleção Primeiros Passos, 103).

SANTAELLA, L.. **Percepção:** fenomenologia, ecologia, semiótica. São Paulo: Paulus, 2012.

SANTOS, K. C.. A tese da ciência da Motricidade Humana de Manuel Sérgio. In: BRACHT, V. **Educação Física e Ciência:** cenas de um casamento (in)feliz. Ijui/RS: Editora Unijui, 1999. p. 99-116.

SAVIANI, D.. **Escola e democracia**. São Paulo: Cortez. 1985

SAVIANI, D. **Pedagogia histórico-crítica:** primeiras aproximações. 11. ed. Campinas: Aut. Assoc., 2012.

SCHIEBINGER, L.. Mamíferos, primatologia e sexologia. In: PORTER, R; TEICH,

M. (Orgs.). **Conhecimento sexual, ciência sexual:** a história das atitudes em relação à sexualidade. São Paulo: Unesp, 1997.

SCHUTZ, A.; LUCKMANN, T.. **Las Estruturas del Mundo de La Vida.** Buenos Aires: Amorrortur, 1977.

SCORSOLINI-COMIN, F. Por uma nova compreensão do conceito de bem-estar: Martin Seligman e a Psicologia Positiva. **Paidéia**, Ribeirão Preto, 22(53), p. 433-435, 2012.

SELIGMAN, M. E. P.. **Florescer:** uma nova compreensão sobre a natureza da felicidade e do bem-estar. Rio de Janeiro: Objetiva, 2012. E-book.

SELIGMAN, M. E. P.. **Felicidade Autêntica:** usando a nova psicologia positiva para a realização permanente. Rio de Janeiro: Objetiva, 2010. E-book.

SÉRGIO, M. **Motricidade Humana**: uma nova ciência do homem. Lisboa: D. G. D.,1986. SILVA FILHO, A. C.. "Para quê Fenomenologia 'da' Educação e 'na' Pesquisa Educacional?" In: **Revista Trilhas**, v. 8, n. 17, jul. 2006. p. 1-13.

SILVA, C. C.. "A Educação e sua Dimensão Fenomenológica". In: PEIXOTO, A. J. **Interações Entre Fenomenologia e Educação**. Campinas: Alínea, 2003.

SOARES, L. E. S. et al. Sensorialidade para crianças: o paladar na Educação Física Escolar. **Rev. Educ. Fis. UEM**, Maringá, v. 26,n. 3,p. 341-352, set. 2015.

SOARES, L. E. S; GOMES-DA-SILVA, P. N; RIBAS, J. F. M. Comunicação motriz nos jogos populares: uma análise praxiológica. **Movimento**. Porto Alegre, v. 18, n. 03, p. 159-182, jul/set de 2012.

SOUSA CRUZ, R. W. et al. Interação e criação no jogo barra-bandeira: aprendizagem na perspectiva parlebasiana e winnicottiana. **EFDeportes**, Revista Digital. Buenos Aires, ano 19, n. 201, fev. 2015.

SOUSA CRUZ, R. W. **Aprendizagens interativas e cognitivas em jogos tradicionaispopulares nas aulas de educação física**. 2014. 119 f. Dissertação (Mestrado em Educação) – Centro de Educação, Universidade Federal da Paraíba, 2014.

SOUSA CRUZ, R. W; GOMES-DA-SILVA, P. N; GOMES-DA-SILVA, E.. Jogos livres na educação infantil: uma abordagem semiótica. **Kinesis**, v. 33, n.2, jul./dez. 2015, p. 78-98.

SOUSA CRUZ, R.W; GOMES-DA-SILVA, P. N; RIBAS, J. F. M.. Jogo tradicional-popular e aprendizagem: uma análise teórica das comunicações dos jogadores. **Rev. Bras. de Est. Pedag.,** Brasília, v. 96, n. 244, p. 683-701, set./dez. 2015.

SOUZA, CRUZ. R. W.. **As aprendizagens interativas e cognitivas em jogos tradicionais/ populares nas aulas de Educação Física**. 120 f. Dissertação (Mestrado em Educação). Programa de Pós-graduação em Educação. Universidade Federal da Paraíba. UFPB, 2014.

SOUZENELLE, A.. **O simbolismo do corpo humano**. São Paulo: Pensamento, 1995.

SPOLIN, V.. **Jogos teatrais na sala de aula:** um manual para o professor. Trad. Ingrid Dormien Koudela. São Paulo: Perspectiva, 2012a.

SPOLIN, V.. **Jogos teatrais:** o fichário de Viola Spolin. Trad. Ingrid Dormien Koudela. São Paulo: Perspectiva, 2012b.

TAFFAREL, C.. Desporto educacional: realidade e possibilidades das politicas governamentais e das práticas pedagógicas nas aulas públicas. **Movimento**, 2000, v. 7.n. 13, p. 15-35.

TAMBOER, J. W. I.. Sich-Bewegen – ein dialog zwischen mensch und welt. **Sportpädagogik**. n. 3, v. 2, p.60-65, 1979

TAVARES, M.; SOUZA J. M.. **O jogo como conteúdo de ensino para a prática pedagógica da educação física na escola. Revista Corporis**. v. 6, n. 1, Recife, 1996.

THIOLLENT, M.. **Pesquisa-ação nas organizações**. São Paulo: Atlas, 1998.

TORO, R.. **Biodanza**. 2.ed. São Paulo: Olavobrás, 2005.

TREBELS, A. H.. A concepção dialógica do movimento humano: uma teoria do "se-movimentar". In: KUNZ, E.; TREBELS, A. H. (Orgs.). **Educação física críticoemancipatória.** Ijuí: Unijui, 2006. p. 23-48.

TREBELS, A. H.. Uma concepção dialógica e uma teoria do movimento humano. **Perspectiva**, Florianópolis, v. 21, n. 1, p. 249-267, jan./jun. 2003.

TREBELS, A.. Plaidoyer para um diálogo entre teorias do movimento humano e teorias do movimento no esporte. **Revista Brasileira das Ciências do Esporte,** Maringá, 1999, v. 13, n. 3, p. 338-344.

TRIPP, D.. Pesquisa-ação: uma introdução metodológica. **Educação e Pesquisa**, São Paulo, v. 31, n. 3, p. 443-466, set./dez. 2005.

TUBINO, M. J. G.. **O que é esporte**. São Paulo: Brasiliense, 2006.

VALENTE, M. (Org.). **Pedagogia do Movimento:** Diferentes Concepções. 1999.

VIANA, R. N. A.. **O bumba-meu-boi como fenômeno estético**: corpo, estética e educação. São Luis: Edufma, 2013.

VIGOTSKI, L. S.. **A formação social da mente**. 6. ed. São Paulo: Martins Fontes, 1998.

WALLON, H.. **As origens do caráter na criança**. São Paulo: Nova Alexandria, 1995.

WEINGARTEN, E., SACK, F.; SCHENKEIN, J. (Orgs.). **Ethnomothodologie**. Beiträge zu einer Soziologie des Alltagshandelns. Frankfurt am Main: Suhrkamp, 1976.

WERTHEIMER, M.. **Produktives Denken**. New York; London: Kramer, 1964.

WINNICOTT, D.W... **Da pediatria à psicanálise:** obras escolhidas. Rio de Janeiro: Imago, 2000.

WINNICOTT, D.W. **A criança e seu mundo**. Rio de Janeiro: Guanabara Koogan, 1982.

WINNICOTT, D. W.. **Brincar e a realidade**. Rio de Janeiro: Imago, 1977.

WINNICOTT, D. W.. **Natureza humana**. Rio de Janeiro, Imago, 1990.

XAVIER, Ismail (Org.). **A experiência do cinema**: antologia. 4. ed. São Paulo: Graal, 2008.

YASSUDA, M. S.. Memória e Envelhecimento Saudável. In: FREITAS, E. V.; PY, L.; CANÇADO, F. A. X.; DOLL, J.; GORZONI, M. L.; ROCHA, S. M. (Eds.). **Tratado de Geriatria e Gerontologia**. Rio de Janeiro, RJ: Guanabara Koogan, 2006.

ZUMTHOR, P.. **A letra e a voz**: a literatura medieval. São Paulo: Companhia das Letras, 1993.

ZUR LIPPE, R.. **Sinnenbewußtsein**: Grundlegung einer anthropologischen Ästhetik. Reinbek: Rowohlt, 1987.

genero-dos-planos-de-educacao/. Acesso em: 25 ago. 2015.

www.cnbb.org.br/.../16673-a-ideologia-de-genero

http://www.planalto.gov.br/ccivil_03/_Ato2015-2018/2015/Lei/L13104.htm

deixa-olimpiada-mais-limpa-leve-e-barata.htm. Acesso em: 29 ago. 2015.

http://www.ahebrasil.com.br/noticias/2014/12/01/nadosincronizado/fina+aprova+in clusao+e+homens+vao+poder+participar+das+competicoes+da+modalidade.html. Acesso em: 24 ago. 2015.

http://www.sciencemag.org/content/253/5023/1034.abstract. Acesso em: 25 ago. 2015.

chefia-dasfamilias-revela-pesquisa-do-ibge

SOBRE OS AUTORES

Pierre Normando Gomes-da-Silva

Graduado em Educação Física (UNIPÊ, 1989), Teologia (IESTSP, 1991), Pedagogia (UFPB, 1993). Mestre em Educação (UFPB, 1998) e em Teologia (FCTRJ, 2003) e doutor em educação (UFRN, 2003). Professor Associado da UFPB, Departamento de Educação Física e professor nos Programas: Programa Associado de Pós-Graduação em Educação Física UPE/UFPB & Programa de Pós-graduação em Educação. Líder do GEPEC Grupo de Pesquisas em Pedagogia da Corporeidade CNPq e membro do Núcleo de Pesquisa em Educação e Psicanálise EPSI. Autor de vários livros, destaque para *O jogo da cultura e a cultura do jogo: por uma semiótica da corporeidade* (UFPB, 2011) e *Educação Física pela Pedagogia da corporeidade* (CRV, 2016).

Iraquitan de Oliveira Caminha

Graduado em Educação Física pela Universidade Federal da Paraíba (1988). Graduado em Psicologia pelos Institutos Paraibanos de Educação (1990). Graduado em Filosofia pela Universidade Federal da Paraíba (1995). Mestre em Filosofia pela Universidade Federal da Paraíba (1996). Doutor em Filosofia pela Université Catholique de Louvain (2001). Atualmente, é professor-pesquisador do Departamento de Educação Física, do Programa Associado de Pós-Graduação em Educação Física da Universidade Estadual de Pernambuco/ Universidade Federal da Paraíba e do Programa de Pós-Graduação em Filosofia da Universidade Federal da Paraíba. Líder do grupo de pesquisa Laisthesis – Laboratório de Estudos sobre Corpo, Estética e Sociedade e do grupo de estudos de Filosofia da Percepção.

Mauro Betti

Licenciatura e mestrado em Educação Física pela USP, doutorado em Educação pela Unicamp, Livre-Docência pela Universidade Estadual Paulista (Unesp) e pós-doutorado pela Universidade Federal de Santa

Catarina. Atualmente é professor adjunto do Departamento de Educação Física da Faculdade de Ciências da Unesp, campus de Bauru, e docente credenciado no Programa de Pós-Graduação em Educação (mestrado e doutorado) da Faculdade de Ciências e Tecnologia da Unesp de Presidente Prudente. Lidera o Grupo de Estudos Socioculturais, Históricos e Pedagógicos da Educação Física (CNPq). É autor dos livros: *Educação Física e Sociedade*, *A Janela de Vidro: esporte, televisão e educação física*, e *Educação Física Escolar: ensino e pesquisa-ação*, além de inúmeros artigos em periódicos especializados.

Reiner Hildebrandt-Stramann

Prof. Dr. Prof. h. c. Reiner Hildebrandt-Stramann, professor titular na Universidade Técnica de Braunschweig (Alemanha), professor visitante nas diversas universidades brasileiros desde 1984 (entre outras UFSM, UFBA), professor honorífico da UFBA.

Vera Luza Uchôa Lins

Graduada em Educação Física(EF) pela Universidade Federal de Pernambuco (UFPE); especialização em Lazer pela Universidade Gama Filho (RJ) e doutorado em Filosofia da Motricidade Humana na Universidade Técnica de Lisboa. Professora de Educação Física da Secretaria de Educação de Pernambuco; professora de Prática de Ensino/Estágio Supervisionado na UFPE e professora visitante de Didática e Metodologia Científica no Departamento de Educação Física e Didática do Ensino Superior no Programa de Pós-graduação em Educação da Universidade Federal do Rio Grande do Norte.

Danielle Menezes de Oliveira Gonçalves

Mestre em Educação Física pela UPE/UFPB (2012). Atualmente é pesquisadora do Gepec-CNPq/ CCS/UFPB, onde desenvolve pesquisas e atua como coordenadora do Grupo de Trabalho: O brincar do bebê. É professora efetiva da Prefeitura Municipal de João Pessoa, lecionando no Ensino Fundamental II. É professora da Faculdade Maurício de Nassau/ JP, no curso de graduação em Bacharelado em Educação Física.

Sandra Barbosa da Costa

Doutora pelo PAPGEF (Programa Associado de Pós-Graduação em Educação Física UPE/UFPB). Vice-coordenadora do Lepec (Laboratório de Estudos e Pesquisas em Corporeidade, Cultura e Educação). Licenciatura em Educação Física e Gerontóloga pela UFPB.

Judas Tadeu de Oliveira Medeiros

Graduado do curso de Licenciatura em Educação Física e aluno de programa em Iniciação Científica da Universidade Federal da Paraíba Vinculado ao Laboratório de Estudos e Pesquisas em Corporeidade, Cultura e Educação.

Josiane Barbosa de Vasconcelos

Graduada em Licenciatura Plena Educação Física pela Universidade Federal da Paraíba (1995) e pós--graduação Lato sensu pela mesma instituição (1999). Atualmente é profissional de Educação Física na Academia Medley e na Prefeitura Municipal de João Pessoa. Tem experiência na área de Educação Física, com ênfase em Iniciação Esportiva (Natação), Hidroginástica e Educação Física Escolar.

Vanusa Delmiro Neves da Silva

Graduada pela Universidade Federal da Paraíba em licenciatura Plena em Educação Física, especialista em Pedagogia da Educação Física Escolar também pela UFPB e atualmente exerce a função de professora e coordenadora de Educação Física na cidade de Santa Rita, Paraíba.

Everton Pereira da Silva

Graduado em Educação Física (licenciatura) pela Universidade Federal da Paraíba UFPB, tem experiência na área de Educação Física, com ênfase em Educação Física, atuando principalmente nos seguintes temas: cultura, movimento humano, dança, educação popular.

Ana Raquel de Oliveira França

Mestre em Educação (UFPB), especialista em Psicopedagogia pela Pontifícia Universidade Católica de São Paulo PUC-SP (2000), especialista em Psicologia Educacional –UFPB (2002), graduação em Licenciatura Plena e Bacharelado em Psicologia pelos Institutos Paraibanos de Educação. Professora na UEPB.

Liliane Aparecida Araújo da Silva

Graduada no curso de Licenciatura em Educação Física pela Universidade Federal da Paraíba.

Thaís Henrique Pachêco

Graduanda de Educação Física UFPB, bolsista Pibic e membro do Lepec.

Mayara Andrade Silva

Graduada em Enfermagem pelo Centro Universitário de João Pessoa Unipê (2011), graduada em Educação Física pela Universidade Federal da Paraíba UFPB (2015), pós-graduanda em Urgência e Emergência pela Faculdade de Enfermagem Nova Esperança Facene. Formação em Pilates Clássico Científico (2015).

Rodrigo Wanderley de Sousa Cruz

Mestre em Educação (UFPB). Professor de Educação Física da rede pública de João Pessoa. Professor do curso de Bacharelado em Educação Física (Iesp Instituto de Educação Superior da Paraíba). Membro do Lepec/CCS/UFPB.

Leys Eduardo dos Santos Soares

Mestre em Educação Física (UFPB/ UPE). Membro do Lepec/CCS/UFPB.

George de Paiva Farias

Especialista em Educação Física Escolar (Cintep). Professor de Educação Física da Secretaria de Educação da rede pública de ensino de João Pessoa/PB. Membro do Lepec/CCS/UFPB.

Sara Noêmia Cavalcanti Correia

Professora da PMJP. Mestre pelo Papgef. Membro do Lepec. Bacharelanda em Teatro pela UFPB. Pesquisadora do Gepec. Líder do Grupo de Trabalho em Jogos Teatrais.

Tiago Penna

Professor de Filosofia Antiga pela Ufal. Bacharel, mestre e doutorando em Filosofia pela UFPB. Realizador cinematográfico desde 1995.

Berenice Bento

Graduada em Ciências Sociais pel UFG (1994), mestrado em Sociologia pela UnB (1998), doutorado em Sociologia pela UnB/Universitat de Barcelona (2003) e pós doutorado pela City University of New/Yorque/EUA (2014). Professora da UFRN.

Rosie Marie Nascimento de Medeiros

Doutora em Educação – UFRN. Pesquisadora do Grupo de pesquisa Estesia. Professora e coordenadora do curso de Educação Física da UFRN. Professora do Programa de Pós-Graduação em Educação física da UFRN. Autora do livro: *Uma educação tecida no corpo*.

Luiz Anselmo Menezes Santos

Doutor em Educação pela Universidade Federal de Sergipe. Professor associado do Departamento de Educação Física da UFS. Professor colaborador do Programa de Pós-Graduação em Educação. Coordenador do grupo de pesquisa Formação e Atuação de Educadores Interação. Integrante do grupo de Pesquisa Laisthesis. Membro pesquisador do Grupo de Pesquisa em Avaliação, Política, Gestão e Organização da Educação Apogeu. Coordenador do Subprojeto Licenciatura em Educação Física Programa Institucional de Bolsa de Iniciação à Docência (Pibid/UFS).

Vanessa Bernardo

Formada em Educação Física e Desporto pela Universidade Federal do Rio de Janeiro. Pós-Graduação em Atividade Física Adaptada e Saúde pela Universidade Gama Filho. Graduanda em Fisioterapia na Universidade Federal da Paraíba. Vinte anos de Dança (Clássica, Jazz, Afro e Hip Hop) na Academia de Ballet Simone Falcão, Niterói-RJ. Cinco anos de atuação na Companhia de Dança Folclórica do Rio – UFRJ. Curso de Dança de Rua em Curitiba (Festival Internacional de Dança Hip Hop) 2008 e 2010.

Alana Simões Bezerra

Graduada em Educação Física – UFPB, especialista em Fisiologia do Exercício – FIP, mestre em Ciências das Religiões – UFPB; professora do curso de Bacharelado em Educação Física – FIP. Membro do Laboratório de Pesquisa sobre Corporeidade, Cultura e Educação Lepec/Gepec da UFPB

Micaela Ferreira dos Santos Silva

Graduada em Pedagogia – UERN, mestre em Educação – UFPB. Membro do Laboratório de Pesquisa sobre Corporeidade, Cultura e Educação – Lepec/Gepec. Tutora à distância da Especialização Uniafro/Ufersa e professora do curso de Educação Quilombola – Ufersa.

Djavan Antério

Arte-educador, professor de educação física, capoeirista, doutorando no Programa de Pós-Graduação em Educação da Universidade Federal da Paraíba (UFPB), pesquisador membro do Gepec.

Mariana Fernandes

Estudante de licenciatura em dança pela UFPB, capoeirista, pesquisadora colaboradora no Gepec.